Jan Procházka   Es lebe die Republik

Deutscher Jugendbuchpreis 1969
Ehrenliste zum Europäischen Jugendbuchpreis
»Cittá di Caorle«

Jan Procházka
Es lebe die Republik

Ich, Julina und das Kriegsende

Mit einem Nachwort von Hans-Christin Kirsch

Büchergilde Gutenberg Frankfurt am Main Wien Zürich

Die tschechische Originalausgabe erschien im
Verlag Státni nakladatelstvi dětské knihy, Prag
Der Originaltitel lautet: At' žije republika
(Já a julina a konec velké války)

Aus dem Tschechischen übertragen von Peter Vilimek
ISBN 3 7632 1436 4
Umschlag Carla Wiegand-Krassowski, Berlin
Satz und Druck Poeschel & Schulz-Schomburgk, Eschwege
Bindearbeiten Ladstetter, Hamburg
Papier 80g holzfrei weiß Werkdruck von der Papierfabrik
Gebr. Schachenmayr, Mochenwangen
Printed in Germany 1970

Diese Erinnerung an die ferne Kindheit
und an das heimatliche Mähren widme ich Karel Kachyňa;
er hat sie herausgefordert und für seine sensible Kunst
als Filmregisseur war sie bestimmt.

1

Das Ende des Krieges naht, ich soll Kalk holen.
Das älteste Fahrrad der Welt.
Vier Hornochsen.
Jemand hört in der Nacht die Kanonen.
Bertina Petrzela näht eine tschechoslowakische Fahne.
Ich fahre zu den jungen Hunden.
Ich finde einen silbernen Gegenstand.
Vater gibt mir ein paar Ohrfeigen.
Typhus.
Ich staune über das Bild im Zigarettenetui.

Am Himmel kreiste eine Messerschmitt. Schon seit dem frühen Morgen. Sie zeichnete eine enge Spirale, sie flog sehr hoch. Für einen Augenblick schien es, als wenn sie zur Sonne fliegen wollte, aber dann kehrte sie wieder zurück. Als das Flugzeug niederging, tobte der Motor wie eine Kreissäge. Und es klapperte in der Maschine.

Der Vater schaute auch nach oben. Er blinzelte mit den Augen, sein Mund blieb offen. Über Flugzeuge wußte er gar nichts.

»Es fliegt ganz schön hoch«, sagte er. »Vielleicht dreitausend Meter.«

Manchmal wollte ich mich mit meinem Vater unterhalten. Aber er schaute mich stets so an, daß mir die Lust dazu verging.

»Es ist ein zweimotoriges Flugzeug.«

»Geh zu Petrzela und hole eine halbe Büchse Kalk«, sagte er. Das Flugzeug existierte für ihn nicht mehr. Er reichte mir eine Blechbüchse für den Kalk. Und dann schob er unser Fahrrad her. Es war höchstwahrscheinlich das erste Fahrrad der Welt. Die Räder hatten keine Schutzbleche und fast gar keine Kugellager. Es sah aus wie ein Schleifstein. Jetzt schien es, als wenn das Flugzeug trudelte.

»Das interessiert dich«, sagte er, »Dummheiten!« Durch seine große Nase stieß er die Luft aus.

Von jeher schaute er mich abschätzend und verächtlich an. Er

machte mir das Tor auf. »Und nicht, daß du zu Vitlich, zu den Hunden fährst!« sagte er.
»Nein«, versprach ich.
Er gab mir zwei Kronen für den Kalk.
»Sag, du möchtest eine halbe Büchse!« Er zog dabei seine Augenbrauen hoch. Manchmal schaute er mich auch wie einen Blödling an.
Während mein Vater wie Jan Cimbura* aussah, war meine Mutter zart. Ich wundere mich, daß sie ihn geheiratet hat.
»Fahr vorsichtig«, sagte sie. In ihrem Gesicht war immer ein gutmütiges, kaum wahrnehmbares Lächeln. »Fall nicht herunter«, sagte sie leise.
»Ich falle schon nicht herunter, Mutter«, antwortete ich.
Zwischen uns beiden war etwas, was der Vater überhaupt nicht wahrnahm.
»Keine Angst, ich kann doch fahren«, sagte ich zu meiner Mutter.
Der Vater ging schon bedächtig hinter das Tor.
Ich wußte, daß die Mutter hinter mir herschaute, als ich von unserem Haus wegfuhr. In solchen Situationen wurmte es mich sehr, daß ich nicht weitergewachsen, sondern kleingeblieben war. Vor ihren Augen versuchte ich, die Schultern hochzuziehen. Es ärgerte mich für meine Mutter, ich ahnte, daß es ihr weh tat. Absichtlich begann ich, freundlich und laut zu pfeifen. Bis jetzt fuhr ich immer unter der Mittelstange; über die Stange reichten meine Beine noch nicht. Oberhalb der Knie waren meine Oberschenkel genauso dünn wie die Waden unter den Knien.
Unten, am Abhang, sah ich die anderen Jungen. Es war gut, daß ich in diesem Augenblick nicht in die Pedale zu treten brauchte. Ich wollte nicht, daß sie sahen, wie ich unter der Mittelstange hin und her schaukelte. Sie waren alle vier da: Kadera, Cumat, Res und Vasak, die größten Hornochsen Europas. Sie zogen ihre Hunde an Bindfäden hinter sich her. Wer einen Hund an einen Bindfaden bindet, der ist ein Superhornochse.
Hinter ihrem Rücken nahm ich das rechte Bein unter der

* Jan Cimbura: Sinnbild für einen großen, bärenstarken Mann

Mittelstange weg, schwang es lässig darüber. Nur schwer hielt ich das Gleichgewicht; ich hatte zu tun, um nicht zu fallen. Das Fahrrad lief für sein Alter unwahrscheinlich schnell. Ich trat in die Pedale, die ich nur mit gestrecktem Bein erreichen konnte. Wenn ich mein Hinterteil hob, konnte ich sogar auf dem Sattel sitzen.
Die Hunde drehten sich nach mir um. Sie kannten mich, sie waren zu ertragen.
Die Jungen kickten Steine. Ich pfiff unser Signal, damit sie sehen konnten, wie ich auf dem Sattel saß. Das Rad tanzte wie ein Ballettänzer; es rasselte, die Büchse für den Kalk flog von einer Seite auf die andere.
Als erster drehte sich Cumat um. »Kleiner«, schrie er, »Kleiner, du bist ein Hornochse!«
Er glaubte, daß es mich ärgerte, wenn er mich Kleiner nannte. »Ahoi«, rief ich ihnen zu. »Hallo!« Ich lächelte, machte ein freundliches Gesicht.
Neulich haben sie mich durchgeprügelt.
Durch das Kopfdrehen bin ich beinahe vom Rad gefallen. »Ahoi, Jungs!«
Sie laufen mir nach. Es ist ein feines Gefühl.
»Kleiner, du hast kurze Beine!« schreien sie. »Du kannst die Pedale nicht erreichen!«
»Ich kann sie wie nichts erreichen!« schreie ich zurück. »Kadera, ich kann es!«
Das Rad fliegt wie eine Rakete. Ich muß bremsen. Mit dem Hinterteil komme ich auf dem rauhen Sitz bis zum niedrigsten Punkt, bis zur Grenze des Gleichgewichts. Mit den Zehen bringe ich das Pedal in die untere Lage. Ich trete in die Pedale! Mit meiner ganzen Kraft trete ich in die Pedale. Damit sie staunen können. Ich weiß, daß sie hinter mir laufen. Mit meinem Hinterteil rutsche ich von einer Seite auf die andere; ich fühle, daß es gut geht. Die Geschwindigkeit des Fahrrads kann man mit nichts mehr vergleichen. Wenn ich über einen Kiesstein fahre, fliegt das Rad einen Meter durch die Luft.
»Fall nicht herunter, Kleiner!« schreit Cumat hinter mir her. Sie tun, als wälzten sie sich vor Lachen. Sie werfen Steine nach mir. Ich weiß nicht warum, aber sie fangen immer zu-

erst an. »Cumat, gaffe nicht!« fange ich an zu vergelten. »Kadera, du stinkst! Vasak ist ein Schreckgespenst!«
Ich schreie aus Leibeskräften. Von solchem Geschrei habe ich genug auf Vorrat: »Da ist vom Dach ein Stein runtergegefallen, der hat den Res erschlagen; warum kriecht der Idiot auch dorthin!«
Die Kurve zu dem Denkmal der gefallenen Soldaten gleicht einer Falle. In meiner Stinkwut über die andern habe ich sie völlig vergessen. Ich rase in sie hinein und weiß nicht, wie das enden wird. Wegen der hohen Geschwindigkeit kann es nicht gut ausgehen. Aber schnell ist alles vorbei. Es dauert nur wenige Sekunden. Den Gebüschzaun durchschneide ich mit der Brust. Zweige peitschen mir ins Gesicht. An einem dicken Ast habe ich mir wahrscheinlich den Knöchel verstaucht. Ich höre die Engel singen. Im letzten Augenblick mache ich die Augen zu. Als ich sie wieder öffne, steht ein Engel aus Stein über mir, hält einen Zweig in der Hand und beugt sich über die Jahreszahl 1914 – 1918. Über die Reihe der gefallenen Onkel und Großväter. Ich habe keine Zeit, darüber nachzudenken.
Hastig stehe ich auf. Sicher habe ich mir etwas gebrochen. Ich lecke mir die Handknöchel ab. Was macht es schon, wenn ich blute. Ich blute nur wenig. Noch einmal lecke ich das Blut ab und spucke es aus. Ich höre das Bellen der Hunde und die Stimmen der Jungen. Die Blechbüchse für den Kalk ist bei dem Sturz zusammengedrückt worden, aber man kann sie mit den Händen wieder ausweiten. Mein Vorderrad ist fast hin. Ich halte es zwischen den Knien, um es wieder geradezubiegen.
Wieder rutsche ich auf den Pedalen hin und her. Aber ich mache keine Faxen mehr, fahre lieber doch unter der Mittelstange. Ich sause an der Schmiede vorbei. Dort steht am Tor zu lesen: *Ich beschlage erst wieder nach dem Krieg.* Ich fahre hinunter zum Bach, lege das Fahrrad hin und wasche mir die Hände, das Gesicht und die Knie. Das Wasser ist sehr dreckig, es brennt in den Schürfwunden wie Essig. Weiter unten ist in dem Bach eine kleine Schleuse, ein Becken, aus dem alle Wasser schöpfen. Eine lange Reihe von Menschen steht dort mit Eimern.

Ich höre ihre Stimmen. Einen Augenblick lang höre ich ihnen zu. Sie sprechen selbstverständlich vom Krieg. Jemand sagt, daß er in der Nacht schon die Kanonen gehört habe.
»Die Russen werden ihre Minen hier abwerfen!«
»Eher die Deutschen. Bevor sie wegziehen!«
»Die Russen oder die Deutschen, Mine bleibt Mine ...«
Mit den Handflächen mache ich die Knie naß. Aus dem Gebüsch läuft Cumats Hund Don zu mir. Den Bindfaden zieht er hinter sich her.
»Don, du bist ihm weggelaufen?« Ich freue mich. Mich freut das wirklich. »Du bist dem Hornochsen weggelaufen?« Mit der Hand fahre ich ihm über das Fell und mache den Bindfaden ab.
»Don, ich werde dir ein Halsband besorgen. Irgendwo klaue ich es und gebe es dir.« Ich streichle ihn an der Schnauze und hinter dem Ohr, aber ich muß mich schon wieder beeilen. Ich kann mit Don nicht spielen; ich soll Kalk holen, der Vater wartet darauf.
An der schmalsten Stelle des Weges begegne ich Kadera mit den Pferden. Es ist Kaderas Vater. Die beiden ähneln sich wie ein Ei dem anderen. Kaderas sind die größten Großtuer aus dem ganzen Dorf. Manchmal sagt es auch mein Vater. Der alte Kadera fährt immer so, als wenn der ganze Weg nur ihm gehört. Ich muß bis an den Zaun fahren. So nahe wie ich kann. Weiter geht es nicht; auch so falle ich fast unter die Räder seines Wagens. Kadera ist das egal. Kein bißchen zieht er die Pferde nach links, das fällt ihm nicht ein. Das Handpferd schnaubt mir ins Gesicht. Unauffällig klatsche ich ihm auf den Kopf. Er hat furchtbar sture Augen.
»Guten Tag, Herr Kadera!« Ich grüße alle Erwachsenen. Würde ich nicht grüßen, und mein Vater erfährt es, setzte es Dresche. Aber für Kadera bin ich Luft. Er sieht mich nicht. Als er vorbei ist, fahre ich zur Schmiede, um den Weg abzukürzen. Mit großer Geschwindigkeit fahre ich um die Häuser herum. Das Fahrrad verstecke ich in einem Gebüsch.
»Don, bleib hier sitzen!« Er gehorcht mir aufs Wort. Ich bin außer Atem. Ich denke daran, was für einen Streich ich dem alten Kadera spielen kann. Er muß sehr nahe an der Mauer vorbeifahren, hinter der ich warte. Das Jauchefaß hinten auf

seinem Wagen hat einen Verschluß aus Gußeisen. Es ist ein ganz einfacher Mechanismus. Es genügt, von einer Seite gegen den flachen Flügel zu treten. Das Wasser ergießt sich dann auf den Weg, spritzt hoch.

Jetzt ist der beste Augenblick; die Pferde, das Profil des Bauern, der Wagen fahren an mir vorbei. Ich springe auf, mache den Flügel mit einer Bewegung auf und bin schon wieder hinter der Mauer verschwunden. Jetzt aber schnell weg! Blitzschnell schiebe ich das Fahrrad, laufe durchs Gebüsch. »Don, komm zu mir«, sagte ich leise. »Don!«

»Prrr!« schreit Kadera auf dem Weg. »Prr! Halt! Wer zum Teufel . . .«

Ich lächle ein wenig. Ich besteige das Fahrrad, trete in die Pedale und pfeife.

Nach diesem Abenteuer ruhe ich erst bei Slejhas Mauer aus. Ich sehe die Slejhas auf dem Hof. Vor dem Heranrücken der Front haben sie alle Hände voll zu tun; sie verstecken ein Schwein. Sie pferchen es in einen Bunker aus Holzbündeln. Die ganze Familie hilft dabei. Der Eisenbahner Slejha hält das Schwein am Kopf, als wolle er ihm einen doppelten Nelson verpassen.

»Erstickt es nicht in den Holzbündeln?« fragt die Slejha. Sie wiegt auch vier Zentner. Ihre Hände und Beine sind zu fett.

»Bis die Front vorbei ist, wird es schon dort aushalten.«

»Es wird schreien«, sagte die Anni piepsig.

»Ein Schwein schreit nicht in der Dunkelheit«, behauptet Slejha.

Das Schwein ist schon unter den Holzbündeln. Es schreit fürchterlich. Die Slejha sieht mich, wie ich über die Mauer schaue. Sie macht ein finsteres Gesicht, aber ich grüße alle. Anni ist meine Mitschülerin. Ich fahre lieber weiter. Ich habe das Gefühl, daß die Slejha nach etwas sucht, um es nach mir zu werfen.

Petrzelas Haus liegt am Ende des Dorfes. Es ist ein schönes Haus, das schönste Haus im Dorf. Er ist auch Maurermeister. Viele sagen, daß er sich das Haus aus gestohlenem Material gebaut hat. Bei uns mißgönnen sich die Leute alles.

Ich lehne das Fahrrad an die Wand. In den Verputz hat

Petrzela geschnittenen Glimmer gemischt. Die Glimmerstückchen glitzern in der Sonne wie kleine Spiegel.
»Paß auf!« sage ich zu Don und nehme die Büchse. Ich muß durch den Garten gehen, durch die Tür, in den Vorraum. Der Vorraum ist Petrzelas Ablageplatz für Material. Dort liegen Verkleidungsfliesen und Portlandzement herum. Ein Sack hat ein Loch; ich stecke meinen Finger hinein. Der Zement ist fein wie Puderzucker, wie Mehl. In dem Vorraum lagert auch Eternit, viel sogar. Auf dem Wandbrett liegen Werkzeug und eine Wasserwaage. Ich habe schon einige Male damit gespielt. Jetzt lasse ich sie liegen. Ich gehe leise durch den Vorraum. Ganz hinten ist die Tür zur Küche. Dort rasselt eine Nähmaschine. Ich weiß, wer dort näht: Berta. Petrzela hat keine Frau mehr, er hat nur seine Tochter Berta. Als ich in die Küche schaue, sehe ich sie tatsächlich an der Nähmaschine sitzen. Sie schiebt den Stoff mit den Händen weiter, näht eine Fahne. Eine rot-blau-weiße, schöne, helle tschechoslowakische Fahne; sie sieht aus wie aus Seide.
Berta näht und mir ist, als ob sie dabei weint. Ich weiß nicht, warum sie über der Fahne weint. Sie soll sich über die Fahne freuen. Sie soll über der Fahne singen.
Erst jetzt sehe ich Petrzela. Auch er singt nicht. Seine Gesichtsfarbe ähnelt der Farbe des Portlandzements. Wenn er spricht, läuft in seinem Hals ein Adamsapfel, groß wie ein Garnknäuel, auf und nieder.
»Du kannst davon eine Million nähen«, sagte er zu Berta. »Du kannst eine Million nähen! Die Leute kommen trotzdem, um dich durchzuprügeln«, sagte er zu seiner Tochter.
Berta schweigt, näht, antwortet ihm nicht. Ich weiß nicht, warum sie sie durchprügeln sollten.
Berta hat einen massiven Körper und trägt einen Morgenrock. Kein anderer in unserem Dorf trägt einen Morgenrock. »Hörst du zu, was ich dir sage?« fragte Petrzela.
»Ja, doch«, sagt Berta. »Ich höre zu. Ich hab doch Ohren.«
»Der Schlag soll dich treffen«, flucht Petrzela.
Erst jetzt hat er mich gesehen. Auch Berta dreht sich um, sie lächelt mir zu.
»Für zwei Kronen Kalk«, sagte ich. »Guten Tag.«
»Für wieviel?«

»Für zwei Kronen.«
»Warum gehst du nicht in eine Apotheke?«
Diesen Unsinn beantworte ich nicht, ich schweige.
»Komm«, sagt er.
Wir gehen auf den Hof. Dort liegen viele Ziegelsteine. Er sieht das kreisende Flugzeug oben am Himmel.
»Ist das ein deutsches oder ein russisches Flugzeug?« fragt er mich. Er weiß, daß ich es weiß.
»Es ist eine Messerschmitt«, sage ich.
»Ist das wahr?«
Bestimmt hat er davon noch nie etwas gehört.
»Ein Jagdflugzeug«, erkläre ich.
»Wo hast du die zwei Kronen?«
Ich gebe ihm das Geld. Er nimmt es, als hätte ich es aus dem Klo herausgezogen. Auch die Büchse nimmt er in ähnlicher Weise in die Hand. Der Kalk ist in einem großen Bottich. Ich schaue ihm auf die Hände. Es scheint mir, daß er zu wenig Kalk in die Büchse gibt.
»Mein Vater sagte, eine halbe Büchse.«
Wir schauen einander in die Augen.
Das Flugzeug dort oben am Himmel fliegt jetzt noch höher, ich höre, wie es hochklettert.
»Wenn dein Vater es so bis zu seinem Tode weitermacht, dann wird er noch so reich wie Rothschild.«
Petrzela hält in einer Hand die Maurerkelle, in der anderen meine Blechbüchse und nimmt etwas von dem Kalk auf die Spitze der Maurerkelle und gibt davon ein wenig in die Büchse. Er überlegt, ob er noch einmal etwas herausholen soll oder nicht. Er gibt noch ein wenig zu, nimmt dann aber wieder etwas aus der Büchse heraus.
»Mit euch macht man schöne Geschäfte!« sagt er gelangweilt.
»Durch euch werde ich reich!« sagt er noch einmal.
Ich bedanke mich und gehe. Die Büchse hänge ich mit dem Drahthenkel an den Fahrradlenker. Der Kalk zieht mich auf die rechte Seite.
Jetzt weiß ich, wohin ich fahre. Von Anfang an wußte ich, daß ich dorthin fahren würde. Ich schaue zurück, um zu prüfen, ob jemand sieht, wohin ich fahre. Aber niemand geht, wohin er nicht gehen muß; keiner geht mehr aus dem

Haus. Ich fahre durch die alte Ziegelei, wo schon keine Ziegelsteine mehr gebrannt werden; überall wächst Gebüsch und hohes Gras.
Über dem Bach liegt ein Brückensteg, es ist nur ein Brett, aber ich riskiere es. Wie auf einem Bindfaden fahre ich. Und dann sehe ich schon Vitlichs Haus. Ein Nußbaum wächst davor. Kein anderer Nußbaum war bei uns so hoch, wie der vor Vitlichs Haus. Es war ein Walnußbaum.
Schon bin ich am Zaun. Don ist immer noch bei mir, er fängt an zu bellen.
»Don, bell nicht!«
Von innen bellt die Isa den Don an. Es ist Vitlichs Hündin.
»Isa, laß das doch!«
Die Tür ist mit einem Draht festgemacht, aber ich weiß, wie man sie aufmacht. Ich kenne alle Geheimnisse in Vitlichs Haus. Sie wird ganz einfach aus der Angel gehoben und wieder eingesetzt. Ich gehe durch die Tür, betrachte Fenster und Eingang.
»Zyrill«, rufe ich. »Zyrill!«
Nichts. Weder eine Stimme noch ein Laut ist zu hören. Die beklemmende Stille des leeren Hofes umgibt mich. Aber ich habe niemals Angst.
»Isa, Don – Ruhe!«
Hier sieht die Landschaft ein wenig anders aus, wie ein Friedhof. Ich fange wieder an zu pfeifen. Ich gehe unter das Dach, zur Zuckerkiste, in der drei Hündchen liegen. Ich knie nieder. Über den Rand der Kiste schauen sich auch Don und Isa die Hündchen an.
Ich streichle die Kleinen, hätschle sie. Ihretwegen fahre ich oft hierher. Ich nehme ein Hündchen in die Hände und gehe um das Haus herum, sehe mich um.
»Zyrill!« rufe ich erneut. »Zyrill!«
Auch jetzt meldet sich Vitlich nicht. Ich gebe das Hündchen wieder in die Kiste zurück, denn ich darf mich nicht lange aufhalten. Ich strecke die Arme vor, und Isa springt über meine Hand. Don würde das nicht zustandebringen. Ich kehre zum Fahrrad zurück, fahre über den Brückensteg, durch die Ziegelei und bin schon wieder auf der Straße.
Die Blechbüchse schlägt gegen den Lenker. Ich schaukle un-

ter der Mittelstange hin und her. Am Straßenrand steht ein Schild: Nesovice. Ich halte an. Nesovice heißt unser Dorf. Über dem tschechischen Namen steht auch noch der Name in der deutschen Sprache: Nessowitz. Ich schaue mich nach allen vier Seiten um. Das Fahrrad lehne ich an einen Baum. Dann greife ich in die Büchse, nehme eine Handvoll der Kalkmarmelade heraus – und keiner sieht mehr das Wort Nessowitz. Die Hand wische ich im Gras ab. Erneut fahre ich sehr schnell. Während der Fahrt wische ich die Hand an der Hose ab. Aber beinahe wäre ich vom Rad gefallen und vor Schreck setzt mein Herzschlag einen Augenblick aus: Die Deutschen sind ins Dorf gekommen! Ich sehe sie an der Wasserpumpe. Sie pumpen Wasser, der Kolben pfeift dabei, das Wasser fließt auf die Steine und auf das Abflußgitter. Sie trinken und waschen sich. Sie sind sehr verstaubt. Ich nehme das Bein unter der Mittelstange weg und fahre zu ihnen, auf nur einem Pedal. Meine Hand wische ich noch einmal gründlich an der Hose ab.

Die Soldaten sind über die ganze Straße verstreut. An der Mauer stehen ihre Fahrräder. Es ist eine Fahrradabteilung. Sie sehen wie Sechzehnjährige, aber nicht wie Soldaten aus. Sie können noch nicht gemerkt haben, daß ich die deutsche Inschrift unkenntlich gemacht habe. Sie begießen sich mit Wasser wie die kleinen Jungen, schreien vor Lachen; man könnte glauben, daß sie den Krieg gewonnen haben. Ich kann mit dem Wasser genauso spritzen wie sie: Die Handfläche wird an das Ausflußrohr gedrückt, zwischen den Fingern wird ein Spalt gelassen, der Druck des Kolbens bildet dann einen langen Strahl. Einige von ihnen sind schon durchnäßt, sie tollen herum, schreien sich gegenseitig an. Sie spucken das Wasser aus dem Mund wie die Mädchen. Ihre Fahrräder sind wohl in Ordnung. Alle haben Luftpumpe, Klingel, Vorderbremse.

Sie lesen die Inschrift auf der schwarzen Tafel an der Wand des Hauses, wo das Gemeindeamt untergebracht ist. Soviel Deutsch kann ich, um es auch lesen zu können, bin doch nicht auf den Kopf gefallen.

Dieses Dorf hat immer seine Pflicht für das Reich erfüllt!

Ich weiß nicht, wer das dort geschrieben hat.

Einer der Soldaten grinst mich an. Er fragt mich, ob ich ein Deutscher bin.
Ich schüttele den Kopf.
»Ein Tscheche?«
Ich nicke.
Er sagt auf Tschechisch: »Ein Tscheche ... Wartest du auf die Russen?«
Ich weiß nicht, was ich antworten soll, aber einer der Soldaten sagt ihm, daß es weitergeht. Sie fahren weg, immer zwei um zwei nebeneinander. Derjenige, der mich fragte, verspätet sich. Ich lasse ihn nicht aus den Augen. Er nimmt ein Deckchen aus der Brusttasche, legt es auf den Fahrradsitz, dann besteigt er das Fahrrad von der Treppe an der Wasserpumpe aus, so, wie es die Mädchen tun: zuerst das rechte Bein über die Mittelstange auf das rechte Pedal. Er fährt in Schlangenlinien davon. Er scheint sehr müde zu sein.
Erst als die Soldaten weg sind, kommen die Leute aus ihren Häusern heraus. Unter ihnen sind viele meiner Tanten, Neffen, Basen und Paten. Sie lesen die Inschrift.
»Wer hat das geschrieben?« fragen sie.
»Das ist eine Schande!« sagt jemand. »Das ist eine Schande!«
»Das Brett verträgt alles«, höre ich sie sagen. »Vielleicht werden sie eher wegziehen!«
Meine Augen kleben an der Straße. Ich beobachte einen im Staub glitzernden Gegenstand. Er sieht aus wie ein silbernes Rechteck. Er liegt an der Stelle, wo die Soldaten ihre Jacken, Rucksäcke und Waffen liegen hatten. Schon stehe ich neben dem glitzernden Ding, überzeuge mich, daß mich keiner beobachtet und stelle meinen Fuß darauf. Dann bücke ich mich, als wollte ich die Schnalle meiner Sandale festmachen. Schon habe ich es in der Hand. Es ist ein glatter, merkwürdig kalter Metallgegenstand. Ich mache meine Finger ein wenig auf: Es ist ein hell glänzendes Zigarettenetui. Noch nie habe ich so ein prachtvolles Zigarettenetui gesehen.
Erregt schnappe ich nach Luft. Ich schaue, ob keiner von den Soldaten zurückkommt. Die Straße bleibt leer. Die Tafel an dem Gemeindehaus interessiert mich nicht, genausowenig wie das Geschwätz der Leute. Die reden und reden, lassen aber die Inschrift auf der Tafel stehen.

Ich mache die Hand nicht auf, stecke das Zigarettenetui in die Tasche. Hoffentlich hat mich keiner beobachtet.
»Don, du mußt schon nach Hause!« jage ich den Hund auf einmal weg. »Lauf doch nach Hause!« Ich weiß, daß er mir bis zu unserem Haus nachlaufen wird. Und so ist es auch.
Der Vater wartet schon vor dem Tor auf mich. »Wo warst du den Kalk holen? In der Kalkbrennerei?«
Er kommt bis zu mir. Wenn der Vater ganz nahe kommt und aussieht, als habe er Zahnschmerzen, dann Prost Mahlzeit.
»Petrzela war nicht zu Hause«, sage ich. »Ich hab lange auf ihn gewartet, er war nicht da.« Wie oft in meinem Leben muß ich lügen, weil mich die Umstände dazu zwingen!
»Ist das wahr?« sagt er. Er holt aus, und ich bekomme eine Ohrfeige. Mein Vater kann mit seiner Hand Nägel einschlagen, einen Ochsen töten.
»Was meinst du, wo ich dich gesucht habe?« fragt er. »Was meinst du, wo ich war?«
Eine zweite Ohrfeige. Ich begreife, daß er beim Maurermeister war.
»Ich bitte dich, schlag ihn nicht auf der Straße!« Die Mutter kommt aus dem Haus gerannt. Sie greift immer kurz vor meinem Tod durch Erschlagen ein. Der Vater beruhigt sich zögernd. Aber dann schaut er sich die Büchse an. »Das hat er dir für zwei Kronen gegeben?« stöhnt er. »Das bißchen Kalk?« Er und Petrzela hatten ähnlichen Charakter. Mal sprach er von Petrzela, mal von mir, dann nahm er einen Pinsel in die Hand, krempelte die Ärmel hoch, bis auf die ädrigen, bronzefarbenen Oberarme. Seine Hände waren das ganze Jahr über sonnenverbrannt. Er trat vom Tor ein wenig zurück und maß die Stelle aus. Dann malte er in Druckbuchstaben über alle braunen Bretter:
TYPHUS!
Ich stehe einen Schritt hinter dem Vater, mein Mund ist offen.
»Vater, wer hat denn Typhus?« frage ich verwundert.
»Du«, sagte er. »Sobald ich dir die Hose herunterziehe und nach dem Riemen greife. Du bekommst dann sofort den Typhus!«
»Schreibst du das, damit keine Soldaten zu uns kommen?«

frage ich. Ich habe doch auch ein Hirn. »Nicht wahr ... Du willst nicht, daß zu uns die Deutschen oder die Russen kommen?«

»Sag nicht ständig nicht wahr und scher dich weg!«

Der Kalkbrei rieselt seine Hand bis zum Ellenbogen runter. Niemand in unserem Dorf ist so groß wie mein Vater. Ich möchte gerne wissen, nach wem ich nur so klein geraten bin. Ich gehe ins Haus, klettere die Leiter hoch auf den Boden. Oben angelangt, stoße ich die Leiter von der Tür weg zu der gegenüberliegenden Wand. Damit keiner weiß, wo ich mich befinde. Die Tür mache ich von innen zu. Ich bin allein.

Das Licht sickert spärlich durch eine Spalte zwischen den Dachziegeln herein. Ich prüfe, ob Vater mir auch keinen Bakkenzahn herausgeschlagen hat. Vielleicht ist mein Kiefer gebrochen. Ich kann ohne Schmerzen nicht einmal spucken. Aus der Brusttasche hole ich meinen wertvollen Fund heraus. Vielleicht ist das Zigarettenetui tatsächlich aus Silber. Es ist außerdem mit schwarzen, glänzenden Streifen verziert. Ich wische das Silber an der Hose ab. Mit der Hand prüfe ich, wie glatt es ist. Aber ich kann es nicht aufmachen. Ich drücke auf den Knopf, aber es geht nicht. Endlich ist es auf, plötzlich, denn es hat eine starke Feder. Es gleitet mir aus den Händen, fällt auf den Boden, klirrt. Schnell hebe ich es auf. Es ist mit Zigaretten gefüllt. Es sind vielleicht dreißig Stück. Eine Zigarette ist herausgefallen; ich greife im Halbdunkel nach ihr, puste den Staub von ihr ab, wobei ich den Tabak rieche. Unter den Zigaretten, während ich sie zähle, sehe ich ein Bild. Ich nehme die Zigaretten heraus und gehe zu der Dachluke, durch die ein schmaler Lichtstrahl fällt.

Unter den Zigaretten finde ich die Fotografie einer nackten Frau.

Beinahe klemme ich mir die Finger, als ich das Zigarettenetui zuklappe. Mein Fund kommt mir auf einmal viel wertvoller vor. Sofort öffne ich das Etui wieder. Ich lehne mich an die Dachluke, damit ich noch mehr sehen kann.

Die Frau auf dem Bild lächelte, sie stand an einem Strauch in irgendeinem Fotoatelier. Alles an ihr war deutlich.

Ich habe das Zigarettenetui wieder zugemacht. Ich atmete tief, meine Hände zitterten vor Spannung.

»Wo ist denn der Junge?« hörte ich den Vater rufen.
»Olda!« rief Mutter.
Ich begann, an den Balken bis zu dem Dachfenster emporzuklettern.
»Olda!« rief Mutter. »Olda!«
Ich öffnete das Dachfenster.

2

Mir gelingt die Flucht.
Signalpfiffe.
Noch einmal bekomme ich Prügel.
Auf Schleichwegen zur Kirche.
Rache, aber ohne viel Aufwand.
Ich überlasse die Jungen ihrem Schicksal.
Ich sehe die zurückweichende Truppe und messe meine Größe.
Erinnerungen.
Drei deutsche Soldaten.

Ich hob den Blechdeckel des Dachfensters mit größter Vorsicht an. Bei einer Flucht ist es am wichtigsten, sich leise zu verhalten. Das Gehör meines Vaters war ungewöhnlich gut. Meine Hände lagen schon auf dem Dach. Der Himmel war blau wie die Schürze meiner Mutter. Das Flugzeug am Himmel blieb sicher bis zum Ende des Krieges dort oben.
Ich hebe den Deckel, bis er senkrecht zum Dach steht, und schiebe mich durch die Öffnung hinaus. Die Dachziegel sehen in der Sonne zinnoberrot, fast wie neu aus, denn das Dach unseres Hauses wird stets in Ordnung gehalten. Mit einer Hand stütze ich mich auf dem Dach ab, während meine Füße auf dem Balken unter dem Dach Halt finden. Erst jetzt lege ich den Deckel wieder auf die Dachluke. Ich tue das sehr langsam, ohne irgendwelche Geräusche. Er hört mich nicht. Ich flüchte so nicht zum ersten Mal, denn ich verlasse das Haus immer auf diesem Weg, wenn ich Angst habe. Ich puste die Haare, die mir ins Gesicht fallen, zur Seite. Nun kann ich mich mit beiden Händen stützen und bin schon durch. Ich taste nach dem Zigarettenetui, um mich zu überzeugen, daß ich es bei der Turnerei nicht verloren habe. Vorsichtig schließe ich das Dachfenster. Ich ziehe meine Sandalen aus und befestige sie mit den Schnallen am Gürtel. Damit habe ich beide Hände frei. Dächer werden am besten auf allen vieren überklettert. Leicht wie eine Katze berühre ich das Dach. Ich fühle, wie heiß die Dachziegel unter mir

durch die Sonnenstrahlen geworden sind. Ich darf sie nicht beschädigen; sie zerspringen sonst mit lautem Knall!
Noch heute weiß ich die Stelle, wo das Dach am niedrigsten war. Zuerst mußte ich mit den Händen den Zementrand erfassen, auf dem Bauch den Verputz runterrutschen, die Beine strecken und mit den Zehenspitzen auf das Gesims treten, das kaum die Größe einer Handfläche hatte. Dann mußte ich mich auf dem Absatz drehen und wieder dicht an der Mauer entlanggehen. Bis zum unteren kleinen Dach. Dort bin ich immer für einen Augenblick stehengeblieben, um zu verschnaufen. Von hier aus konnte man schon zum Nachbarhof hinüberschauen.
Dort ist ein Schäferhund. Er bellt nicht, sondern beobachtet mich nur. Er geht nicht auf mich los, auch dann nicht, als ich abspringe, denn ich habe ihn ja dressiert. Es ist ein kluger Hund. Ihn können die Situationen nicht überraschen, in denen ich mich ab und zu befinde. Auch jetzt läuft er leise mit, bis zum Garten. Wir laufen durch die Johannisbeersträucher bis zum Lattenzaun, genauer gesagt bis zu der Stelle, wo eine Latte locker ist. Ich schlüpfe durch und schwenke die Latte wieder genau an ihre alte Stelle zurück. Ich strecke noch meine Hand aus, berühre die feuchte Nasenspitze des Schäferhundes, kraule ihn zwischen den Augen. Er macht die Augen zu, steckt die Zunge heraus und leckt mein Handgelenk ab.
»Ahoi«, sage ich. »Jag die Hennen! Jage sie, die Viecher! Kschschsch!«
Dann lief ich schnell zum Dorfplatz. Die Sandalen hielt ich in den Händen, lief im samtigen Staub, der nirgendwo und niemals mehr so wie in meiner Kindheit war. Der Weg war mit verlorenem Heu und Strohhalmen bedeckt, über die ausgefahrenen Wagenspuren neigte sich ein Strauch, zu dem gerade eine Katze schlich. Auch ein großer, flacher Stein lag dort, der immer übersprungen werden mußte, und wenn ich ihn übersprang, glaubte ich immer, daß ich einen Supersprung vollbracht hätte.
Ich bücke mich nach einem kleinen Stein. Dort, wo die Abdrücke meiner Fersen sind, zeichne ich einen Strich in den Lehm. Die Sandalen ziehe ich erst hinter dem Dorfplatz an.

Dort sehe ich auch die Jungen unter der Terrasse. Da stehen Cumat, Kadera und Res. Josef und Vasak sind ebenfalls da. Ich tue, als wenn ich sie nicht sehe. Es wäre möglich, sie zu umgehen, aber sie verstecken sich unter der Terrasse und pfeifen in Richtung von Nikliks Haus. Ich vergesse, an das Zigarettenetui zu denken.

»Ahoi, Josef«, sage ich aus angemessener Entfernung. Cumat, Kadera, Res und Vasak sehe ich nicht. Diese Hornochsen sehe ich grundsätzlich nicht. Aber Josef sieht mich. Und daß Cumat einen Stein aufheben und ihn nach mir werfen würde, denn er kann doch nichts anderes, das habe ich erwartet.

Ruhig stoße ich den Stein mit der Sandale weg.

»Mach, daß du nach Hause kommst, Kleiner!« sagte er. »Hast du schon eins auf die Schnauze bekommen?«

»Du bekommst höchstens eins«, antworte ich und bleibe stehen.

Sie pfeifen wieder.

Jetzt kommt Nikliks Vater vor die Tür.

»Verdammte Saukerle, macht, daß ihr hier wegkommt, sonst schmeiße ich euch was nach! Ruda hat keine Zeit. Ihr sollt weggehen, Indianervolk!«

Der alte Niklik schrie sein ganzes Leben lang. Er schrie die Pferde, die Frau und Ruda an; alles umsonst. Während er uns anschrie, kletterte Ruda aus dem Seitenfenster. Niklik bemerkte diesen Trick in all den Jahren nicht.

»Jawohl, Herr Niklik«, sagten wir immer höflich. »Wir gehen doch schon, Herr Niklik! Auf Wiedersehen, Herr Niklik!«

Wir gingen betont langsam weg, und die Jungen vorne pfiffen weiter. Auch ich pfiff hinter ihnen her. Sie traten gegen Steine. Auch ich trat gegen Steine. Ruda war schon hinter einem Haufen Ziegelsteine, sprang hinter einige Wagen, kroch durch das Gebüsch und versteckte sich hinter der Terrasse. Wir zogen zu einem anderen Haus. Mit den Signalpfiffen verständigten wir uns.

Ich hielt immer noch Abstand, falls sie sich plötzlich meiner erinnern sollten. Während er weiterging, drehte sich Josef um und riet mir, ich solle lieber in den Wald verschwinden.

»Hau ab«, sagte er. Er schrie mich nicht an. Josef schrie niemals wie die anderen Dummköpfe. Mit Josef hätte ich mich gerne unterhalten, mit ihm schon. »Mach, daß du zu deiner Mutter kommst, sie näht eine Puppe für dich!« sagte er friedlich.

Er ist der einzige, der nicht nur groß und kräftig ist, sondern er hat auch ein Gehirn im Kopf. Ich weiß, daß er mich nur ihretwegen anschreit. Wenn er schon der Anführer ihrer Gruppe ist, muß er seine Autorität wahren. Ich bin ihm nicht böse, ich begreife seine Pflichten.

»Komm in drei Jahren wieder, Kleiner!« sagte er.

»Willst du nicht lieber auf dem Fahrrad hin- und herrutschen?« schließt sich Cumat an. Das ist auch das einzige, was Cumat kann, großtun.

»Paß auf, daß du nicht aus der Turnhose fällst«, rufe ich ihm zu. »Du Bandwurm!«

Das ist das schlimmste Schimpfwort, das ich kenne. Ich kann direkt darauf warten, daß er anfängt, mit Steinen zu werfen. Er wirft fünf- oder sechsmal und hört dann wieder auf. Wir pfeifen beim nächsten Haus. Josef pfeift, denn er kann es am besten. Ich bin ständig auf der Hut und übersehe nicht, daß Kadera hinter mir herlaufen will. Kadera laufe ich davon, wann immer ich will, sogar mit zusammengebundenen Füßen.

»Muß dein Vater nicht mal der Stute ein Klistier geben?« ruft Kadera mir zu. Mit Kadera unterhalte ich mich grundsätzlich nicht. »Du kannst der Stute dabei den Schwanz hochhalten!«

Ich schneide ihm eine Fratze. Bei Kadera sind nur die Ohren zu sehen. Aber dann muß ich noch mehr zurückweichen, diese Grimasse verträgt er absolut nicht. »Betet ihr auch ständig zu Hause für die Stute?« schreit er. Eines Tages werde ich ihm doch etwas antun.

»Deinetwegen! Du bist doch ein Pferd!« antworte ich.

Bedrich Hanousek kommt schon aus der Tür; auch er gehört zu unserer Gruppe. Aber er geht nur einen Schritt vor das Haus, denn sofort greift eine Hand nach ihm, die ihn wieder zurückzieht, wobei die Tür gar nicht erst zugemacht wird. Man hört mehrere Backpfeifen, als habe er vier Väter. Wir laufen zum nächsten Haus, ohne ein Wort zu sagen, als legten wir eine Gedenkminute für unseren Kameraden ein. Unsere nächste Station ist das Hegerhaus. Man braucht das Haus nur anzusehen, um zu wissen, daß es sich um das Hegerhaus handelt. Die Giebel sind mit Holz verkleidet, über den Fenstern hängen breite Geweihe – die Hegersfrau könnte darauf Wäsche trocknen, und der Hof ist voll Holz. Der Sohn des Hegers Buchtela heißt Pepek; wir nennen ihn aber Puma. Er erwartet uns schon mit der Hündin Zuza, einem Rassehund mit Stammbaum. Sie hat mich schon erkannt und bellt mich an. Ich pfeife so, wie ich es immer tue. Über diese Dinge weiß Puma nichts. Hätte er einen Orang-Utan an der Leine, würde er ihn nicht anders als Zuza ausführen.

»Warum pfeifst du, Dummkopf?« fragen die Jungen.

Puma ruft zum Haus: »Vater, ich geh ein wenig mit dem Hund spazieren!«

»Die Hündin ist für dich also ein Hund!« sage ich. »Puma, seit wann ist eine Hündin ein Rüde?«

»Wer von euch hat den Kleinen mitgenommen?« tobt Puma. »Wer hat ihn bloß mitgenommen?«

Mit beiden Händen zeige ich ihm eine Eselsfratze.

»Du bekommst von mir ein paar Ohrfeigen!« droht er. »Du Ochse!«

»Ich bin kein Ochse, ich hab einen glatten Hals«, antworte ich. Es fällt mir nichts anderes ein.

Josef spricht mit Puma. »Hast du's?« Er senkt geheimnisvoll seine Stimme und flüstert fast nur noch. Auf einmal sind alle Jungen um Buchtela herum. Puma zeigt etwas, was er unter der Jacke versteckt hält. »Jawohl«, sagte er. »Ich hab's mit.«

»Josef, laß mich doch mit euch gehen!« sage ich und mache dabei schöne Augen.

»Du kannst nicht mitkommen«, erwidert er schroff.

»Warum denn nicht?« frage ich. »Ich hab' doch keine Angst!« Mit den Augen folge ich Buchtela, der die Hündin hinter das Haus bringt. Es ist mir klar, wohin er Zuza führt: in die Scheune! Die Hündin winselt. Er macht das Tor zu, aber das Gewinsel der Hündin ist auch so zu hören. Puma versetzt dem Tor einen Fußtritt. »Ruhe!« ruft er. »Halt die Schnauze!« Und plötzlich läuft er direkt auf mich zu. Das habe ich nicht erwartet. Auch die anderen kommen angelaufen, auch Josef. Das überrascht mich am meisten, von ihm habe ich am wenigsten Hinterlist erwartet. Ich drehe mich um und laufe weg. Aber Ruda und Josef kann ich nicht weglaufen, sie rennen schneller als ich. Sie haben ja auch längere Beine.

»Laßt mich!« Ich schreie schon, bevor sie bei mir sind. »Ich hab euch doch nichts getan!« Ich versuche, mich an einem Baum hochzuziehen. Aber ich schaffe es nicht. Während ich am unteren Ast des Baumes hänge, kann ich darauf warten, daß das Ferkel Cumat mir die Hose herunterziehen wird. Er zieht mir auch die Turnhose herunter; ich muß loslassen. Ich halte aber mein Hemd fest. Sie werfen mich nieder, sie sind stärker und in der Übermacht. Ich verteidige mich, so wie ich es am besten kann, denn gegen eine Übermacht ist alles erlaubt. Ich beiße Cumat in die Wade. Er brüllt vor Schmerz und tritt mir an den Kopf.

»Auuu!« schreie ich, so laut ich kann. Es schmerzt nicht so sehr, aber ich kreische wie eine Sirene. »Auuuaaaa!«

»Laßt ihn doch!« Josef stößt die Jungen zurück. »Er hat genug«, sagt er. »Hast schon genug, Kleiner, nicht wahr?«

Ich strecke die Zunge heraus. Auch Josef ist ein Dummkopf. Jetzt weiß ich, daß er genauso ein Dummkopf ist wie die anderen. Schließlich, nachdem die Schlägerei zu Ende ist, versetzt mir Kadera noch einen Fußtritt. Jedesmal, wenn schon der Friede wieder hergestellt ist, versetzt Kadera einem noch einen Fußtritt. Beim Fortgehen der Jungen werfe ich ihm einen Stein nach und treffe ihn in den Rücken. Ich springe auf, halte die Hose fest und verlasse schleunigst die Kampfstätte. Ich spucke Staub. Mein Mund ist voll Sand. Ein anderer an meiner Stelle hätte vor Schmerz geschrien, aber ich weine nicht einmal. Es kommt mir gar nicht in den Sinn. Ich bleibe stehen und sinne auf Rache. Bis hierher höre ich Zuzas Gewinsel! Ich gehe zum Hegerhaus zurück. Unterwegs begegne ich keinem Menschen. Ich öffne das Scheunentor ein wenig. Das dachte ich mir – die Hündin ist an einem Haken festgebunden. Sie kann hier nur sitzen, mit der Nase direkt

an der Mauer. Ich binde die Hündin los und lasse sie in den Garten laufen.
Es fällt mir ein, wohin die Jungen gegangen sind; ich laufe zwischen den Scheunen durch die Gärten, den Rain entlang und quer über ein großes Kleefeld hinter ihnen her. Das Feld ist grün und naß. Meine Knie sind feucht vom Tau. Ich laufe bis zum ausgefahrenen Holzweg. Dort sind Pflanzen, Dornbüsche und flache, wie mit Watte bezogene Blätter des Huflattichs zu finden. Ich reiße ein Blatt ab und drücke es mir auf den Kopf, lege mich hin und warte. Hier unten kann mich keiner sehen. Ich sehe in den Hohlweg hinein.
Das Flugzeug am Himmel zieht weiter seine Kreise.
Ich richte mich auf, damit ich die Jungen sehe, wenn sie aus der Biegung kommen. Aber ich höre sie zuerst, denn sie schreien in dem Hohlweg wie Paviane. Sie tragen eine Leiter. Fünf Jungen tragen sie. Es ist die längste Leiter, die sie auftreiben konnten. Wahrscheinlich haben sie sie dem Dachdecker Rapousek geklaut. Puma trägt nicht mit; er geht ein paar Schritte voran, mit einem Fernglas in der Hand. Er stelzt leichtfüßig daher. Reichlich blöd sieht er aus. Ich liege natürlich so, daß mich keiner sehen kann. Sie hätten mich sonst, glaube ich, von neuem verprügelt.
»Hört ihr?« Josef bleibt stehen. Er reckt seinen Kopf in die Höhe. Ich höre an meinem Standort nichts außer dem Flugzeug.
»Was ist?« fragt Kadera. »Was hörst du denn?«
»Jetzt wieder«, sagte Josef. »Hört ihr das nicht?«
Er sucht den Himmel ab, und die Jungen ahmen ihn nach. Die Leiter werfen sie auf die Erde. »Ich höre was, Josef!« schreit Cumat. »Ich höre was!» Damit will er vor Josef selbstverständlich nur angeben. Cumat kenne ich wie meine Westentasche. Aber alle sind in diesem Augenblick sonderbar still; es sieht nicht so aus, als wenn es um irgendeinen Ulk ginge. Ich versuche es auch zu hören, aber ich höre überhaupt nichts. Ich darf den Kopf nicht so recken, sonst sehen sie mich. Dann plötzlich höre ich es auch – eine dröhnende Erschütterung, die für einen Augenblick anhält, dann verschwindet und wieder zurückkommt.
»Ich höre es!« schreit Puma. »Ich höre es schon!«

»Das sind Kanonen«, sagt Josef. »Das sind Kanonen von der Front!«
»Ja . . .?« wundert sich Res. Er wundert sich über alles.
Ich recke meinen Kopf, um zu sehen, was Cumat tut. Er liegt mit dem Ohr auf der Erde im Gras und lauscht. »Auf der Erde ist es noch besser zu hören!« schreit er.
Josef zeigt zur Stirn, um zu zeigen, daß Cumat ein Ochse ist. Ich denke mir das gleiche.
»Du liegst hier doch nicht auf den Eisenbahnschienen!« sagt Josef. »Hörst du denn einen Zug?«
»Leute, ich rede doch kein dummes Zeug!« beteuert Cumat. Sie reden noch einen Augenblick darüber, haben aber die Leiter schon wieder aufgehoben und gehen weiter. Ich schleiche wie ein Schatten hinter ihnen her, damit sie nicht merken, daß ich jede ihrer Bewegungen beobachten kann.
»Wie weit kann man Kanonen hören?« schnappe ich von ihrem Gespräch aus einiger Entfernung auf. »Fünfzig Kilometer!« sagt Puma.
»Wer sagt das?« fragt Res.
»Cmiral . . .«
»Er ist ein Dummkopf!« quittiert Josef Cmirals Meinung.
»Er hat am Krieg teilgenommen und hat dafür sogar ein Stück Blech bekommen!«
»Das ist doch gar nichts! Mein Opa hat die Malaria bekommen!«
Ich lege mich auch hin und versuche, mit dem Ohr auf der Erde zu horchen. Wie Cumat vorher. Ich lausche einige Sekunden, und als ich den Kopf wieder hochhebe, sehe ich, wohin sie gehen. Sie gehen zur Kirche. Von hier aus sind Tauben auf dem Kirchturm zu sehen. Sie fliegen um den Bau herum wie eine weiße, lebendige Wolke. Es gab immer viele Tauben in unserem Kirchturm. Es scheint mir auch, daß das Flugzeug direkt über dem Kirchturm kreist. Die Jungen sind verschwunden. Jetzt ist der Augenblick gekommen, um aufzustehen.
Ich weiß genau, wie ich um den Friedhof herumlaufen muß. Ich höre die Jungen, und dann sehe ich sie auch wieder. Sie ziehen ihre Schuhe aus und stellen die Leiter an die niedrigste Stelle des Kirchdaches. Ich beobachte sie durch ein

Loch in der Friedhofsmauer. Als erster steigt Josef die Leiter hoch. Er geht barfuß über das Dach der Sakristei. Über dieser befindet sich ein rundes Fenster, das man öffnen kann. Die andern steigen hinter Josef die Leiter hoch. Res fällt beinahe von der Leiter herunter.

Res nehmen sie mit, nicht aber mich! Ich bin wütend. Ich kann zehnmal besser klettern als er. Am meisten regt mich die Ungerechtigkeit auf. Cumat stolpert auf dem Dach.

»Er müßte herunterfallen«, wünsche ich ihm halblaut. Hinter der Mauer kann mich keiner hören. »Er müßte ums Leben kommen!«

Aber die Jungen sind schon durch das runde Fenster geklettert. Ich höre sie, denn sie trampeln wie eine Elefantenherde über den Kirchboden zum Steinturm.

Unten an der Leiter liegen ihre Schuhe. Das Friedhofstor brauche ich nicht zu öffnen, sie haben es sperrangelweit hinter sich offengelassen.

»Nicht den Strick berühren, damit die Glocke nicht in Bewegung kommt!« höre ich Josefs Stimme.

»Solche Dummköpfe«, sage ich halblaut. Ich habe mich hinter einem Grabstein versteckt. Ich lese die Inschriften. Manchmal ist es lustig, sie zu lesen: Hier ruhen in Frieden Alois und Maria Navratil. Ruhe sanft, Ännchen! Dazu die ovale Fotografie eines Mädchens hinter Glas. Ich beuge mich zu der Fotografie hinunter; das Mädchen lächelt.

Ich konnte mir doch denken, daß sie im Turm alle Tauben aufscheuchen würden. Sie fliegen aufgeregt um den Turm herum. Ich höre das Rauschen ihrer Flügel. Jemand ist ausgerutscht im Turm. »Du Ochse!« höre ich. Sie reden nicht gerade fromm, sagen einige Ausdrücke, die sie beichten müßten. Nun sind sie schon im Fenster neben der Glocke zu sehen. Ich sehe sie, sie sehen mich aber nicht. Josef hat Buchtelas Fernglas in den Händen und blickt irgendwohin in die Landschaft.

»Kannst du bis zur Brücke sehen?« fragt Puma.

»Das Fernglas vergrößert ganz schön«, sagt Josef. »Meine Herren«, er staunt selbst darüber: »Die Panzer kommen! Sie fahren direkt unter mir, ich könnte sie anfassen! Das Fernglas vergrößert einfach toll!«

»Gib her!« Puma will sein Fernglas zurück. Und dann schaut einer nach dem andern durchs Fernglas. Und ich sitze hier unten.
Ich bin wütend. Ich setze mich mit dem Rücken an die Kirchenmauer, mit dem Fuß trete ich gegen die Leiter, reiße Gras ab, werfe es um mich herum. Ständig höre ich dummes Geschwätz vom Turm.
»Das Flugzeug bewacht die Brücke«, sagt Kadera.
Ich höre auf, das Gras abzureißen und suche in dem Schuhhaufen nach seinen abgelaufenen Halbschuhen. Ich habe sie schnell gefunden. Ich ziehe die Schnürsenkel heraus. »Die Russen könnten die Brücke in die Luft ...« höre ich ihn. Was er doch für dummes Zeug daherredet! Ich werfe einen seiner Schuhe irgendwohin zwischen die Gräber, den anderen Schuh werfe ich über das Tor ins Gebüsch. »Es ist möglich, daß sie das Dorf dem Boden gleichmachen werden«, sagt Cumat. Auch er redet Unsinn .»Das möchte ich gerne sehen!« sagt er. – Einen seiner Schuhe werfe ich, soweit ich kann.
»Ich lasse mich doch nicht in den Keller einsperren! Wann bekomme ich wieder einen Krieg zu sehen, ich bitte dich!« Das ist Puma. – Schon fliegen seine Schuhe durch die Luft. Sie machen den größten Bogen. Der Schuhhaufen wird kleiner.
»Vielleicht brennt die Schule ab!« sagt jemand. Das war Ruda. Seine Schuhe halte ich schon in der Hand, um sie über die Mauer zu werfen. Aber er sagt jetzt etwas, was mich interessiert: »Und vielleicht kommt dabei der Herr Rektor um.« Das möchte er gerne! Seine Schuhe werfe ich nicht weg, ich lege sie wieder zurück. Auch mir gefällt dieser Gedanke. Ein schmatzender Laut erschreckt mich, etwas klatscht auf die Steine. Von dem Turm aus, aus dem Fenster neben der Glocke, pißt jemand. Wenn das der Pfarrer sähe, der Schlag würde ihn treffen.
Die Sonne steht wie ein großer, gelber Kürbis hinter der Kirche, und der Urinstrahl fällt in einem großen Bogen, schimmernd in allen Farben, herunter.
Ich greife nach den schäbigsten Sandalen. Erneut beobachte ich den Urinbogen, damit ein Irrtum ausgeschlossen ist. Ich suche andere Schuhe aus, werfe sie bis hinter das Tor. Es

langweilt mich, hier zu sitzen. So stehe ich auf und nehme alle Schuhe auf einmal, bis auf das eine Paar; dann suche ich noch Josefs Schuhe aus und lasse auch sie hier liegen; die anderen Schuhe werfe ich in das Hagebuttengebüsch an der Mauer.

Ich gehe zurück und berühre die lange Leiter. Ich wollte sie nicht umwerfen, ich habe nur versucht, ob ich es fertigbringe, sie allein, ohne jeglichen Krach, wegzustellen und hinzulegen. Die Leiter berührt oben die Dachrinne; sie hören es aber nicht, weil sie sich um das Fernglas streiten. Ich kann sie nicht festhalten. Sie ist schwerer, als ich dachte. Ich will die Leiter aufhalten, aber sie kippt um und fällt auf den Boden, auf den nächsten Grabstein. Sie verursacht einen solchen Krach, daß es auch die Toten hören müssen, die hier in Frieden ruhen. Ich klettere rasch durch das Loch in der Mauer. Die Jungen lehnen sich weit aus dem Turmfenster, fast zu weit. Dann verschwinden ihre Köpfe. Ich höre, wie sie die Treppen herabspringen, wie sie über den Kirchenboden zu dem runden Fenster laufen. Sie schreien wegen der Leiter. Wieso ist sie umgefallen? Einer schreit lauter als der andere. Sie klettern auf das Dach der Sakristei.

»Du hast die Leiter aber sehr dämlich hingestellt«, sagt Kadera zu Josef. Josef unterhält sich nicht mit Kadera. Er kommt bis zum Dachrand und schaut aufmerksam nach unten. »Dabei hat er sie in den Boden gestemmt, ich habe es gesehen!« sagt Cumat zu Josefs Verteidigung. Aber Josef unterhält sich auch mit Cumat nicht. Er schaut aufmerksam nach unten, wo die Leiter vorhin gestanden hat und wo sie jetzt liegt.

Es ist schön tief.

Eine Ameise kriecht auf meiner Wade. Ich reibe die Wade mit dem Spann des anderen Fußes; das Vieh beißt mich, und ich muß die Stelle mit Speichel anfeuchten. Ich beobachte, was die Dummköpfe jetzt tun. Ich wollte ihnen die Leiter nicht umkippen, aber jetzt, wo es geschehen ist, stört es mich überhaupt nicht. Josef schaut immer noch spähend nach unten, auf den Friedhof. Er kann mich zwar hinter der Mauer nicht sehen, aber er schaut dort hin, als sähe er mich doch. Josef ist der schlauste aller Jungen.

»Kleiner!« ruft er laut. »Olda!«
Jetzt bin ich froh, daß ich Cumat sehe, der in die Gegend gafft. Er ist überrascht und entsetzt. Kadera beugt sich nach unten.
»Wo sind denn unsere Schuhe?« sagt er. »Der Saukerl muß doch hier sein!«
»Du bist ein Saukerl«, sage ich leise für mich hinter der Mauer.
»Meine Schuhe sind da«, sagt Ruda. »Meine und Josefs!«
Cumat sucht mich mit dem Fernglas, sucht mich auf dem Friedhof. Er hat mich gereizt! In der Hosentasche habe ich eine Schleuder, und es gibt hier genug Steinchen, am besten eignet sich dazu ein kleines, flaches Steinchen, das bespuckt werden muß, damit die Schleuder nicht abrutscht, wenn der Gummi gespannt wird. Meine Hand juckt, ich möchte Cumat zwischen die Augen treffen, aber er würde mich dabei sehen.
»Oldrich!« ruft Josef, »Olda!«
Ich antworte hinter der Mauer mit Fratze und langer Nase. Die Schleuder stecke ich wieder in die Hosentasche. Das Steinchen werfe ich aber nicht weg; ich stecke es ebenfalls in die Hosentasche, vielleicht kann ich es noch brauchen.
»Olda, komm her, es passiert dir nichts!« ruft Josef.
»Ich werde ihm die Schnauze zerschlagen«, sagt Cumat.
»Ich auch«, sagte Puma Buchtela.
»Du brauchst keine Angst zu haben, sie werden dir nichts tun«, sagt wiederum Josef. »Stell die Leiter wieder hin.«
»Er kann sie doch nicht hochheben! Er kann nicht einmal ein Kilogewicht hochheben!« Res sagt das. Dieses Gerede kann mich rasend machen. Wenn ich schon höre, daß ich nicht einmal ein Kilogewicht heben kann, werde ich wütend.
»Res!« schreie ich hinter der Mauer. »Res, du kannst dir einen Fes kaufen. Dann siehst du wie ein Türke aus und kannst in die Schlacht ziehen und findest dich auf einem Misthaufen wieder!«
Ich hätte ihn am liebsten auf der Stelle totgeschlagen. Ich schreie so laut, daß die Halsadern anschwellen, ich schreie, um ihn zu überschreien, damit ich nicht höre, was er selbst in diesem Augenblick sagt.
»Wir zählen bis fünf, Kleiner!« droht Kadera auf dem Dach.

»Zeig dich, du Saukerl, sonst kannst du was erleben!«
»Eins!« fängt Cumat an zu zählen.
Ich klettere auf die Mauer, so daß sie mich sehen. Es ist mir egal. Ich würde auch mein Leben riskieren. Ich bin wahrscheinlich wie mein Vater, jähzornig.
»Zwei, drei, vier, fünf, zehn, fünfzig, hundert, tausend, Million!« schreie ich. Ich habe eine Stinkwut auf sie. »Die Leiter stelle ich nicht hin, Cumat, du brauchst gar nicht so zu gaffen!«
Ich nehme den Stein aus der Hosentasche, ziehe die Schleuder an. Aber der Stein fliegt an ihm vorbei. Sie bewerfen mich mit allem, was sie in die Hände bekommen. Alles prallt an der Mauer ab. Kadera reißt einen Dachziegel aus dem Dach.
»Kadera, ich verpetze dich!« schreie ich und weiche den Splittern aus. »Es wird in die Sakristei regnen!«
Der Ziegel fällt auf den Friedhof, weil Kadera die große, schwere Dachpfanne nicht bis zu mir werfen konnte.
»Jetzt hast du den Ziegel auf deinen Onkel geworfen!« Ich deute auf das Grab. »Und dabei bist du Ministrant!« Ich mache ihnen allen eine lange Nase, springe wieder hinter die Mauer und lehne mich mit dem Rücken an. Sie können nicht bis hierher werfen; ich höre die Steine und Splitter, wie sie zwischen die Sträucher plumpsen, wobei manche auf die Mauer prallen und dann ins Gras fallen.
Dann hören sie damit auf. »Er ist nicht mehr dort«, höre ich sie überlegen.
»Er ist noch da.«
»Er ist durch die Sträucher weggelaufen.«
»Olda!«
Damit ich mich beruhige, schneide ich mir selbst einige Grimassen. Ich puste in die Hände: Das schicke ich euch!
»Du bekommst einen Fußball!« lockt Puma Buchtela.
Aber ich höre auch das, was sie sich leise sagen: »Du willst ihm einen Fußball geben?«
»Nein.« und laut: »Willst du einen Fußball? Ja oder nein?«
Puma denkt, daß ich auf den Kopf gefallen bin.
»Wir können durch die Kirche gehen!« schlägt einer vor.
»Die Fenster sind doch vergittert!«
»Dann müssen wir die Tür aufbrechen!«

»Die Tür können wir nicht aufbrechen.«
»Hierher kommt wahrscheinlich keiner mehr«, höre ich Kadera sagen. »Erst nach dem Krieg.«
Ich schaue nach oben, ob das Flugzeug noch am Himmel kreist. Es fliegt immer noch, und es ist ein beruhigender Laut. Ich beobachte das Flugzeug einen Augenblick.
»In der Nacht fürchte ich mich auf dem Friedhof«, sagt Cumat. Es sollte wohl ein Scherz sein, aber er sagt es mit einer Stimme, die andeutet, daß er jetzt schon die Hose voll hat. Sie sind lustig, weil sie sich Mut machen wollen. »Du mußt dorthin springen!« schreien sie Josef an, der tut, als wolle er vom Dach herunterspringen.
»Du mußt dorthin springen!« raten sie ihm. »Hier liegt doch euer Großvater begraben!«
Ruda spuckt über den Dachrand. »Ich komme in meinem Leben nicht mehr in die Kirche!«
Res steht auf. »Jungs, ich kann hier nicht mehr lange bleiben.«
Erst jetzt erinnere ich mich an mein Zigarettenetui. Ich greife unter das Hemd, es ist noch da. Ich drehe mich um und laufe weg. Die anderen interessieren mich nicht mehr. Ich laufe dorthin, wohin ich eigentlich zuerst hatte gehen wollen.
»Olda!« hörte ich jemanden weit hinter mir rufen, nachdem ich schon eine Weile gelaufen bin. Dann schreien alle im Chor: »Oooldoo!«
»Bläööder Kleineeer!«
»Oooochseee!«
Ich laufe durch das hohe Gebüsch, wobei ich die Zweige mit den Händen auseinanderzerren muß. Ich brauche nicht erst auf den Kirchturm zu klettern, um die Straße zu sehen. Ich weiß, auf welche der sechs Linden am anderen Ende des Abhangs ich klettern muß. Sie hat an ihrem Stamm viele Äste. Ich ergreife sie und benutze sie als Stützen für die Füße. Ich schiebe mich weiter nach oben. Mit Händen und Füßen umklammere ich die Zweige, ziehe die Füße den Händen nach. Ich habe keine Angst, aber ich blicke lieber nicht nach unten. Ich schaue nach oben, in die Baumkrone. Dort sind dünne und biegsame Zweige, die ständig in Bewegung sind, und ich stecke meinen Kopf hinaus.

In der Baumkrone war es wie auf einem Aussichtsturm; ich konnte die ganze Landschaft übersehen. Sie sah aus wie eine Postkarte: blaue Hügel, grüner Fluß, weiße Brücke. Die Soldaten, die ich gesehen hatte, fuhren die Hügel hinunter, füllten die Brücke, eilten über die Straße, waren in eine Staubwolke gehüllt. Der Wind wehte von der anderen Seite, so daß die Laute kaum hörbar waren. Ich hielt es lange genug aus, um die Deutschen zu beobachten. Aber nirgendwo sah ich Panzer. Nun erst wurde erkennbar, daß das Flugzeug über der Brücke kreiste. Es flog immer in gleicher Höhe. Dann hörte es auf, mich zu interessieren, und ich rutschte wieder hinunter.

Die Linde war nicht nur ein guter Aussichtsturm, sondern auch meine Meßlatte: An der Linde habe ich immer wieder meine Größe gemessen. Ich wollte sehen, ob ich ein wenig gewachsen war. Das war meine größte Sorge bis zu meinem siebenten Lebensjahr. Der Baumstamm war an einer Seite glatt und gerade. Dort, zwischen den Wurzeln, die hier an einer Stelle zutage traten, hatte ich immer einen Nagel versteckt.

Ich stehe mit dem Rücken zum Stamm und kratze mit dem Nagel ein Zeichen ein. Ich drehe mich um: Das Zeichen deckt sich genau mit dem letzten Kratzer! Und darunter sind alte Zeichen eingeritzt. Ich schaue nach unten, um festzustellen, ob ich an der richtigen Stelle stehe. Erneut richte ich mich mit dem Rücken zum Baum auf und hebe die Hand hoch, um über dem Kopf das Zeichen zu machen. Aber diesmal stelle ich mich ein wenig auf die Zehenspitzen. Niemals habe ich diese Selbsttäuschung zugegeben, obwohl ich jedesmal das gleiche tat. Auch die Hand hebe ich ein wenig höher; ich berühre zwar den Kopf, aber nicht mit dem Nagel, sondern mit den Fingern, so daß ich einen Zentimeter zugebe. Ich zeichne die Stelle an und drehe mich um.

Ich bin *größer* geworden und bin zufrieden. Ich verstecke den Nagel fürs nächste Mal.

Erneut laufe ich durch das Akazien- und Haselgebüsch. Dort ist ein Sandufer, und ich rutsche stehend hinunter. Wie auf Skibrettern rutsche ich mit den Schuhsohlen. Meine Sandalen sind gleich voll Sand. Unten schütte ich den Sand aus, dann lasse ich die Hände hängen, die Sandalen interessieren mich nicht mehr. Ich schaue mich um, breche einen Zweig ab. Er ist ganz schön stark und schwer. Aber ich komme nicht dazu, die Blätter abzureißen. Ich drehe mich rasch um – ein Hase schießt aus seinem Bau hervor. Ich mache drei Schritte in Richtung zweier dichter Sträucher, schlage mit dem Zweig in die Sträucher, genau neben dem schmalen Waldpfad, genau in die gelegte Schlinge! Sie ist an einem Haselgebüsch befestigt, wird losgerissen, fliegt durch die Luft, zischt wie eine Peitsche.

Ich hasse die Wilderer, aber in unserem Dorf sind alle Wilderer, auch mein Vater geht in der Nacht in den Wald. Ein Erlebnis vergesse ich niemals, auch wenn ich hundert Jahre alt werde. Damals war die Wiese schon gelb und voll von Blättern. Ich lief einige Schritte hinter meinem Vater, weil ich nicht mit ihm den Schritt halten konnte. Schon während des Gehens klappte er ein großes Messer auf. Das Reh in dem Jungholz gab Töne von sich wie ein Mensch, und ich habe gehört, wie es um sich schlug. Ich lag auf der Erde, machte die Augen zu und steckte die Daumen in die Ohren.

»Wo bist du denn?« rief er mir zu. »Olda, wo bist du denn?«

Das Reh war schon tot. Ich habe es nicht gesehen, nur ein Stück des Kopfes war sichtbar. Es hatte sich in der von Vater gelegten Schlinge verfangen.

Er wischte sein Messer im Gras ab. Dann trugen wir das Reh in einem Tuch zum Wagen. Die Mutter saß auf dem Wagen und hielt die Pferdeleine. »Weine nicht, verflucht!« drohte der Vater und ließ ständig die Augen in die Gegend schweifen. »Ist vielleicht die Mutter gestorben, daß du weinst?«

»Mutti!« sagte ich zu ihr, als sich der Wagen in Bewegung setzte und Vater die Stute Julina mit der Peitsche antrieb. »Mutti ...!«

Ich legte mein Gesicht in ihren Schoß und umarmte mit beiden Händen ihre Hüften. Aber als ich zu ihr aufblickte, sah ich, daß auch ihre Augen in die Gegend schweiften, als wenn sie aufpaßte. Sie wünschte, daß Vater die Beute ohne Schaden

nach Hause brächte. In unserem Dorf hatten wahrscheinlich auch die Frauen Wildererblut in ihren Adern. Ich sprang vom Wagen ab und lief den Hohlweg zu den Feldern hoch. Ich bin meinen Eltern weggelaufen.
Vater brachte den Wagen jäh zum Stehen. Er stand oben auf den Kartoffelsäcken und rief hinter mir her: »Oldooo ...!«
Ich bin zu den Weiden gelaufen, denn dort findet mich keiner, weil das Reisig dicht wie ein Wald ist. Dort habe ich mich auf den Boden geworfen, zitternd vor Aufregung.
Zu Hause spähte ich dann nach der Drahtrolle, aus der mein Vater die Schlingen machte. Der Draht war unter den Getreidehülsen in der Scheune versteckt. Am Abend schlich ich mit dem Draht aus dem Haus. Ich wußte, wo unter der Schleuse das Wasser am tiefsten war: zwischen den großen, schwarzen Steinen. Ich kletterte über den Felsen bis zu dieser Stelle, faßte die Drahtrolle mit beiden Händen und warf sie stromabwärts.
Es machte ihm nicht viel Arbeit, herauszufinden, wer ihm den Draht weggenommen hatte. Wie so oft trieb er mich in die Zimmerecke. Von hier konnte ich nicht entkommen. Ich stand in Vaters Schatten, die schwache Birne brannte hinter ihm. Er war so groß und stämmig, daß seine dunkle Silhouette die Wand hinter ihm verdeckte. Er streckte eine Hand nach mir aus und in der anderen hielt er den Lederriemen. Dann lag ich auf dem Fußboden und biß mich in die Finger, damit ich nicht weinen und mich damit vor ihm erniedrigen müßte.
Die Mutter sagte: »Du schlägst ihn noch tot, und sie sperren dich ein!«
Ich merkte, daß sie weinte. Sie hob mich hoch, entkleidete mich und legte mich ins Bett.

Ich denke an meinen Vater, wie er zu Hause tobt, was er mir antun wird, wenn ich zurückkomme. Ich laufe zu den Weiden und schrecke die Rebhühner auf. Die Weiden umfassen eine ein Hektar große Fläche. Sie haben lange Ruten, die im Frühjahr gelb sind. Sie wachsen aus kleinen, abgeschnittenen Köpfen empor, über die ich stolpere. Ich habe mich in den glitschigen Ranken verfangen, sie berühren mein Gesicht, ich fühle die Knospen, den Baumsaft und die junge Rinde, als wenn mich lebendige Finger berührt hätten. So sieht auch Bambus aus. Ich habe meine Vorstellungen, es sind doch *meine* Weiden. Die Hütte aus Ziegelsteinen inmitten der Landschaft umschleiche ich erst von allen Seiten. Auf dem flachen Dach der Hütte wächst Gras. Es wäre eine ideale Behausung für einen Einsiedler. Die Hütte hat niemals eine Tür gehabt. Ich werfe Steinchen und eine Handvoll Sand in die schwarze Öffnung. Es ist nichts zu hören. Ich gehe zur Schwelle, kneife die Augen zu und blinzele hinein. In der Ecke der Hütte liegt ein zerdrücktes Bündel Stroh. Das ist nichts Neues, Stroh gibt es hier genug. Meine Augen schweifen über alle Wände. Ich stoße das raschelnde Stroh zur Seite. Um auszuruhen, will ich mich ins Stroh setzen, doch es ist mehr schon ein Hinfallen.

Ich weiß, wer das Bündel Stroh hierhergebracht hat. Damals war in unserem Dorf eine Feuerwehrübung für den gesamten Kreis veranstaltet worden. Nichts ist so blöd wie eine öffentliche Feuerwehrfeier. Die Helme glitzern, als wenn sie mit Sidol poliert wären. Mein Vater ist auch Feuerwehrmann. Ich sehe ihn vor mir, wie er mit Niklik läuft und die Trommel mit den Feuerwehrschläuchen aufdreht, wie er vom Fluß aus den Abhang hinaufläuft. An der Übung nehmen acht freiwillige Feuerwehrgruppen teil. Wir laufen entlang des Feuerwehrschlauches, in dem das Wasser nach vorne drängt. Die durchgeriebene Jute läßt Wasser durch, und wir fangen es mit dem Mund auf.

»Tretet doch nicht auf die Schläuche!« ruft uns Kaderas Vater zu. Sein Helm glitzert am meisten. Er pfeift mit seiner Trillerpfeife.

Alle sind gespannt und warten, bei wem das Wasser zuerst auf das brennende Häuschen spritzen wird. Schließlich fängt es an zu spritzen, aber das Wasser kommt nicht bis zum Häuschen. Ich laufe mit den Jungen hin, und wir bespritzen das Feuer. Inzwischen wurde aber die Maschine nähergebracht, und ich bekomme einen Strahl Wasser ab. Ich flüchte, noch bevor mich mein Vater sehen kann. Ich laufe durch die Straßen zwischen den Häusern, und das Wasser tropft und tropft von mir ab. In den Weiden habe ich dann die Kleidung und die Wäsche an die Sträucher gehängt. Ich klappere mit den Zähnen, bin nackt, und es ist mir kalt, weil die Sonne schon untergegangen ist.

Dann mache ich Kniebeugen. Bis hierher, wo ich meine Kleidung trockne, kann man nicht sehen. Bertina Petrzela steht in ihrem Sonntagskleid vor der Hütte; durch die Sträucher kommt vom Dorf her Kaderas Vater, der immer noch den glitzernden Helm und außerdem eine Trompete an einem Riemen trägt.

Er bringt von dem Strohschober ein Bündel Stroh mit. Bertinas Augen schweifen über die Landschaft. Sie sagen etwas, was ich aber nicht verstehe. Ich glaube, daß ich überhaupt nicht atme; ich liege in den Sträuchern mit der Nase auf der Erde.

Sie sind in die Hütte hineingegangen. Bertina lachte die ganze Zeit so, als wenn sich ihre Stimme überschlüge. Hastig zog ich meine nasse Kleidung an.

Ich vergaß dabei, die Turnhose anzuziehen, so daß ich die Hose erneut ausziehen mußte. Da kam der alte Kadera heraus, zog sich aus, hängte die Jacke vorsichtig auf einen Strauch und legte den Helm und die Trompete mit dem Riemen ab.

Jetzt ziehe ich drei Ziegelsteine aus der Mauer, die ich mir gekennzeichnet habe. Das ist mein Versteck. Hinter den Ziegeln gibt es eine Öffnung, in der ich eine Holzschachtel aufbewahre. Hier halte ich den Feuerwehrhelm und den Riemen mit der Trompete versteckt, die Kadera damals vor der Hütte gelassen hat. Ich verwahre in der Schachtel noch andere Sachen, einen auseinandergenommenen Wecker, einen Tennisball mit Monogramm K. K. und Gummis für meine Schleuder. Hier will ich auch meinen neuen Fund verstekken, das Zigarettenetui.

Ich hole meinen Schatz unter dem Hemd hervor. Zuerst wische ich das Silber mit dem Hemd ab, wische auch über die Zigaretten und rieche am Tabak. Dann nehme ich die Zigaretten heraus und stecke sie in die Hosentasche. In diesem Augenblick höre ich sehr nahe ein Motorrad. Ich lege rasch das Etui in die Schachtel, schiebe diese in die Mauer und die Ziegel wieder an ihre Stelle. Plötzlich fällt mir auf, daß die drei losen Ziegelsteine jeden stutzig machen müssen. Ich werfe die Ziegelsteine weg, ziehe die Schachtel hervor und hole das Zigarettenetui heraus. Ich verlasse die Hütte und klettere auf das mit Gras bewachsene Dach. Im Gras hebe ich ein neues Versteck aus, umwickle das Zigarettenetui mit einem Lappen, decke es mit Sand zu, und dann klatsche ich den Boden mit den Händen fest.

Dann höre ich deutlich, wie jemand Deutsch redet. Sofort lege ich mich hin und nur meine Augen lasse ich aus dem Gras schauen. Es kommt von sehr nahe, vom Weidenrand!

Da sehe ich auch schon die Soldaten. Es sind drei. Sie stehen neben einem Motorrad mit Seitenwagen und ziehen sich aus, werfen die Uniform weg und schlüpfen in Zivilkleidung. Anstelle der Helme setzen sie Hüte auf. Das geschieht alles sehr hastig, als ginge es um Minuten. Die Hüte behalten sie nicht auf dem Kopf. Sie haben sie nur anprobiert und werfen sie weg. Wahrscheinlich passen sie ihnen nicht.

Ich sehe deutlich, wie einer von ihnen eine Pistole in die Tasche steckt. Das Maschinengewehr, das an dem Motorrad lehnt, läßt er gleichgültig stehen. Sie waschen sich mit Wasser, das sie in einem Kanister haben. Obwohl einer seine linke Hand verbunden hat, ist er recht flink. Ständig schauen sie sich um, als hätten sie Angst. Ich krieche auf dem Bauch von der Hütte herunter. Vorher habe ich das Zigarettenetui wieder ausgegraben und unter dem Hemd versteckt. Ich laufe bis zum Strohschober und beobachte nun die drei Deutschen von oben.

Sie verlassen die Weiden und gehen quer über das freie Feld. Zuerst geht nur einer, die beiden anderen liegen am Weidenrand in den Sträuchern und passen auf. Erst als er den Hohlweg erreicht hat, folgen sie nach. Sie gehen weder langsam noch beeilen sie sich, es scheint, sie wollen nicht auffallen.

Das Motorrad mit dem Seitenwagen lassen sie in den Weiden zurück, als wäre es ein Ding, das einen so geringen Wert hat, daß man es einfach vergessen kann.

3

Familie Singer verläßt das Gut.
Unerwartet begegne ich Zyrill Vitlich.
Erschossene Selma.
Im Herrenhaus.
Vitlichs geheimnisvolle Tätigkeit.
Die Bauern.
Die Bauernreiter und ihre Übungen; Erinnerung an Fronleichnam.
Vitlich sagt, daß derjenige am meisten stiehlt, der es nicht nötig hat.
Begräbnis der Selma und peinliche Lage wegen des Zigarettenetuis.
Die Rückkehr.
Noch eine Tracht Prügel.

Ich habe damals die drei Deutschen sehr lange beobachtet. Sie kletterten den steinigen Abhang hinauf, die Füße rutschten ihnen im Sand weg. Sie kletterten vorgebeugt immer weiter bergauf, hielten sich an den Zweigen der niedrigen Sträucher, an Steinen und am Gras fest; ich sah, wie zwei dem dritten halfen, der sicherlich noch andere Verletzungen hatte, als die an der Hand. Er hinkte und blieb öfter stehen. Dann sah ich sie nicht mehr. Sie sind in das Unterholz gekrochen. Es sah aus, als wenn sie zum Wald gehen wollten, wobei sie die Kirche umgingen.
Ich sauge an einem Grashalm und springe auf, schaukele auf dem Stroh, und der Strohschober federt wie eine Matratze. Hier oben weht immer ein Wind, auch wenn es unten windstill ist; meine Augen und die Haare sind voll Stroh. Ich schaue immer noch dorthin, wo ich die Deutschen aus den Augen verloren habe. In diesem Augenblick erscheint am Himmel ein zweites Flugzeug. Auch eine Messerschmitt. Die Maschinen fliegen im Kreis übereinander, die Motoren rattern zweistimmig. Das Trommeln naht. Ich spucke Stroh aus. Trotz aller Kriegsereignisse ist für mich die Tatsache am wichtigsten, daß ich sehe, wie die Jungen von der Kirche über das grüne Heufeld zum Dorf gehen, das in den rot-blau-weißen Nationalfarben leuchtet. Ich sehe die ganze Bande. Von hier aus sehen sie wie kleine Ameisen aus. Ich erkenne die Leiter auf ihren Schultern; sie

sind es tatsächlich. Irgendwie haben sie es geschafft, wieder runterzukommen. Das ärgert mich. Ich dachte, bei ihnen würde es länger dauern. Wütend rutsche ich den Strohschober hinunter, schüttele das Stroh aus Hosenbeinen und Ärmeln. Wie ich die da kenne, werden sie auf mich warten. Diesen Streich werden sie mir bestimmt nicht verzeihen. Von diesen Idioten will ich auch nichts verziehen haben! Immer wenn sie auf mich warten, weiß ich, wie ich gehen muß, damit sie vergebens warten.

Mehrere vollgestopfte Lastwagen verlassen jetzt das Gut in der Ebene – ich habe die Gruppe solider Häuser gerade vor mir. Die Lastwagen wirbeln Staub hoch. Sie sind mit Möbeln vollgestopft. Auch der schwarze, altmodische Mercedes des Grundbesitzers fährt weg.

Ich stampfe mit dem Fuße nach dem Maulwurf; ich sehe, wie er sich unter der Erde in seinem Hügel kaum einen Meter von mir bewegt. Er hört auf, weiter zu graben; ich weiß, daß er in seinem dunklen Gang wartet, bis sich meine Schritte entfernen. Ein Maulwurf spürt schon die geringste Bodenerschütterung. Die Autos fahren hinter dem Gut an der Kapelle im Obstgarten vorbei. Es ist eine alte Kapelle. Auch die Bäume sind alt. Sie haben mächtige, schwarze Stämme, und durch die dünnen und noch kleinen Blätter sind ihre verästelten Kronen zu sehen. Die Autos fahren schnell zur Betonstraße und nehmen die Kurven scharf; sie haben es eilig. Hinter ihnen fahren noch zwei Traktoren mit Anhängern, deren Fracht unter Wagenplanen versteckt ist. Der Grundbesitzer nimmt mit, was er nur mitnehmen kann. Aber ich sehe nirgendwo seinen modernen Opel; in dem alten Mercedes fuhr nicht der junge Singer, sondern die alte Dame, die Gräfin wird sie genannt. Sie soll blaues Blut haben; einmal habe ich sie gesehen und damals hatte sie tatsächlich ein blaues Gesicht. Sie stammen aus Bayern. Der Großgrundbesitz gehörte früher Moritz Weiss, der aber ein Jude war. Singer bekam dieses Gut als Belohnung von Hitler.

Ich bohre mit der Spitze meiner Sandale im Maulwurfshaufen. Entweder wartet das Tier, oder es ist schon weggelaufen. Wahrscheinlich ist es schon weg. Hier sind ungefähr

tausend Maulwurfshügel. In manchem Jahr gibt es im Frühling besonders viele Maulwürfe.
Plötzlich ist ein Schuß zu hören; ich erschrecke vor seiner Nähe und hebe den Kopf. Die Tauben sind hochgeflogen und kreisen aufgescheucht in einem breiten Schwarm. Und dann fährt noch ein Auto durch das Tor, es ist der Opel. Der moderne Wagen ist schneller als die alte Kiste der Gräfin. Die Einfahrt zum Gut ist jetzt frei, das Tor steht sperrangelweit offen, und niemand macht es zu. Der Maulwurf interessiert mich nicht mehr; ich fange an zu laufen. Der Lärm auf der Straße ist nun, nachdem ich das Gut erreicht habe, besser zu unterscheiden. Es sind Motoren und Panzer zu hören; ich sehe zwar die Straße nicht, aber sie ist wahrscheinlich voll von Soldaten.
»Selma!« schreie ich vor dem Tor. Ich denke nur an Singers Hund Selma. »Selma!« Ich pfeife das Signal. Sie antwortet mir nicht mit Gebell. Ich wiederhole den Pfiff einige Male. Ich habe Angst, den Hof zu betreten. Das Gut ist für mich eine fremde Welt, ich kenne es von jeher nur von außen, und auch die meisten Dorfbewohner (außer denjenigen, die bei Singer gearbeitet haben) betraten niemals den Hof. Die Mauer, an die ich mich nun anlehne, ist mächtig, aus Steinen und sehr alt. Ich drehe den Kopf zu den Löwen, die neben dem Tor auf Pfeilern sitzen. Diese steinernen Tiere haben spitze Nasen, und aus den geöffneten Mäulern hängen lange Zungen. Nun landen auch die Tauben wieder auf dem Giebel des riesigen Speichers. Ich lehne immer noch an der Mauer und blicke in den Hof; er ist wüst und wie ausgestorben. Kein Mensch ist zu sehen. Diese Atmosphäre beeinflußt mich für einen Augenblick. Ich bleibe draußen im Gras sitzen. Aber dann stehe ich schnell auf, denn auf dem Hof sind Schritte zu hören, und durch das geöffnete Tor kommt Zyrill Vitlich. Ich weiß nicht, was er dort will; er hat doch nie für Singer gearbeitet. Seine Augen schweifen über die Allee, die Felder und den Strohschober. Es ist möglich, daß er mein Pfeifen gehört hat. Ich möchte wetten, daß er das nicht überhört hat, denn er hat ein Gehör wie ein Reh. Er kann mich nicht sehen, weil ich jetzt an der Mauer hinter seinem Rücken lehne. Ich freue mich, daß ich Vitlich

sehe, und es ist möglich, daß er mich erkannte, als ich Selma rief. Ich pfeife auf zwei Fingern. Erschreckt dreht er sich um. Ich lache über das ganze Gesicht.
»Du Hundeohr«, sagte er zu mir. »Du verdammtes Hundeohr, was tust du denn hier?« Seine Stimme klingt streng und besorgt. Er hat seine uralte Manchesterhose an, die an den Knien schon durchgescheuert ist. Seinen Hut hat er schon, seitdem ich ihn kenne. Das zerknitterte Jakett trägt er auf dem nackten Körper; Hemden verachtet er und im Winter zieht er einen Sweater an. Ich schaue in sein liebes, drolliges Gesicht, das so viele Falten hat, als hätte er drei Weltkriege durchgemacht. Ich grinse ihn an, denn Zyrill ist mein Freund. »Ahoi, Zyrill«, sage ich. »Ich war schon bei dir, bei den Hündchen.« Seine Augen schweifen zu den beiden Flugzeugen, zur Allee und über die ganze Landschaft. Er wirkt unruhig und nervös. Es scheint mir, daß er sich nicht besonders über meine Anwesenheit freut, das überrascht mich, denn ich freue mich immer, wenn ich Vitlich sehe. Seine linke Wange zuckt, der Ziegenbart an seinem Kinn bedeckt auch seinen Mund völlig. Er sieht aus, als habe er nur Stirn, Augenfalten, große Augenlider und eine lange Nase. Er tritt von einem Bein aufs andere, kratzt sich im Haar und schluckt; er kann sich scheinbar nicht erinnern, was er mir eigentlich noch sagen wollte.
»Kruzifix, daß du nicht zu Hause bleibst«, sagt er dann wütend. Aber ich lächle ihn immer noch an; ich kenne doch Vitlich, und seinen Ärger nehme ich nicht ernst. »Es wird geschossen«, sagt er. Als ob ich es nicht wüßte! Er piepst beim Sprechen, weil er durch die Nase spricht.
»Ich hab' keine Angst«, sage ich. »Hast du Angst, Zyrill?«
Er schnaubt. Das tut Vitlich ständig. Es sieht aus, als ob er sich seit seiner Geburt dauernd schneuzte.
In diesem Augenblick, da ich hier so vor ihm stehe, erinnere ich mich an eine Herbstnacht, die kühl war und hell, so daß wir die Bäume zählen konnten. Ich saß damals an Vitlichs Baum vor seinem Haus hinter der Ziegelei. Isa roch mich, trotzdem, ich konnte rufen, wie ich wollte, sie bellte wie verrückt. »Ruhe«, sagte ich zu der Hündin, und noch einmal, eindringlicher: »Ruhe!«

Vitlich kam heraus. Die Hose und der Sweater waren auch sein Schlafanzug. Er schaute sich um. Bis er mich sah. »Kruzifix«, sagte er auch damals. »Olin, was tust du denn hier? Was hast du wieder angestellt?«
Ich hielt mich mit beiden Händen am Zaun fest, die Zähne zusammengebissen und schneuzte wie Vitlich. Aber ich weinte fast. »Ich bleibe nicht mehr bei ihm«, sagte ich. Damit habe ich meinen Vater gemeint. »Ich bin weggelaufen.« Ich hatte Mühe, mich verständlich zu machen.
»Ja«, sagte er. Er schneuzte sich auch damals, und es hörte sich an wie eine Trompete. »Das sind aber Neuigkeiten!«
Sein Pullover hatte keine Ärmel, so daß seine nackten Arme zu sehen waren. Niemals waren sie sonnenverbrannt; sein Körper war weiß wie Kreide.
»Sapperment, das ist eine Freude«, sagte er. Er nahm meine Mütze ab, fuhr mit seinen Fingern über mein Haar und drehte mich zu sich. Ich tat so, als wäre mir etwas ins Auge gefallen und rieb mir die Augen. Er sollte nicht denken, daß ich Angst hätte, weil ich weggelaufen war. Die Flucht war für mich eine sehr ernste Angelegenheit und unwiderruflich. In solchem Alter sind die Entscheidungen stets endgültig. Vitlich konnte in der Nacht genausogut wie am Tage sehen; es ist ihm nicht entgangen, daß ich weinte.
»Weine nicht«, näselte er. »Du willst doch ein Kerl sein, nicht wahr? Oder willst du ein Angsthase sein? Ein Mann weint nur zweimal in seinem Leben, Olin. Wenn er geboren und dann wieder, wenn er von dieser Welt abgerufen wird. Manchmal auch dann, wenn seine Mutter stirbt, und das nur je nachdem, wie sie zu ihm war. Du bist doch weggelaufen, dann laß das Weinen sein!«
Während er sprach, beobachtete er mich ständig. Sein Gesicht zuckte.
»Was denn, ich weine?« log ich ihm ins Gesicht.
Auch dafür hatte Vitlich Verständnis. »Ich bin froh, daß du nicht weinst. Und ... du bist weggelaufen ... Bist du für lange weggelaufen?«
»Für immer«, sagte ich. »Ich gehe nicht mehr zurück. Ich gehe nicht mehr zu ihm zurück.«

»Ach so«, sagte er. Er schneuzte andauernd. »Was denn auch sonst? Du läufst barfuß weg, nicht wahr?«
Erst jetzt sah ich meine Füße an. Vitlich entging auch in ernsten Situationen nicht das geringste.
»Er hat das Hündchen ertränkt, das du mir gegeben hast«, sagte ich. »Würdest du auch ein Hündchen ertränken, Zyrill . . .? Du würdest es nie tun.« Jetzt mußte ich mich zusammennehmen, damit ich nicht anfing, richtig zu weinen.
Er schaute mich einen Augenblick schweigend an. Mit der Handfläche rieb er den nackten Arm und zog an seinem Sweater. »Habe ich dir nicht gesagt, daß dein Vater es ertränken wird? Ich hab's dir doch gesagt. Wozu braucht er einen Hund zu füttern, wenn der Nachbar schon einen hat. So kann man sparen! Du konntest doch das Hündchen bei mir lassen. Warum hast du es nicht bei mir gelassen?«
»Er hat es in einem Bottich mit Regenwasser ertränkt«, schrie ich.
Vitlich zeigte keine Rührung. »Bis er mit dem Hündchen zum Fluß läuft, bis er zurückkommt, in dieser Zeit kann er schon eine Fuhre Zuckerrüben vom Feld holen. Da kannst du ihm nicht böse sein, Olin. Komm doch herein, wir werden nicht vorm Haus stehenbleiben!«
Er blickte zu den Sternen: glänzende, hellgrün funkelnde Punkte. Vom Himmel her kam eine Kühle, welche die erstarrte Erde berührte. Beim Anblick der hellen Nächte schien es mir immer, als könnten die Sterne läuten. Ich hörte mein Herz bis zum Halse schlagen.
Zyrill Vitlich hatte nur wenig Sinn für Poesie. »Morgen früh gibt es Reif«, sagte er sachlich.
Ich stand da und hielt mich am Lattenzaun fest. Direkt vor mir, hinter dem riesigen Nußbaum, war die Milchstraße zu sehen, sie glich einem Wunder. Sie vibrierte und war unglaublich hell. Unsere Gestalten vor dem Häuschen warfen einen fast sichtbaren Schatten auf die Erde. Ich wollte mit Zyrill darüber reden, aber ich wußte nicht, wie ich es ihm sagen sollte. Für Dinge, die mich ergriffen, fand ich nie Worte.
»Komm, du Hundeohr«, sagte er. Er rieb seine Arme und klatschte in die Hände. »Ich mache dir Suppe warm. Was

sagst du dazu, daß ich gestern fünf Krähen gefangen habe? Eine Krähensuppe ist stark und besser als Rindfleischbrühe.« Es hat mich in Erstaunen versetzt, daß er von etwas so Nebensächlichem wie Essen reden konnte, während ich vor einer Entscheidung fürs ganze Leben stand.

»Ich hab keinen Hunger«, antwortete ich. »Ich habe überhaupt keinen Appetit.«

»Ich weiß«, sagte er durch die Nase. »Na ja.«

Wieder haben wir beide geschneuzt. Wir waren schon hinter der Zauntür, auf dem Hof und auf dem Wege zu seinem Häuschen.

»Und stell dir vor, auch irgendeine Henne hat sich hierher verirrt. Ich versuchte sie wegzujagen. Aber denkst du, Olin, daß sie weggelaufen ist? Ich mußte sie schlachten, damit der Fuchs sie nicht bekommt. Ich weiß nicht, warum die Leute ihre Tiere so schlecht hüten! Hier gibt es viele leichtsinnige Menschen.«

Ich blieb auf der Stufe vor dem Häuschen stehen. In seinem Gesicht entdeckte ich etwas, was mich warnte, weiterzugehen.

»Zyrill, du willst ihn doch nicht holen!« Ich sah Vitlich an. Er wollte mich in den Vorraum hineinstoßen, aber ich hielt mich am Türflügel fest.

»Wer? Ich? Deinen Vater? Für wen hältst du mich eigentlich, Olin?« empörte er sich. Sein Gesicht war manchmal so aufrichtig, daß es auch einen Hellseher verwirren würde. Ich schaute ihn an und dachte nach.

»Du bist auch von zu Hause weggelaufen, Zyrill, als du noch klein warst«, erinnerte ich ihn an eine alte Geschichte und appellierte damit an etwas, das uns gemeinsam gehörte.

Er schneuzte sich wieder. Mit dem Daumen drückte er das eine Nasenloch zu und rotzte los. Niemals benutzte er ein Taschentuch. Er kam ohne viele Dinge aus.

»Ich habe dich angelogen, Olin«, sagte er. »Das stimmt alles nicht.« Er blinzelte mit den Augen und sah aus wie ein Schauspieler. »Ich hab' sie mir ausgedacht. Die Geschichte ist von A bis Z ausgedacht, Olin. Ich habe geprahlt, ich schwöre es, ich hab' gelogen. Glaubst du es mir?«

»Wann? Jetzt? Oder das, was du früher gesagt hast?«
»Diesmal«, sagte er. »Das, was ich dir jetzt sage.«
»Nein«, sagte ich. »Das glaub' ich dir nicht, Zyrill. Du bist weggelaufen. Du bist wieder zurückgekehrt, als du zwanzig Jahre alt warst. Du bist erst zurückgekehrt, als dein Vater gestorben war.«
»Das hab' ich dir erzählt?«
»Ja«, antwortete ich. »Das alles weiß ich von dir.«
»Komm«, sagte er und holte tief Luft, als wenn sich ihm die Lunge umdrehte. »Komm doch ins Haus. Komm, damit wir über deine Flucht weiterreden können.« Er holte noch einmal tief Luft.
Er redete damals die ganze Nacht auf mich ein, erklärte mir alles, fragte mich ständig, ob ich das, was er mir sagte, auch verstehe. Ich antwortete ihm, daß ich alles verstehe. Seine Ausdauer und sein Wortschwall waren erstaunlich, er malte mir die Welt als eine Gesellschaft von Räubern aus. Er sagte mir, was alles er am eigenen Leib kennengelernt habe und was er mir niemals wünschen würde.
Am nächsten Morgen gingen wir zu unserem Haus. Ich trat unterwegs wütend gegen Steine. Vitlich führte mich sicherheitshalber an der Hand. Er hinkte, weil das rechte Knie seit langem steif war.
Er redete absichtlich den ganzen Weg, erzählte, wie man Krähen fängt, wie dumm die Krähen sind, wie sie von selbst unter das Netz fliegen, das er an einer Stange und mit einem langen Strick befestigt habe, wie er dann nur zu ziehen brauche, und daß er manchmal drei oder vier Krähen auf einmal fange.
»Wartest du hier, ja?« fragte er mich vor unserem vertrauten Haus, das ich in diesem Augenblick aber haßte. »Ich rede mit deinem Vater zuerst ein paar Worte. Ja?«
»Hm«, antwortete ich unbestimmt. Ich hatte große Lust, kehrtzumachen und bis nach Australien zu laufen.
»Läufst du auch nicht weg?« Er las meine Gedanken wie ein Hellseher. »Du wirst doch nicht weglaufen, Olin?« Ich antwortete wieder nur mit »hm«. – »Wir gaben uns doch das Ehrenwort, Olin!« – »Ja. Aber ja.« Ich betrachtete Zyrill wie einen Feigling.

»Dein Vater wird dir nichts tun. Er wird dich überhaupt nicht anfassen. Du brauchst gar keine Angst zu haben. Ich werde es ihm schon erklären.«

Ich konnte also annehmen, daß ich noch mehr Prügel bekommen würde als sonst. Aber daran habe ich nicht so sehr gedacht wie an meine Enttäuschung über Zyrill. O Gott, wie widerlich war er mir damals! Nur einmal hat mich Zyrill so aufgebracht. Es war mir kalt, ich fror und wollte schlafen, deshalb bin ich nicht weggelaufen. Damals lag vor unserem Haus ein hoher Stapel Balken. Dahinter versteckte ich mich. Mein Vater machte Zyrill auf. Er wußte überhaupt nicht, daß ich nicht zu Hause war. Ich war erst geflohen, als ich schon im Bett gelegen hatte. Er ließ Zyrill herein. Er schrie schon im Vorraum. Das habe ich gehört. Alles war sofort klar, und es blieb beim alten. Ich nahm die Mütze ab und steckte sie in die Hose. Zyrill kannte meinen Vater von der Schule und ich vom praktischen Leben her. Ich nahm die Mütze wieder heraus, füllte sie mit Trockengras und steckte sie wieder an die richtige Stelle. Natürlich habe ich damals, gleich nachdem Zyrill Vitlich gegangen war, so viel Prügel bekommen, wie ich nur vertragen konnte. Mein Vater schlug kräftig auf mich ein.

»Olin, wie ging es aus?« fragte mich Vitlich später. »Er hat dich doch nicht geschlagen, nicht wahr?«

»Nein«, antwortete ich. »Überhaupt nicht.«

Er freute sich aufrichtig über die Wirkung seiner Fürbitte.

»Wo hast du dir die Knie wieder aufgeschlagen?« fragt mich Zyrill jetzt auf dem Gutshof. Er stößt mich hinein und macht das schwere Tor eiligst zu. Von innen schiebt er den Riegel vor. Es scheint, daß er sehr wenig Zeit hat. Aber auch so entgeht seinen Augen nichts. Meine aufgeschlagenen Knie hätte allerdings auch ein Blinder gesehen.

»Die Deutschen waren in den Weiden«, berichtete ich. »Sie haben dort ein Motorrad zurückgelassen. Sie haben sich dort umgezogen. Gerade jetzt waren sie dort, Zyrill.«

»Ja?« sagt er und schaut mich an. »Die Deutschen?«

»Drei.«

»Ich fragte nach deinen Knien. Sitzt du denn auf den Ohren?« Er wiederholt die erste Frage.

»Ich bin vom Rad heruntergefallen. Das macht doch nichts«, antworte ich.
»Vom Rad gefallen, ja? Du wirst dich noch totfahren. Du fährst wie ein Verrückter.«
Aber er sagte es nur so, damit er etwas sagte. Es schien mir, daß er an etwas ganz anderes dachte. Ich hätte gerne erfahren, woran er dachte. Nervös reckte er seine Schultern und seinen Hals, als wäre ihm der Kragen zu eng. Sein ganzer Körper und zeitweilig auch sein Gesicht zitterten. Wir schauten uns auf dem Hof um, alles war hier wie ausgestorben. Das Gut wurde in aller Eile verlassen, das war auf den ersten Blick zu sehen. Überall standen Möbelstücke, Kisten, lag Holzwolle herum. Auf dem Pflaster lagen Glassplitter; sämtliche Fensterscheiben waren zerbrochen. Vor dem Herrenhaus, wo der Name Arthur Singer leuchtete, stand ein Klavier. Es war noch mit langen Stricken festgebunden. Sie hatten es vom Balkon des ersten Stockwerks heruntergelassen. Ein Bein war abgebrochen.
»Ein Klavier«, sagte ich. »Sie haben es zurückgelassen.«
Vitlich schaute es nicht an, sondern ging zum Haus. Er ging so, als wenn er mit seinem Körper vor mir etwas verdecken wollte. Er machte es aber zu auffällig. Ich beschleunigte meinen Gang und schaute erst recht in die Richtung. Ich sah Selma. Sie lag ausgestreckt auf dem Pflaster vor dem Wagen. »Selma!« rief ich. »Selma!«
Ich lief zu ihr. Sie rührte sich nicht. Es sah so aus, als wenn sie tief schliefe. Sie schlief nicht. Unter dem Hals, zwischen den beiden Vorderläufen, war ein Einschuß zu sehen. Die Haare rund um die Wunde klebten vor Blut. Die Spur zeigte, wo sie angeschossen worden war und wie sie sich noch weitergeschleppt hatte.
»Er hat sie aus dem Fenster erschossen«, sagte Vitlich und schneuzte noch lauter und länger. Jetzt blieb er für einen Augenblick stehen. »So ein Schwein. Er konnte doch den Hund lassen. Ich weiß nicht, warum er ihn erschießen mußte. Hast du auch niemanden auf dem Weg gesehen? Kommt noch keine Prozession her?«
»Nein«, sagte ich. Ich wußte nicht, worüber er sprach. Ich begriff seine Worte nicht. Selma war noch schön, als sie tot

war; sie hatte den edelsten Kopf und die edelsten Ohren aller Hunde, die ich kannte. Ich kniete neben dem Hund, streichelte seinen Körper, und es schien mir, daß er noch lauwarm war. Ich ekelte mich nicht und sprach leise zu ihm.

»Auf der Allee an der Kapelle war auch kein Mensch zu sehen?« fragte Vitlich.

»Wer sollte denn schon hier vorbeikommen?« fragte ich.

»Niemand«, antwortete er. »Wir suchen uns eine Hacke und werden den Hund vergraben. Wir machen ihm ein Begräbnis. Willst du nicht sein Halsband mitnehmen? Er hat ein ledernes Halsband um.«

Selma hatte ein schönes und sicher auch teures Halsband um. Sie konnte es nicht mehr gebrauchen, aber ich hätte es um nichts in der Welt an mich genommen.

»Nein.«

»Na ja. Ich lasse es ihr. Sie soll es mitnehmen. Wir suchen uns eine Hacke und vergraben sie.«

Ich stand auf und ging Vitlich über den Hof zu dem verputzten und bewohnten Gebäudeteil nach. Er stieß die Tür auf und ging hinein.

Mein Kopf war voll von Gedanken an Selma, aber das Hausinnere interessierte mich auch. Etwas Ähnliches, so einen Gang, wo die Decke, die Wände und der Fußboden mit poliertem Holz getäfelt waren, hatte ich in meinem Leben noch nicht gesehen. Davon hatte ich keine Ahnung, daß sich jemand solche Dinge ausdenken konnte.

»Die Schaufel und die Hacke werden sicher im Schuppen sein«, sagte ich zu Vitlich. »Hier werden wir keine Schaufel finden, Zyrill.« Es sah nicht danach aus, als wenn sie Gerätschaft in diesem Palast gehabt hätten. Aber was wußte ich schon über das Leben der reichen Leute!

»Wir sehen sofort nach«, sagte Vitlich. »Du brauchst keine Angst zu haben. Wir werden ihr ein Grab wie für eine Prinzessin ausheben; sie wird dort wie in einem Federbett liegen.« Er stampfte durch die Holzwolle, über die zerrissenen Zeitschriften, Schachteln und Lappen auf dem Fußboden.

Er merkte, daß ich ihn beobachtete. Er hob eine Krawatte

auf, schaute sie an, griff sich an den nackten Hals, machte eine Grimasse, als wenn er sie sich umbinden wollte, aber dann gab er sie mir. »Hier, Olin! Diese Krawatte ist besonders schön! Behalte sie bis du heiratest, damit du beim Pfarrer Eindruck machst.«

»Ich will sie nicht, ich will überhaupt nichts.«

Vitlich zuckte mit den Schultern, wunderte sich über mich und warf die Krawatte wieder auf den Fußboden.

»Wo werden wir Selma vergraben?« fragte ich. »Wo heben wir ihr Grab aus?«

»Im Garten«, sagte er. »Hinten an der weißen Mauer, wo die Sonne den ganzen Tag scheint. Dort möchte ich auch begraben werden.«

Zyrill hatte manchmal Einfälle, damit konnte man einen Toten zum Lachen bringen. Aber mir war nicht zum Lachen. Ich genierte mich, den glatten Fußboden zu betreten, der mich widerspiegelte. Ich sah kegelförmig und zusammengeschrumpft aus; mein Kopf fing gleich oberhalb der Knie an.

Singer ließ eine an der Wand angenagelte Stocksammlung zurück. Vitlich beachtete die Stöcke überhaupt nicht. Er sah irgendwelche Papiere durch. An der gegenüberliegenden Wand hing eine Fotografie: eine Dampfmaschine, ein Pflug mit acht Scharen, und im Vordergrund steht Singer selbst. Er hat einen Schnurrbart und schaut direkt in den Fotoapparat.

»Hatte Singer viel Geld?« fragte ich Vitlich. »Hatte er eine Million?«

»Du weißt noch nicht, was das heißt, wenig oder viel Geld zu haben. Betteln brauchte er gewiß nicht.«

Ich drehte den Lichtschalter, und an der Decke erstrahlte ein zwanzigarmiger Metallüster.

Zyrill ging die Treppe hinauf und drehte sich wieder nach mir um. »Hat sich das schon im Dorf herumgesprochen, daß die Deutschen weg sind? Hat dich dein Vater hergeschickt, damit du hier bei den Deutschen aufpaßt?«

»Warum ...?« wunderte ich mich. Seine Fragen gingen mir langsam auf die Nerven, weil ich sie nicht verstand. »Ich war mit den Jungen an der Kirche ... Warum sollte er mich herschicken ...?«

Vitlich antwortete manchmal so, daß man seiner Antwort das entnehmen konnte, was man wollte.

»Schade, daß Singer auch die Pferde mitgenommen hat. Dein Vater könnte ein Pferd zu eurer Stute gebrauchen. Ein einzelnes Pferd ist ein großes Risiko. Wenn es krank wird, ist man aufgeschmissen ... Du hältst mit den Jungs wieder Kameradschaft?« Er hatte das Gespräch auf etwas anderes gelenkt. Da mußte man aufpassen, um alles mitzukriegen.

»Hm.«

Ich drehte an einem anderen Lichtschalter. Aber ich überlegte mir seine Worte. Das Licht unter dem Aquarium in der Wand leuchtete auf. Hinter dem Glas schwammen farbenprächtige Fische. Einige sahen gar nicht wie Fische aus. Ich drehte mich zu Vitlich um. Er nahm irgend etwas aus den Schachteln heraus. Er suchte was. Als er sah, daß ich ihn beobachtete, setzte er eine Gesichtsmaske auf, die er vom Fußboden aufhob. Es lagen davon viele hier herum. Die Reichen liebten wahrscheinlich die Maskenbälle.

Aber Vitlich hörte sofort auf zu grinsen. »Hörst du nichts?« Seine Augen irrten hin und her. »Pocht jemand an das Tor?«

»Nein. Das sind schon die Kanonen, Zyrill«, sagte ich. Auch die Jungen hatten das schon festgestellt.

»Zyrill, hast du die Flugzeuge gesehen?« fragte ich.

»Nein«, antwortete er. »Wo denn?«

Er begann erneut, in den Papieren zu kramen.

»Dort oben«, sagte ich. Ich lehnte mich aus dem Fenster hinaus. Die beiden Flugzeuge waren noch zu sehen. »Sie sind immer noch da.«

Aber Vitlich war schon nicht mehr im Zimmer. Ich lief hinterher. Er war in dem Wohnzimmer, in dem die meisten Papiere lagen. Dort stand ein Schreibtisch, und es gab viele Gläser mit Getreidesorten. Es sah aus wie im Büro einer landwirtschaftlichen Genossenschaft. An der Wand hing eine Katasterkarte, die mit Strichen und farbigen Zahlen versehen war. Eine ganze Reihe dicker Buchungsbücher lag auf dem Wandbrett.

Vitlich kniete nieder und wühlte in den Papieren, die aus Schubfächern herausquollen.

»Suchst du etwas, Zyrill?«

»Nein«, antwortete er. »Nichts. Ich sehe nur nach, was hiergeblieben ist.«

»Warum?«

»Es interessiert mich.«

Er stand auf. Er machte die Tür zum Nebenzimmer auf. Das war Singers Badezimmer. Und was für ein Badezimmer! Alles war aus Chrom! Ich spiegelte mich an den verkachelten Wänden. Zyrill Vitlich machte mich auf die Waage mit dem verstellbaren Größenmaß aufmerksam. »Willst du dich messen?« fragte er mich. Er mußte das Haus gut kennen, wenn er wußte, wo was war. Er ließ den glänzenden Schieber auf meinen Kopf nieder, schaute die Zahl nachdenklich an, sagte sie mir aber nicht. Er gab nur einen Laut von sich; es war so etwas wie ein Lachen. Ich machte ein finsteres Gesicht.

»Du mußt Linsen essen. Dann wirst du mächtig in die Höhe schießen. Du brauchst keine Angst zu haben! Was denn! Du wirst schon wachsen, Olin. Keine Angst, du fängst schon an zu wachsen. Sobald die Drüsen anfangen zu arbeiten, wirst du alles noch nachholen. Überhaupt scheint es mir, daß du seit dem letzten Mal ein wenig gewachsen bist.« Er lachte nicht mehr und sagte es so, als wenn er das ernst gemeint hätte. Sicher wollte er mir damit eine Freude bereiten. Ich wußte, daß er das nur deshalb gesagt hatte, damit ich nicht wütend wurde.

»Das ist mir egal.« Ich sprach die größte Lüge meines Lebens aus. »Mir ist das doch egal.«

Es gab hier viele Tiegel; eine ganze Drogerie war das. Ich steckte den Finger in ein Reagenzglas; nun roch er nach etwas, was ich noch nie gerochen hatte. Ich wischte den Finger an der Hose ab. Ich ging wieder hinter Vitlich her. Bevor ich aber das Badezimmer verließ, stellte ich mich vor das herrliche Porzellanspülbecken. Ein kleines Bedürfnis in diesem Luxus zu machen, war außerordentlich verlockend. Als ich wieder in das Wohnzimmer zurückkehrte, wo die Papiere, der Schreibtisch und die Schubfächer waren, suchte Vitlich immer noch fieberhaft. Er war dabei sehr ernst.

»Suchst du nach Geld, Zyrill?« fragte ich.

Er drehte sich sofort um und lächelte, blinzelte gutmütig mit den Augen. »Ja«, antwortete er. »Ich könnte schon die Singerschen Millionen gebrauchen!« Er hörte auf zu suchen und zerriß irgendeinen Brief.
»Würdest du dir wieder Pferde und Land kaufen?« fragte ich ihn.
»Einen Dampfer«, antwortete er. »Damit ich nach Afrika abdampfen könnte. Würdest du mit mir kommen, Hundeohr?« Ich schwieg. Er dachte doch gar nicht an den Blödsinn, den er sagte, das sah ich ihm an.
»Komm«, sagte er. »Wir suchen nach einer Hacke. Wir vergraben die Hündin.« Er machte eine Grimasse in den Spiegel. Ich lachte. Er war wieder der alte Zyrill Vitlich. Niemand konnte solche Grimassen schneiden.
Im Gutshof begann er zuerst, die Gummiräder von den vier guterhaltenen Leiterwagen abzumontieren. Singer hatte die modernsten Wagen aller Bauern; sie waren zu schwer und groß, um sie mit nach Bayern zu nehmen. Die Flugzeuge kreisten immer noch am Himmel, und die Front war deutlicher zu hören. Was Zyrill da tat, überraschte mich. Er schnaubte bei der Anstrengung und hinkte mit dem steifen Bein; aber so geschickte Hände wie er sie hatte, gab es selten. Er wischte sich die Nase ab, grinste und horchte ab und zu, ob keiner käme. Die abmontierten Räder rollte er in die Scheune, deckte sie mit Stroh zu. Das war für mich ein Rätsel. Ich habe ihn dabei wahrscheinlich ein wenig dämlich angeschaut.
»Warum tust du das, Zyrill?«
»Ich spiele nur«, antwortete er. »Was hast du sonst gedacht?« Er runzelte dabei die Stirn, blinzelte mit den Augen und schnalzte mit der Zunge.
»Du spielst nicht«, sagte ich. »Das ist doch kein Spiel.«
»Hab' ich dich schon mal angelogen, Olin?« fragte er. Dabei machte er ein Gesicht wie ein Heiliger und blinzelte gutherzig mit den Augen wie der liebe Gott selbst.
»Jedesmal«, sagte ich. »Immer.«
Sein Gesichtsausdruck veränderte sich, ohne daß er seine Arbeit unterbrochen hätte. »Aus dir wird ein intelligenter Mensch, Olin«, sagte er ernst. Dabei sah er mich an, als

erblicke er mich zum ersten Mal in seinem Leben, und da wußte ich nicht, wie ich mich verhalten sollte.
»Du wirst im Leben keine Niete abgeben, Olin«, überlegte er laut. »Komm her, leg den Hebezug drunter!«
Der Hebezug wog einen Zentner, aber ich versuchte, männlich und leicht damit umzugehen.
»Ist er nicht zu schwer für dich?«
»Nein.«
»Du mußt ihn ein wenig weiterstecken«, sagte er und beobachtete dabei meine Hände. »Noch ein Haar!«
Ich habe es so gemacht, wie er es haben wollte.
»Verlaß aber möglichst bald das Dorf, Olin. Fahr beizeiten weg! Wenn du hier bis zu deinem zwanzigsten Lebensjahr bleibst, dann bleibst du hier für immer. Wie dein Vater. Wie dein Großvater Ondrej. Den kennst du nicht mehr, nicht wahr?«
»Nein.«
»Sei froh«, sagte er.
Er sprach es so aus, daß es mich überraschte. Ich glaube, daß ich für einen Augenblick mit offenem Mund dastand. Das Gummirad, das er gerade abmontierte, wäre mir beinahe aufs Knie gefallen. Ich stand dort wie ein Holzkloben.
»Zyrill, du kanntest meinen Großvater?« fragte ich ihn. Meine Stimme zitterte wahrscheinlich; es war mir, als wenn ich plötzlich zu einem anderen, unbekannten Wesen vordringen würde.
»Selbstverständlich kannte ich ihn«, sagte er. »Weißt du, wie er genannt wurde? Die Butte. Er trug eine Holzbutte auf dem Rücken. Trug sie vom Frühjahr bis zum Winter, und niemals nahm er sie vom Rücken ab. Er trug in dieser Butte ein Vermögen nach Hause. Er hob jeden Apfel auf, der auf dem Weg lag. Wenn dort kein Apfel lag, dann schüttelte er eben den Baum – dein Großvater konnte wirtschaften, er stahl alles, was nicht niet- und nagelfest war. Mit sechzig Jahren konnte er noch einen Hasen müde jagen.«

In diesem Augenblick sehe ich eine alte, schon vergilbte Fotografie vor mir. Darauf ist der Großvater in der Uniform eines österreichischen Dragoners. Er hat einen Schnurrbart und die blanken Augen eines Menschen, der noch alles vom Leben erwarten will. In unserer Familie hat sonst niemand so ein großes und festes Kinn gehabt. Es gehört einem Menschen, der sich zu helfen weiß. Auf der Fotografie sieht er schön aus. Er sieht tapferer und besser aus als mein Vater.

Wir besaßen nur eine Fotografie meines Großvaters. Sie war auf dem Eisenkreuz auf dem Friedhof. Am Allerseelentag sind wir immer zu seinem Grab gegangen, wenn die Herbstbäume schon schwarz und durchsichtig waren, und wenn auf den Wegen die herabgefallenen Blätter raschelten. Dort standen wir alle drei: mein Vater, meine Mutter und ich. Eine dünne Kerze brannte immer an dem Grab. Es war die dünnste Kerze, die es zu kaufen gab. Der Vater sagte immer, auch der Großvater würde sich niemals überflüssigen Luxus gestatten. »Sie brennt ab«, sagte er, »und weg ist weg, egal, ob sie dünn oder dick ist. Hauptsache ist, daß wir mit unseren Gedanken bei ihm sind.« Der Vater machte zuerst das Kreuzzeichen über dem Grab, dann auf Stirn, Bauch und beide Schultern. Auch die Mutter bekreuzigte sich. Er schob mich dann vor, damit ich mich auch bekreuzige. Ich versuchte, an den Großvater zu denken, aber mir kamen keine edelmütigen Gedanken.

»Du solltest dir an ihm Beispiel nehmen!« sagte mein Vater und zeigte dabei auf Großvaters Fotografie. »Er war von jeher ein Ehrenmann und ein sehr fleißiger Arbeiter, von der Geburt bis zum Tode! Die Menschen hier erinnern sich gern an ihn.« Nach einer solchen Ansprache beugte er sich vor, pustete die dünne Kerze aus, nahm sie aus der Erde heraus, putzte sie ab und steckte sie in die Tasche. »Wir werden sie beim nächsten Mal wieder brauchen«, sagte er. Das bedeutete, nach einem Jahr. »Hier könnte sie jemand stehlen.« Ich habe irgendein böses Wunder erwartet, daß vielleicht aus dem Grab des Großvaters ein Stein emporschnellt oder daß Großvaters Hand den Vater am Bein festhält. Der Vater ging mit der Mutter weg, und ich ging langsam hinterher. Sie unterhielten sich, und ich wartete ab, bis die Entfernung zwischen uns groß genug war, um unter den vielen Menschen auf dem Friedhof verschwinden zu können. Ich verschwand zwischen den Gräbern. Ich lief zu einem Grab, auf dem viele Kerzen und viele Blumen waren und wo auf dem teuren Marmorstein stand: Josef und Alois Kadera. Wer das größte Haus hatte, hatte auch das größte Grab. Ich schaute mich um, ob alle Menschen beteten, beugte mich vor, nestelte an meinem Schuh und nahm schnell eine dicke Kerze vom Grab weg. Josef und Alois hatten hier so viele Kerzen, daß es ihnen egal sein konnte. Ich brachte sie dem schnurrbärtigen Großvater, den ich gar nicht kannte. Ich hatte immer solche Verwandten gerne, die entweder weit von uns lebten oder schon tot waren oder sich nur ab und zu meldeten. Ich weiß nicht, wie das kam, und ich habe mich selbst darüber gewundert.

»Er war ein Geizhals«, sagte Vitlich. »Niemand war ein so großer Geizhals wie dein Großvater. Niemand auf der ganzen Welt. Ehe er ein fremdes Feld bemistete, hätte er lieber in die eigene Hose gemacht.«

Zyrill hatte schon alle Räder von den vier Wagen abmontiert. Er war immer noch nervös und sprach mit mir nur so nebenbei, um überhaupt etwas zu sagen. Damit ich Ruhe gab.

»Ich könnte dir über deinen Großvater bis zum nächsten Morgen erzählen«, sagte er.

»Er war kein Geizhals«, verteidigte ich den Großvater, weil Zyrill mich wütend machte. Ich schaute ihn finster an und schrie: »Das ist nicht wahr!«

Er schaute mich an. Für einen Augenblick fühlte ich seinen nachdenklichen Blick. Er zwinkerte. Dann schneuzte er sich wieder, und zeitweilig schien es, als habe er gar kein Gesicht, sondern nur eine Nase. »Na ja«, sagte er, »es ist möglich, daß ich ihn mit jemandem verwechsle. Das ist schon möglich.« Er beobachtete mich dabei.

»Wie alt bist du?« fragte er.

»Zwölf«, antwortete ich. Ich war immer noch wütend.

»Ach so«, sagte er. »Mein Gedächtnis läßt schon ein wenig nach.«

Vitlich wischte seine breite Hand an der Hose ab.

»Es scheint mir, daß dein Großvater sehr freigebig war. Was er hatte, das hat er auch verteilt. Ich glaube, daß die Menschen ihn nicht die Butte, sondern die Freigebige Hand genannt haben.«

Er sagte das durch die Nase, als verursachte das Sprechen bei ihm einen innerlichen Druck.
»Du sagst mal so und mal so!« brüllte ich. Ich konnte seit meiner Kindheit toben, wenn manche Dinge mich außerordentlich berührten. Ich fand ein Stück Papiersack auf der Erde und deckte damit die erschossene Hündin zu. Ich konnte ihre offenen Augen nicht mehr sehen. Ich sah, daß Vitlich mich beobachtete. Er nahm aber seinen Kopf sofort weg und schaute zum Himmel, wo immer noch die beiden Flugzeuge kreisten.
»Die Deutschen bewachen die Brücke«, sagte er. »Damit die Russen sie nicht in die Luft jagen.« Erneut richtete er seine Augen auf mich. »Willst du nicht deinem Vater eine Kleinigkeit mitbringen für den Hof?« fragte er. Er zeigte auf den großen Elektromotor auf der Trage. »Einen Motor oder eine Dreschmaschine? Was möchtest du mitnehmen?«
»Gehört dir das alles vielleicht, Zyrill?«
Er blinzelte mit den Augen. »Ich glaube, daß du niemals nach deinem Großvater geraten wirst. Nicht einmal nach deinem Vater.«
»Ich möchte die Fische«, sagte ich. Ich zeigte mit der Hand zum Haus, wo ich vorher das Aquarium gesehen hatte. »Ich würde das Aquarium mitnehmen.«
»Was denn?«
»Die Fische«, wiederholte ich, »in der Glaskiste.«
Seine Augen drohten herauszufallen.
»Das Aquarium? Was willst du damit machen? Dein Vater würde die Fische den Schweinen zu fressen geben und in das Glas Gurken einlegen. Ich glaube, du wirst wie deine Mutter werden«, sagte er. »Deine Mutter stammt doch aus Hrdlorezy, nicht wahr?«
»Nein!« Er machte mich wieder wütend. »Meine Mutter stammt aus Bosonohy*.«
»Aha. Diese beiden Namen verwechsle ich immer. Ich wußte doch, daß es etwas mit dem menschlichen Körper zu tun hat.«
Jetzt wog er die Trage mit dem Elektromotor in der Hand

* Beides sind Dörfer in Mähren:
Bosonohy heißt wörtlich ›nackteFüße‹; Hrdlorezy heißt wörtlich ›Halsabschneider‹.

ab. Er konnte sie nicht einmal anheben. »Na ja, das Ding hier können wir nicht einmal anheben«, sagte er. »Auch nicht, wenn wir uns verheben.« Anscheinend ärgerte ihn das sehr. Ich begriff nicht, warum. Er schaute sich die Windungen der Spulen an und pustete den Staub vom Motor ab, damit er sich alles genau ansehen konnte.

»Deine Mutter wird direkt in den Himmel kommen«, sagte er. »Die kleinen Leute nimmt der Herrgott ohne das Fegefeuer auf. Sie haben es doch auf der Erde«, sagte er.

»Meine Mutter ist nicht *klein*!« Dabei pustete ich den Staub vom Motor ab, so daß Zyrill ihn ins Gesicht bekam. Ich habe das absichtlich getan, und es war ihm klar, daß es kein Zufall war. Ich sprang lieber ein paar Schritte zurück.

Er wischte seine Augen ab.

»Meine Mutter kennst du überhaupt nicht, Zyrill!« sagte ich. »Du kennst überhaupt keinen Menschen! Weder meinen Vater noch meinen Großvater!«

»Nein«, antwortete er zornig. »Ich bin wohl vom Kirschbaum heruntergefallen. Geh nach Hause, wenn du hier schreien willst! Geh! Worauf wartest du noch . . .?«

»Du hast gesagt, daß wir die Hündin begraben«, sagte ich. »Ich warte immer noch darauf.« Ich wußte, daß er mich mit seinem steifen Bein nicht einholen konnte, auch wenn er es wollte. Seit meiner Kindheit war ich in bestimmten Dingen ganz schön ausgekocht.

»Ich glaube, daß ich dich zuerst zusammenschlage«, sagte er und spuckte aus. Es war möglich, daß er noch Staub im Mund hatte. »Ich glaube, daß ich dich in den Hintern trete!«

»Da müßtest du mich aber zuerst fangen. Mit einem Bein kannst du mich doch nicht einholen!« Ich schnitt ihm eine Fratze und lachte ihn aus.

Er stand da und schaute mich an. »Mach, daß du wegkommst. Sonst wirst du zum zweiten Mal weinen.«

Sicherheitshalber trat ich noch ein Stück zurück. Wenn ich mich jetzt an alles erinnere, glaube ich, daß ich damals ein ganz großer Gauner war.

»Wann habe ich denn schon geweint?« rief ich. »Wann hast du mich weinen gesehen, Zyrill?« provozierte ich ihn.

»Du jammerst wegen der Hündin.«
»Aber ich habe nicht geweint!«
»Aber es war gerade so!«
Er hob den Universalschlüssel, und ich glaubte, daß er ihn nach mir werfen wollte. Ich machte eine ausweichende Bewegung, weil er zum Schlag ausholte. Aber er steckte den Schlüssel in die Tasche.
»Hier könnte er wegkommen«, sagte er. »Ich kann ihn noch verkaufen.«
Das war für ihn ganz logisch. Sein Ton war wieder normal, als wenn nichts geschehen wäre. So war seine Natur. Er konnte gewisse Dinge großzügig übergehen. Seine linke Wange zuckte. Er wollte noch etwas sagen. In diesem Augenblick hörten wir aber Stimmen und Pferdehufe vor dem Tor.
»Komm her«, sagte Vitlich leise. Seine Augen lauerten plötzlich. Er lief lautlos zum Wagenschuppen und zum Speicher. Ich lief selbstverständlich hinterher.
»Schnell, Kleiner«, rief Vitlich erregt.
Ich überhörte den Spitznamen mit Rücksicht auf die ungewöhnliche Situation. Wir schlüpften hinein. Er machte die Speichertür zu und schob den schweren Eisenriegel vor. Wir atmeten auf.
»Ich dachte schon, sie wären nicht mehr gekommen«, sagte er. »Aber dann müßten ja diese Bauern ihren Charakter ändern!«
Ich ahnte nicht, von wem Vitlich sprach. Er zog das Bein hinter sich die Holztreppen hoch und ging bis zu einem vergitterten Fenster, wo er den Weg vor dem Gut und das verschlossene Tor übersehen konnte. Zyrill Vitlich schaute vorsichtig hinaus, damit ihn von draußen keiner sah. Ich stellte mich auf die Zehenspitzen. Vergeblich, ich konnte überhaupt nichts sehen. Ich erblickte den Holzkübel zum Abmessen von Getreide und stellte mich darauf. Nun sah ich vier Bauern, und zwar Kadera, Cumat, Res und Vasak, angesehene Bewohner unseres Dorfes, gute Katholiken, Besitzer von Gehöften, die mit keinen Schulden belastet waren. Nun standen sie vor dem Gutstor, und ich wußte nicht warum. Erstaunlich war, daß sie ihre Pferde mitgenommen

hatten. Kadera hielt die Pferdeleinen, während die anderen drei versuchten, das schwere Tor aufzumachen. Die Pferde waren beschirrt. Die Bauern schauten ständig nach allen Seiten. Ich wußte nicht, ob sie noch jemanden erwarteten. Aber vielleicht waren sie nur deshalb unruhig, weil die Front deutlich zu hören war. Kadera regte sich auf. »Kruzifix, wer hat bloß den Riegel vorgeschoben? Wer war schon hier, verflucht!«

Anstelle dieser angesehenen Väter stellte ich mir ihre vier Dummköpfe von Söhnen vor. Kadera würde sicher auf dem Pferd sitzen und die anderen sich abrackern lassen. Cumat würde mit den Schultern gegen das Tor stoßen und großtun: »Ich breche das Tor auf!« Genauso, wie es der alte Cumat immer sagte. Res würde wie immer die Hose voll haben: »Was denn, wenn dort jemand zurückgeblieben ist?« würde er fragen und vor Angst in die Hose machen. »Vielleicht ist jemand von den Deutschen zurückgeblieben?!« Vasak würde mit solcher Leichtigkeit auf das Tor klettern, mit welcher zum Beispiel ein Elefant auf einen Baum klettert. Und trotzdem würde alles vergebens sein. Genau wie in diesem Augenblick sein Vater würde auch er herunterpurzeln. Der alte Vasak drehte sich Kadera zu: »Weißt du genau, daß Singer schon weggefahren ist?«

»Ich hab' doch Augen im Kopf, nicht wahr?« sagte Kadera ärgerlich. Die Flugzeuge am Himmel beunruhigten ihn. Jede Minute schaute er zum Himmel. Auch die Leere der Felder rings um das Gut beunruhigte ihn. Sicher hatte er Angst. Vielleicht dachte er, jemand könnte hinter den Strohschobern versteckt sein.

»Wer würde sonst das Tor von innen abriegeln?« wunderte sich Vasak. »Wenn sie weggefahren sind, können sie doch das Tor nicht von innen abgeriegelt haben.«

Keiner der Bauern hatte etwas von einem Helden an sich.

»Wir sollten hier nicht zu lange bleiben«, sagte Res.

Vitlich, neben mir am kleinen Fenster, fragte: »Siehst du die?«

»Hm.«

»Behalte sie im Gedächtnis«, sagte er. »Sieh sie dir genau an und behalte sie im Gedächtnis!«

»Warum sind sie hergekommen, Zyrill?« fragte ich leise. Ich wußte nicht, was sie hier wollten, und Zyrill erkannte an meinem Tonfall, daß ich es wirklich nicht wußte. Er drehte sich überrascht um und schaute mich einen Augenblick an. »Du hast noch ein schweres Leben vor dir«, sagte er. »Bevor du den Verstand bekommst.«

Er machte mich am meisten wütend, wenn er mit mir in Rätseln sprach. Als wenn ich gerade in die erste Volksschulklasse kommen sollte. Ich fragte ihn nichts mehr und es fiel mir auch nicht ein, ihn zu bitten, mir das alles zu erklären. Ich habe niemals versucht, etwas durch Bitten zu erreichen. Ich versuchte selbst, der Sache auf den Grund zu kommen. Wieder streckte ich mich bis zu dem kleinen Speicherfenster, um die Bauern deutlich zu sehen.

Alle vier hatte ich öfter in den Trachten der Bauernreiter gesehen. Sie sahen dann aus wie die Knechte des Fürsten Lichtenstein. Die Bauernreiter trugen Hüte, grüne Jacken und Reithose. Sie ritten auf dem Hof der Aktien-Spiritusbrennerei.

Einmal brannte die weiße Mittagssonne. Hinter dem Kartoffelhaufen hatten sie Hindernisse aufgestellt und zwangen die Pferde, über Zäune und die waagerechten Stangen zu springen. Kadera stand in der Mitte, reckte sich auf seinem Pferd und erteilte Befehle wie Napoleon Bonaparte. Cumat, Res, Vasak und alle anderen waren ihm unterstellt. Kadera war auch der Typ, der schon seit Kindheit gewohnt ist, anderen Leuten Befehle zu erteilen. Er schrie mit lauter Stimme, die von den Mauern der Spiritusbrennerei als Echo widerhallte.

Ich lag damals hinter einem Gebüsch versteckt und sah meinen Vater, wie er vor dem grünen Tor erschien, um auch an der Übung der Bauernreiter teilzunehmen. Er ritt unsere Stute. Mit den Beinen konnte er ihren breiten Rücken kaum umklammern und saß auf der Julina wie auf einem Brauereifaß. Wie die andern hatte auch mein Vater den komischen Anzug angezogen. Die Sonne brannte so heiß, daß man auf dem Zementfußweg hätte Puffer backen können. Er schwitzte sehr. Sein Gesicht war naß. Der enge Kragen würgte ihn. Ich sah, wie ihm der Schweiß das Gesicht her-

unterfloß. Der Hut war etwas zu klein und fiel ständig herunter. Sie sahen ihn. Sie fingen an, laut zu lachen, hörten auf, im Kreis zu reiten, stellten sich in die Steigbügel, zeigten auf den Vater und hörten nicht auf, laut zu lachen. Ich begriff nicht, warum sie so lachten. Kadera lachte selbstverständlich am meisten. Er tat, als hätte er plötzlich Bauchweh, und dabei zeigte er wieder auf den Vater. Schließlich täuschte er eine Ohnmacht vor, ließ seine Arme herabhängen, markierte, als würde er jeden Moment vom Pferd herunterfallen. Bis heute sehe ich die schmachvolle Szene deutlich vor mir. Mein Vater wollte mit seinem verschwitzten Gesicht lächeln. Wenn sie lachten, lachte er mit, obwohl er wußte, daß er über sich selbst lachte. »Oldrich«, riefen sie dem Vater zu. »Kann die Dicke überhaupt ihren Arsch hochheben?«
Es traf mich, daß diese Aufgeblasenen unsere Stute Julina ›die Dicke‹ nannten.
»Daß du nicht eine Kuh reitest?« schrie Cumat. »Daß du nicht eine Kuh oder ein Schwein reitest?« – »Vielleicht schafft sie's doch«, beschwichtigte mein Vater. »Sie ist eine gelehrige Stute, vielleicht schafft sie's.«
Ich verachtete meinen Vater, weil er sich erniedrigte. Ich verurteilte ihn damals, wie noch nie in meinem Leben, als einen Schwächling. An seiner Stelle hätte ich umgedreht und wäre weggeritten.
»Ich hab' kein anderes Pferd«, bettelte er um die Gunst der Bauern. Er wollte zu ihnen gehören, er war doch einer von ihnen. »Vielleicht schafft sie's ...« wiederholte er und wischte sich die feuchte Stirn mit dem Handrücken ab. »Wo soll ich mich einreihen, Kadera?«
»Reite zuerst zu mir«, sagte Kadera gnädig. Er hatte schon genug gelacht. »Du kannst meinen Braunen reiten. Du kannst dir *meinen* Braunen aus *meinem Stall* nehmen und *ihn reiten. Die Stute* kannst du nach Hause bringen ...«
Das war doch eine Geste!
»Ich danke dir, Gustav«, sagte mein Vater demütig. An Vaters Stelle hätte ich diesem Dummkopf nie im Leben gedankt. »Ich werde dann den Braunen bürsten«, hörte ich meinen Vater bereitwillig versprechen. Er drehte unsere Stute um, als müsse er eine Lokomotive drehen.

Sie lachten wieder über die Julina. Ich nahm die Schleuder heraus. Ich trug sie ständig unter dem Hemd. Für alle Fälle hatte ich immer wenigstens zwei Steine in der Tasche in Reserve. Ich schoß nach Kaderas Pferd und versteckte mich in dem dicken Reisig. Es schlug mit den Hinterbeinen herrlich aus, stand fast auf den Vorderbeinen, als wenn es einen Kopfstand wagen wollte, Kadera fiel in die dicke Staubschicht. Es dröhnte, und der breite, schöne Hut mit den Schleifchen rollte daher, bis zur roten Ziegelmauer an der Laderampe.

Ein paar Sekunden meiner Erinnerungen verwandelten sich in Wirklichkeit: Die vier Bauern in den Trachten der Bauernreiter versuchten, das Tor zu erklettern. Vasak und Res hielten sich an den Händen und stützten Cumat, damit dieser sein hundert Kilogramm schweres Hinterteil auf das Tor wuchten konnte. Kadera stand auf dem Rücken eines Pferdes und schaute über das Tor auf den leeren Hof.

Ich kann mir alle vier auch gut in Feuerwehruniformen vorstellen. Die Überwindung von Hindernissen gehört ja zur Grundausbildung eines jeden Feuerwehrmannes. Kadera hat auch jetzt, wie ich ihn mir so vorstelle, keinen Silberhelm und keinen Riemen mit Zubehör bei sich – weil ich ihm diese Sachen damals nach der Übung in den Weiden gestohlen habe.

Cumat überwand schließlich doch das Tor und sprang auf der anderen Seite herunter. Er fiel auf die Zehenspitzen, federte, seine Hände hielt er ordnungsgemäß ausgebreitet, hielt Gleichgewicht, als stehe er nicht hinter dem Tor, sondern auf dem Podium, dort, wo in der Sonne die Inschrift flattert: ORELSTVO – DER STOLZ DES VATERLANDES UND DER KIRCHE!

Cumat war so ein Turner, daß einem die Augen übergingen. Seine behaarte Brust steckte in einem verwaschenen Turnhemd, das zu platzen drohte. Seine Waden waren in den Keilhosen so aufgeblasen, daß die Bewegung jeder seiner Muskeln zu sehen war.

Ich turne auch die Grundübungen, denn seit den Kinderjahren turne ich in ›Orel‹*. Ganz Mähren turnt in ›Orel‹.

* ›Orel‹ (Der Adler): Turnorganisation der evangelischen Jugend. [Dagegen ist ›Sokol‹ (Der Falke) eine nationale Turnorganisation.]

Ich turne in der Schülerriege. Meine Turnhose reicht bis zu den Knien. Ich habe ein Leinenhemd an und ein weißes Hütchen auf dem Kopf. Unser Vorturner ist der Kirchendiener. Auch er ist in Turnkleidung. Er weckt keinen Respekt und ist nicht fähig, in unseren Reihen Disziplin zu halten. Wir treten und ohrfeigen uns gegenseitig, und er ohrfeigt uns. Der turbulente Nachmittag verläuft hinter dem Lager der LANDWIRTSCHAFTLICHEN GENOSSENSCHAFT und im Hintergrund der Feier stehen die neuen Dreschmaschinen der Firma JEZEK – LANDWIRTSCHAFTLICHE MASCHINEN – JITSCHIN.
»Wer den Auftritt verpatzt, bekommt von mir eine Backpfeife«, droht der Kirchendiener. Er sagt nicht Ohrfeige, sondern von jeher Backpfeife. Er droht uns leise, damit es der Herr Pfarrer auf der Tribüne nicht hört, weil dieser mehr für gewaltlose Erziehung ist. Meine Mutter ist auch bei der Feier; sie trägt ein Kleid, das sie groß und stattlich erscheinen läßt. Sie ist bestimmt die hübscheste aller anwesenden Frauen. Ab und zu schaue ich die Mutter an, und wir lächeln uns an. Mein Vater trägt die schwarze Kirchenkleidung und sieht darin streng und drohend aus. Es gibt ungefähr hundert Zuschauer. Aus der Umzäumung des Schlächters Zita ist das Muhen der Kühe zu hören.
»Eins, zwei, drei!« zählt der Kirchendiener. Der Einmarsch der Schüler beginnt. Wir marschieren vor die Tribüne und verpatzen die Vorstellung gleich von Anfang an, die damit dem Kirchendiener vollkommen aus den Händen entgleitet. Wir tun das absichtlich. Josef stiftet alles an, und es sind auch Kadera, Puma, Res, Vasak und Cumat dabei. Cumat bekommt von mir von hinten einen Tritt. Aber ich tue, als wäre ich es nicht gewesen. Ich turne mit voller Konzentration weiter, als hinge die Zukunft der Menschheit, des Vaterlandes und der Bauernschaft von der genauen und richtigen Vor-, Hoch- und Seitstellung, dem Kniefall, der Kniebeuge und den rhythmischen Sprüngen ab.

Cumat ruft jetzt in alle Ecken des verlassenen Hofes: »Ist jemand hier?!« Er schließt schnell das Tor für die anderen drei auf: Kadera, Res und Vasak. Damit er nicht allzu lange allein zu sein braucht. Der alte Cumat ist genauso ein ›Held‹ wie sein Sohn.

»He! Ist jemand da?!« Er ruft es in einem Ton, so wie man sich manchmal im Wald verständigt.

»Schrei hier nicht so!« sagt Kadera zu ihm. »Schrei nicht so!«

Vitlich und ich stehen an dem ihnen gegenüberliegenden Speicherfenster, unsere Beine sind bis zu den Knien im Getreide vergraben. Wir beobachten, was sie tun.

Sie stehen abwartend dort, schauen sich um, und die Leere des Hofes wirkt für einen Augenblick beklemmend auf sie. Die Pferde haben sie vor dem Tor gelassen.

Für mich sind sie genauso aufgeblasen und grobschlächtig wie ihre Söhne. Manche menschliche Eigenschaften vererben sich anscheinend von einer Generation zur anderen. Die Kinder ihrer Kinder werden mit kleinen Veränderungen den Vätern ihrer Väter ähneln, und alle werden denken, daß das ganze Dorf ihnen gehört und daß sie hier machen können, was sie wollen.

Für einen Augenblick stelle ich sie mir vor, ohne jegliche Würde, in ihren Unterhosen vor, oder wie vier Ochsen, die umhergaffen und denen der Speichel aus dem Maul tropft. Ja, ich denke mir manchmal Dinge aus, die Kinder niemals über jemanden denken sollten.

Kadera läuft zum Wagen mit den abmontierten Rädern.

Er schreit wütend: »Wo sind denn die Räder von dem Leiterwagen, verflucht?« Er schaut sich um, als wenn Räder fliegen könnten ... Die vier sind schon ein herrlicher Anblick. Sie schauen sich spähend um, als gäbe es ein Gespenst zu entdecken.

»Hier war schon jemand«, sagt Cumat.

»Oder ist noch«, läßt sich Res hören.

»Ist jemand hier?« schreit Vasak.

Ich schaue Vitlich an, und erst jetzt wird mir alles klar, ich fange an zu begreifen. »Zyrill«, sage ich zu ihm. »Du hast gewußt, daß sie die Wagen holen kommen?«

»Ich habe heute nacht davon geträumt«, lügt Vitlich. Ich möchte gern wissen, wann er endlich aufhört, mich wie einen Dummkopf zu behandeln!

»Ich möchte gern wissen, welcher Saukerl das hier schon

gerochen hat?!« hören wir Kadera wütend schreien. Er geht direkt zum Elektromotor.
»Das konnte ich mir denken«, sagt Vitlich leise. Er sagt es eher nur für sich. Wir beobachten die Bauern. »Der ist doch schlau wie ein Bischof!« sagt Vitlich. »Kadera weiß, was Wert hat!«
Cumat zieht einen gewöhnlichen Wagen mit Eisenrädern aus dem Schuppen. Als er sieht, wie Kadera sich für den Elektromotor interessiert, läßt er den Wagen stehen und geht zu ihm. »Du hast schon einen Motor, Gustl!« sagt er zu Kadera.
»Er ist aber schwach«, antwortet Kadera, ohne zu zögern. »Kommt und helft mir, ihn wegzuschaffen.« Er nimmt keine Notiz von Cumats Interesse. Kadera denkt gewiß sehr oft, daß die Welt hauptsächlich für Kadera geschaffen wurde. Es ist erstaunlich, daß ihm keiner etwas sagt.
Cumat trippelt nur vor Ungeduld, macht ein finsteres Gesicht, sieht in diesem Augenblick wie ein geschlagener Hund aus und versucht für sich zu retten, was noch zu retten ist. »Aber diesen Wagen habe ich für mich herausgezogen«, sagt er schnell. »Ein anderer Wagen ist nicht mehr hier. Ich kann ihn gut gebrauchen.«
»Ich könnte auch einen Motor gebrauchen«, sagt Vasak zu Kadera. »Ich hab überhaupt keinen Motor.«
»Ich habe ihn mir genommen, also gehört er mir.« Kadera will darüber nicht diskutieren. »Wir helfen dir, ihn aufzuladen, und wir können diesen Motor zusammen benutzen«, schlägt Res vor. »Glaube nicht, daß du alles mitnehmen kannst, was dir gerade so paßt!«
»Daß ich euch bloß mitgenommen habe!« bedauert Kadera. »Daß ich meinen Mund nicht gehalten habe und nicht alleine losging!«
Aber dann stimmt er doch zu, daß sie den Motor gemeinsam benutzen werden. Er stimmt zwar ungern zu, aber so ist es auf der Welt. Die Bauern tragen den Motor zum Rollwagen. Jeder trägt an einer Trage. Sie rackern sich ab und stöhnen, denn der Motor wiegt ein paar Zentner.
Alle vier tragen Fronleichnam immer den purpurroten Baldachin über dem Pfarrer und der Monstranz. Über ihre

Schultern hängt eine breite, violett-weiße Schleife als Schärpe, die bis zur Hüfte geht. An der Seite tragen sie einen glänzenden Säbel, der mit der Scheidenspitze auf den Boden schlägt. Über unseren Köpfen läuten die Glocken; die Mädchen streuen Blumen und grüne Blätter, und überall sind kleine Birken eingesetzt; vor Kaderas Haus steht ein Altar, vor dem wir in jedem Jahr unterwürfig knien.

Ihre Frömmigkeit paßt nicht dazu, daß sie jetzt den Motor zum Rollwagen tragen. Es kommt mir unglaublich vor, fast, als trügen sie den Motor jetzt mit Paradeschärpen und unter den Klängen der Kirchenmusik davon.

Ich habe sie nie geachtet, aber bis zu diesem Apriltag, da ich sie vom Speicher aus beobachtet habe, hätte ich sie gewiß nicht des Diebstahls verdächtigt. Alle vier waren doch so reich, daß sie so etwas Niederträchtiges gar nicht nötig gehabt hätten.

»Sie sind gekommen ... Wollen sie ... Wolltest du die Sachen ... mitnehmen?« fragte ich Vitlich.

Er schaute mich an und schüttelte den Kopf. »Nein«, sagte er. »Sie sind nicht gekommen, um zu stehlen, sondern um zu ›tschechisieren‹. Es ist zwar das gleiche, aber manchmal kann es wie die vaterländische Pflicht aussehen. Das sind Leute, die sich darauf den ganzen Krieg gefreut haben, Olin ... Aber das verstehst du noch nicht. Das wirst du verstehen, wenn bei dir erst einmal der Bart anfängt zu sprossen.«

Diese Beleidigung überging ich, als wäre sie gar nicht ausgesprochen. Ich wollte *jetzt* klarsehen.

»Sie haben doch eigene Wagen, Zyrill«, wunderte ich mich. »Haben sie vielleicht keine Wagen?«

Vitlich zog die Augenbrauen hoch, schneuzte und schaute mich wieder wie einen Dummkopf an. »Wenn nur diejenigen stehlen, Olin, die es nötig haben, dann wird gar keiner mehr stehlen«, sagte er. »Es gäbe dann keine Diebe auf der Welt.«

Die Bauern versuchten eiligst, eine große Dreschmaschine aus dem Schuppen zu schieben. Sie stöhnten, schnaubten, mühten sich, bis ihnen beinahe die Sehnen platzten. Sie waren sich schon wieder einig, und jeder schob an einem Rad.

Ich habe sie mit Zyrill Vitlich die ganze Zeit beobachtet, bis sie alles, was sie gebrauchen konnten, aufgeladen und mit der Peitsche geknallt hatten und vom Hof gefahren waren. Nur unter größter Anstrengung konnten die Pferde die schweren Lasten ziehen.

Es war schon Abend, als ich mit Vitlich die Hündin begrub. Sie lag bald in der Grube, und wir schaufelten den Lehm hoch auf. Der Himmel war dunkel und violett. Der Donner der Geschütze war ständig zu hören. Es sah aus, als nahe ein heftiges Sommergewitter. Irgendwo über der Straße flog eine Leuchtkugel hoch, zerspritzte in farbige Funken und verschwand hinter den Dächern des Gutes.

»Der Herr Pfarrer sagt, daß die Front wie nichts vorübergehen wird«, meinte ich, um auch etwas zu sagen. »Er meint, daß wir es möglicherweise überhaupt nicht merken werden.«

»Der Herr Pfarrer versteht nichts davon«, antwortete Vitlich. Er klopfte die Erde mit dem Spaten glatt, stöhnte dabei und beugte sich vor. Dann schneuzte er sich wieder. »Du kannst es ihm bei der Beichte sagen. Ich lasse es ihm ausrichten. Gehst du überhaupt zur Beichte?«

»Ich gehe.«

»Machst du auch den Ministranten?«

»Er hat mich nicht genommen.«

»Das kannst du dir hoch anrechnen. Er nimmt nur Dummköpfe als Ministranten.«

Bei der Arbeit hinkte Zyrill besonders stark. »Ich werde für dich eines der Hündchen großziehen. Du wirst schon sehen, was ich ihm beibringen werde! Es muß aufs Wort gehorchen. Ich werde es auch noch andere Dinge lehren!«

Er wußte immer, wann ich einen weichen Augenblick hatte und am liebsten geweint hätte.

»Denk schon nicht mehr an sie, an Selma. Schlag sie dir aus dem Kopf. Sie war nichts Besonderes, hatte eben vier Beine, Ohren und Schwanz.«

»Sie war ... ein Rassehund«, verteidigte ich meine Erinnerung an die Hündin.

»Na und? Als wenn das etwas wäre! Gibt es nicht genü-

gend solche Hunde?« Er legte seine Hand auf meine Schulter. »Wegen einem Hund wirst du doch nicht weinen?«
Ich drehte mich schnell zur Seite, damit er mir nicht in die Augen sehen konnte, und bückte mich, um einen Stein aufzuheben. Das Zigarettenetui, das ich unter dem Hemd verbarg, fiel dabei heraus. Ich wollte es aufheben, aber es lag näher bei Vitlich, und er hob es auf. Und natürlich, wenn er es schon in die Hand nahm, machte er es auch auf. Es war noch nicht so dunkel, daß er die Fotografie der nackten Frau nicht genau gesehen hätte. In diesem Augenblick bin ich sicher puterrot geworden.
Er schaute mich schweigend an. Ich kannte mich mit ihm nicht genügend aus.
Für alle Fälle ging ich ein paar Schritte zurück.
Zyrill Vitlich schaute mich ziemlich lange an. Er schluckte, wischte seine knollige Nase ab und fragte mich schließlich: »Ist das jemand aus eurer Familie?«
Ich schüttelte den Kopf und schaute zum Tor, ob ich, wenn es nötig sein würde, durch das Tor fliehen könnte. Und ich schaute zur Mauer, ob es nicht vorteilhafter und schneller wäre, über die Mauer zu verschwinden.
»Deshalb«, sagte er. »Deine Tanten kenne ich, aber das hier ist keine deiner Tanten.« Er machte das Zigarettenetui zu, streckte die Hand aus und gab es mir wieder, als wäre es ganz normal, daß ich so etwas besitze.
Ich steckte das silberne Zigarettenetui wieder unter das Hemd. »Ich hab's gefunden ... Es lag auf dem Weg«, stotterte ich. Vitlichs Großzügigkeit verwirrte mich. Mit der anderen Hand griff ich in die Hosentasche, nahm die Zigaretten heraus und bot sie ihm in der offenen Hand an. Das war auch für ihn zuviel und er glotzte mich an.
»Du ... rauchst?« fragte er und atmete dabei schneller.
»Manchmal«, triumphierte ich. »Nur ... manchmal.«
Er nahm die Zigaretten; eine davon drehte er in den Fingern und las, was es für eine Marke war. »Memphis ...« sagte er nachdenklich. Er schneuzte sich zuerst, dann nahm er die Streichhölzer heraus, zündete eine Zigarette an. Fast nachdenklich pustete er den Rauch aus. Seine Augen sahen mich immer noch verwundert an. »Wenn das dein Vater

bei dir findet«, sagte er dann langsam und ernst, »wird er dich totschlagen, Olin!« Erneut pustete er den Rauch aus. »Wenn ich dein Vater wäre, würde ich das gleiche tun.«

Als ich abends mit Vitlich vom Gutshof zurückgekehrt bin, wiederholt sich die übliche Szene vor unserem Haus. Ich habe mich in der Dunkelheit versteckt, an die Mauer angelehnt und schaue unsere Haustür an. Die Mutter kommt an die Hausschwelle, hinter ihr ist ein gelbes, flimmerndes und schwaches Lichtrechteck. Sie schaut in die Dunkelheit.
»Olda!« ruft sie. Sie vermutet mich hier. »Oldrich!«
Ich schweige, denn ich beobachte meine Mutter gern. Sie ist barfuß und im Haar trägt sie Spangen. Sie hat wunderschönes, langes Haar, das ihr bis an die Schulter geht. Bis heute sehe ich das Haar meiner Mutter vor mir.
»Oldrich, komm doch nach Hause! Komm schlafen!«
Ich melde mich nicht und halte die Luft an. Ich will, daß sie noch weiterredet. Ich weiß alles, was noch kommt; ich kenne unseren ganzen Dialog, unser ganzes Spiel auswendig, aber ich will, daß sie noch einmal meinen Namen ausspricht.
»Olin«, sagte sie. »Es ist schon zu spät, komm doch!« Ihre Stimme zittert. Sie hat Angst um mich. Sie muß mich jetzt verraten, aber sie liebt mich.
»Hörst du mich?«
»Ist der Vater zu Hause?«
»Er schläft schon.«
»Er schläft nicht.«
»Ich sage dir doch, daß er schläft.«
»Du sagst immer, daß er schon schläft.«
»Heute ging er früher schlafen. Schreie nicht. Komm nur.«
»Bekomme ich Prügel?«
»Du bekommst keine Prügel.«
»Du sagst immer, daß ich keine Prügel bekomme.«
»Heute bekommst du keine Prügel.«
Ich will diesen Augenblick verlängern; das, was danach kommt, noch ein wenig hinausschieben.
»Du hast nur das Hemd an. Du erkältest dich noch. Komm doch!«

Ich weiß, daß ich Prügel bekomme; ich weiß es genau. Ich habe mich damit niemals geirrt. Ich stand auch schon im Schnee vor unserem Haus und hatte keinen Wintermantel, sondern nur einen Pullover an, und Mutter, in ein Wolltuch gehüllt und auch schon mit aufgelöstem Haar, rief von der Hausschwelle: »Du hast doch keinen Mantel an, Oldrich, du wirst erfrieren, komm schon!« Ich stand dort während meiner ganzen Kindheit im Regen, das Wasser rann mir das Gesicht 'runter, und ich war ganz durchnäßt. »Ich bitte dich, komm doch!« sagte sie. »Du wirst naß und bekommst noch eine Lungenentzündung.«
»Mutti«, sagte ich aus der Dunkelheit. Ich weiß nicht, was ich sagen will.
»Komm doch, Olin«, sagt sie erneut. »Komm und ärgere mich nicht.«
Ich gehe von der Mauer los, gehe langsam, komme an die beleuchtete Stelle, und sie sieht mich schon von der Hausschwelle aus. Ich höre, wie sie aufatmet. Meinetwegen? Warum denn?
»Mutti«, sage ich. Ich stehe schon neben ihr an der Hausschwelle. »Mutter!«
Ich ergreife ihre Hände und berühre ihr Haar; meine Mutter ist genausogroß wie ich, vielleicht ein wenig größer. Wenn ich sie so von nahe beobachte, so zittern ihre Lippen, ihr Gesicht ist zart, sie hat große Augen und sehr schmale Schultern.
Es ist für mich keine Überraschung, daß der Vater hinter der Tür steht. Es ist keine Überraschung, daß er plötzlich vor mir steht und daß er mich mit beiden Händen festhält wie in einem Schraubstock. Damit habe ich tatsächlich gerechnet.
»Wo warst du denn wieder?« fragt er. »Du Lump!«
Ich weiß nicht, wohin er mich schlägt. Ich versuche, an etwas anderes zu denken. Aber die Mutter macht etwas, was ich nicht erwartet habe, sie hält mich plötzlich fest und steht vor meinem Körper wie ein Schild.
»Schlage ihn nicht«, sagt sie. »Ich mache es schon mit ihm allein aus.«
Er schaut zuerst die Mutter und dann mich an.

»Schlag ihn nicht, sonst wirst du ihn noch eines Tages totschlagen!« sagt die Mutter.
Für Vater ist es immer sehr schwer, aufzuhören, wenn er angefangen hat.
»Er soll mir aus den Augen gehen, sonst werde ich ihn tatsächlich noch totschlagen!« sagt er mühsam, so als habe er Mühe zu atmen.
Es ist möglich, daß ich für ihn Kalk oder etwas anderes holen sollte, und er hat mich im ganzen Haus gesucht und hat mich nicht gefunden.
Die Mutter zieht mich in die Küche, und Vater bleibt im Vorraum zurück. Ich weiß, daß er jetzt an der Hausschwelle sitzt, eine Zigarette raucht und durch die geöffnete Tür auf die menschenleere Straße schaut. Aber hauptsächlich lauscht er, ob die Mutter mich prügelt.
Sie steht in der Küche vor mir, zittert am ganzen Körper, hat zu tun, um das Weinen zurückzuhalten. Ich sehe ihre Hagerkeit. Sie ist blaß und wunderschön.
»Schlage mich, Mutter«, sage ich leise. »Schlage mich. Er lauscht doch, ob du mich verprügelst. Schlage mich!« Ich halte eine Backe hin, damit sie mich schlagen kann. Sie rührt sich nicht, steht da und zittert.
»Mutti, ich bitte dich, schlage mich doch! Du brauchst keine Angst zu haben, es wird mir sicher nicht weh tun.« Ich bitte sie fast darum. Sie gibt mir eine Ohrfeige. Ihre Hand hat mir nie Schmerz bereitet, auch wenn es weh getan hat.
»Wird es bald, oder soll ich kommen?« höre ich Vater ungeduldig aus dem Vorraum rufen. Er fühlt, daß die Mutter die Exekution auf die leichte Schulter nimmt. Sie ohrfeigt mich. Ich lächele sie an, damit sie sieht, daß es mir nichts ausmacht, wenn sie mich schlägt. Die Ohrfeigen beruhigen den Vater und er läßt sich nicht mehr hören.
»Mutti«, sage ich, »Mutter!«
Sie schlägt mich, und die Tränen rollen ihre Wangen hinunter. Und dann kommt sie zu meinem Bett, im Haus ist es schon ruhig und dunkel; ich ahne ihre Gestalt. Sie beugt sich über mich, und ihr Haar liegt auf meinem Kopfkissen. Ich hebe die Hände und berühre ihr Gesicht. Sie sagt leise zu mir, so daß nur ich es hören kann: »Warum hörst du nicht

auf ihn?« Aber ich nehme die Worte nicht wahr, umarme sie mit beiden Händen und küsse sie plötzlich, so daß sie sich schnell aufrichtet. »Schlafe schon«, sagt sie. »Schlafe dich aus!« Und wieder stöhnt sie.

»Ja, Mutter«, sage ich leise. Ich sehe ihr Gesicht solange, bis ich einschlafe und mich auf eine große, grüne Wiese begebe, wo eine weiße Hirschkuh steht, die ein Bein in einer Eisenfalle hat; sie kann sich kaum bewegen, niemand ist da, um ihr zu helfen. Und der Raum ist mit rohem und lautem Lachen gefüllt, als lachten in ihm tausend Menschen.

Ja, manchmal hatte ich quälende Träume.

4

Der Tag beginnt mit einer Hiobsbotschaft.
Ich frühstücke mit der Mutter.
Was auf dem Schober und in der Kirche geschah.
Ich fahre, um Julina vor den Kosaken zu verstecken.
Das Versteckspiel.
Die Prozession der Diebe und das Gebet um Regen.
Die Versteigerung.
Dreikönige.
Das Gespräch mit Zyrill Vitlich.
Ich nehme Isa mit in den Wald.

Es war schon früh hell. Auch heute summten und flogen die Fliegen in unserer Küche hin und her; sie kamen vom Hof und aus den Ställen. Als ich aufwachte, mußte ich sie erst mal von mir fortjagen. Ich sah, wie sie an dem eingetrockneten Fliegenfänger geschickt vorbeiflogen.

Der Donner der nahenden Front war stärker zu hören. Ich erinnere mich noch ganz deutlich an diesen Morgen; die Küchentür zur Diele war halb geöffnet, ich horchte in diese Richtung, weil dort Stimmen zu hören waren. Es war die Stimme meines Vaters und die eines anderen Mannes, die ich als Vasaks Stimme erkannte. Herr Vasak sah immer ein wenig verstört aus, jetzt aber machte er ein noch verstörteres Gesicht, seine Lippen bebten und er stotterte. Man konnte meinen, unser geliebtes Dorf sei von einer Herde Affen aus den umliegenden Wäldern überfallen worden.

»Die Russen werden die Pferde requirieren«, wiederholte er hastig. »Sie werden alle Pferde zum Militär abführen.«

Der Vater sagte, das sei eine schöne Bescherung. Er rang zwar nicht die Hände, aber es traf ihn hart. »Das hat uns noch gefehlt«, stieß er hervor. »Das hat uns noch gefehlt!«

»Dir würden sie die Julina wegnehmen, das dicke Vieh«, sagte Vasak.

»Wer sagt das, daß die Russen die Pferde requirieren werden?« fragte mein Vater. »Wer kann das überhaupt wissen ... Ist das nicht bloß Gerede?«

»Alle sagen das. Und die Deutschen haben's dem Pfarrer gesagt. Die Russen kommen auf Pferden. Überall sieht man nur Pferde! Mähren wird von den Kosaken besetzt.«
Vasaks Information erschien dem Vater glaubhaft. »Was tun die andern? Kadera, Res ...?« fragte er.
»Sie schicken die Pferde in den Wald. Sie schicken sie bis zu den Felsen, bis zum Forsthaus.«
»Das hat uns noch gefehlt«, sagte Vater erneut. »Das hat uns gefehlt!«
»Die Jungen werden mit den Pferden dorthin fahren. Sie werden zusammen fahren, damit sie keine Angst bekommen.«
»Die Jungen ...?« wunderte sich der Vater. »Die Jungen mit den Pferden?«
»Wer denn sonst? Wir müssen doch in den Häusern bleiben. Es könnte brennen.«
»Was passiert, wenn sie mit den Pferden etwas anstellen?«
»Was sollten sie schon mit den Pferden anstellen?« fragte Vasak. »Was könnten sie mit den Pferden anstellen?«
»Es kann ihnen etwas passieren.« Vater zögerte immer noch.
»Niemand wird den Jungen etwas tun, keiner«, sagte Vasak.
»Dann meinetwegen«, sagte der Vater. »Dann also los.«
Die beiden gingen auf den Hof. Ich hörte ihre Stimmen nur noch undeutlich. Draußen ratterten tatsächlich schon einige Wagen. Ich richtete mich in meinem Bett auf, aber wegen der dichten, hochgewachsenen Muskatnußsträucher, die Mutter auf der Fensterbank stehen hatte, konnte ich nichts sehen. Dann waren in der Diele erneut Schritte zu hören. Ich tat sofort, als schliefe ich. Die Mutter machte die Tür auf, und ich spürte, wie sie zu meinem Bett schaute.
»Olda«, sagte sie leise.
Ich konnte meisterhaft Schlaf vortäuschen, wie tot konnte ich mich stellen.
»Olda!« Sie kam zu mir und setzte sich auf den Bettrand. Sie beugte sich über mich. Jedesmal sah ich es, hielt die Augen einen winzigen Spalt geöffnet. Bis heute weiß ich nicht, ob sie es je bemerkt hat. Wahrscheinlich hat sie es gesehen. Ihr Atem und ihre Stimme waren so nahe.
»Wach auf«, sagte sie. »Steh auf ... du mußt irgendwohin

fahren ...« Und dann sagte sie noch leiser: »Er wartet schon auf dich ...«

Manchmal nannte sie Vater nicht beim Namen. Wenn sie mit mir sprach, sagte sie nur ›er‹. Sie schüttelte mich, aber nicht kräftig genug. »Hörst du!«

»Soll ich ihn selbst wecken, den gnädigen Herrn?« Ich hörte, wie Vater durch die Diele kam. Er verabschiedete sich von Vasak. Er rasselte mit dem Pferdegeschirr, trampelte mit den Kommißstiefeln über die Fliesen. Dann nähte er – wahrscheinlich mit dem Schusterdraht – die Pferdeleine zusammen; ich hörte die Ahle, und wie er den Draht durchzog. Mein Vater brauchte sehr selten einen Handwerker, er machte alles allein.

»Nein«, sagte die Mutter. »Er ist schon wach. Er ist schon auf.«

Sie spürte sicher, daß ich nicht schlief. Und ich fing wieder mit dem alten Spiel an: Ich öffnete die Augen ganz, nahm eine Haarflechte meiner Mutter in den Mund, umschlang ihren Nacken und verschränkte die Finger ineinander.

Sie stand schnell auf und zog mich unter dem Federbett hervor.

Ich konnte sie mit den Fingern nicht lange so festhalten.

»Was machst du denn?« mahnte sie.

Auf einmal war sie wie ein kleiner weißer Stern – so weit entfernt.

»Hast du in der Nacht gehustet?« fragte sie. Sie schaute mich jeden Morgen forschend an. Ihre Sorge ging mir manchmal auf die Nerven.

»Ich fahre mit keinem Jungen irgendwohin!« sagte ich erregt. »Mit den Hornochsen fahr' ich nirgendwohin!«

»Was hast du schon wieder mit den Jungen?« Die Mutter wußte alles. »Was habt ihr schon wieder miteinander gehabt?«

»Nichts.«

»Ihr seid doch Schulkameraden!« sagte sie. »Warum prügelt ihr euch ständig?«

»Pfff!«

»Hast du auch in der Nacht nicht geschwitzt?« fragte sie wieder besorgt.

»Ich habe nicht gehustet«, antwortete ich. »Ich habe nicht geschwitzt. Ich huste auch nicht mehr. Ich habe dir doch

schon gesagt, daß ich nicht mehr huste. Ich schwitze nur, wenn ich im Nachthemd schlafe.«
Ich hatte in der Turnhose geschlafen.
»Du weißt, wohin er dich schicken will?« fragte sie. Sie schaute mich dabei an.
»Ja, ich weiß es«, antwortete ich. »Ich weiß, wohin ich fahren soll.«
»Wirst du auch keine Angst haben?« fragte sie. Sie schaute mich an, als sähe sie mich zum ersten Mal in ihrem Leben, als wäre ich noch ein Knirps.
»Warum sollte ich Angst haben!« rief ich. »Aber mit den Jungen fahre ich nicht, das sage ich dir!«
»Allein könntest du dich im Wald ängstigen.«
»Ich hab keine Angst. Auch im Wald werde ich keine Angst haben.« Ich wollte meine Sandalen anziehen; sie nahm sie mir aber aus der Hand und sah natürlich die abgerissene Schnalle. Sie schaute mich schweigend an. Ich wußte, was sie in diesem Augenblick dachte und deshalb schwieg ich. Sie gab mir die Schuhe. »Zieh die Schnürschuhe an. Im Wald wird es noch feucht sein vom Tau.«
»Ich will diese Stiefel nicht anziehen!« verteidigte ich mich. Es gab wenige Dinge, die ich so leidenschaftlich haßte wie die vom Dorfschuster oder Sattler genähten Schuhe, Schuhe wie aus Eisen: sie reichten für drei Indianergenerationen.
»Zieh sie an«, sagte sie.
Absichtlich ließ ich die Schuhe ein paarmal auf den Boden bumsen, als wolle mein Fuß nicht hineinschlüpfen. Scheinbar quälte ich mich dabei und schnitt Grimassen, bis die Mutter vom Herd kam, um mir zu helfen. Aber das wollte ich nun auch wieder nicht, so daß ich schließlich die Schuhe selbst anzog. Ich stöhnte dabei. Wenn ich früher etwas nicht wollte, dann wehrte ich mich mit ganzer Seele.
»Mutti, sag ihm, daß ich allein fahren werde!«
»Du mußt ihm gehorchen«, sagte sie. »Du mußt das tun, was er dir sagt. Du kennst ihn doch!«
»Ihm werde ich davon nichts sagen«, sagte ich. »Aber diesen Hornochsen werde ich wegfahren. Denen fahre ich weg, wann ich will!« Das beruhigte mich etwas. Dann frühstückte ich mit der Mutter. Mein Vater aß immer schon sehr

früh. Er stand als erster auf, fütterte das Vieh und schlief niemals länger als fünf Stunden, weder im Winter noch im Sommer. Die Mutter schmierte für mich ein Kanten Brot dick mit Butter. Ich beobachtete ihre Augen. Wenn der Vater in der Diele hin und her ging, schaute sie mich an; ich drehte dabei das Brot mit der trockenen Seite nach oben, biß ab, als wenn nichts geschehen wäre, und trank Zichorienkaffee aus dem großen Blechnapf.

Er trat in die Küchentür. In der Hand hielt er das reparierte Pferdegeschirr.

»Er weiß schon, daß er fahren muß«, sagte die Mutter zum Vater.

»Ja?« sagte er. »Wirst du dir nicht vor Angst in die Hose machen?«

Ich schwieg, stopfte mir den Mund voll mit Brot und schnitt eine Grimasse, als wenn ich am Ersticken wäre. Absichtlich versuchte ich, dabei möglichst trottelhaft auszusehen. Doch Vater hatte den Kopf offensichtlich voll vom Krieg und von den Russen.

»Ich weiß nicht«, sagte die Mutter. »Willst du ihn wirklich in den Wald schicken? Überall wimmelt es von Soldaten.«

»Dem Jungen wird niemand etwas tun«, erwiderte er. »Wer wird schon so einer Rotznase etwas tun?« Er wiederholte, was er von Vasak gehört hatte.

Er lehnte das Pferdegeschirr an die Wand, setzte sich auf einen Stuhl, der fast unter seinem Gewicht zusammenbrach.

»Du wirst den alten Weg fahren«, sagte er und schaute mich dabei wie einen Dummkopf an. »Über die Holzbrücke. Alle werden dorthin fahren. Ihr werdet eine ganze Mannschaft sein. Heu und Hafer liegen im Wagen. Gib ihm Brot und Speckgrieben mit«, sagte er zu Mutter. »Wie wirst du fahren?« fragte er mich zur Kontrolle.

»Ich werde den alten Weg fahren, über die Holzbrücke, alle werden dorthin fahren, wir werden eine ganze Mannschaft sein, Heu und Hafer habe ich im Wagen, die Mutter gibt mir Brot mit Speckgrieben.« Ich schüttelte das aus mir heraus wie das Einmaleins. Ich tat das absichtlich sehr schnell. Ich schaute dabei Vater an, schaute ihm in die Augen. Vielleicht begriff er, wie schwierig diese Aufgabe war. Die höh-

nische Betonung in meiner Stimme war ihm wahrscheinlich nicht entgangen. Er ballte die Fäuste; sie lagen wie zwei Dreschflegel vor mir auf dem Tisch. Er biß die Zähne zusammen und zog den Atem ein, als drohe er zu ersticken. Ich wußte, daß er mich jetzt nicht schlagen würde. Nicht jetzt, denn er brauchte mich. Lieber stand er auf.
Ich werde den Jungen schon hinter dem ersten Haus wegfahren, sagte ich mir in Gedanken, schaute in diesem Augenblick wie ein Heiliger in Vaters Augen und blinzelte ein bißchen. Wie ich dabei aussah, konnte ich mir vorstellen. Er drehte sich schnell um, damit er mich nicht länger anzusehen brauchte.

Ich erinnere mich noch genau an jenen Tag im heißen Monat Juli. Ich habe den Juli gern. Auch den August mag ich sehr. Diesmal ist es ein windloser und schwüler Tag klebrigen Schweißes. Die Sonne ist fast weiß und brennt auf der Haut so stechend, als hielte man ein Vergrößerungsglas dazwischen. Wir haben einen Strohschober zusammengetragen. Ich freue mich immer, wenn ein Schober gebaut wird. Man kann ins Stroh springen und Purzelbäume schlagen. Am besten eignet sich Weizenstroh dazu; denn es ist weich und federnd, braun wie Kupfer und hat vor allem nicht so viele Ährenspitzen wie Gerstenstroh. Sie schicken mich mit der Kanne los, um Wasser zu holen. Ich laufe, damit ich schnell zurück bin. Ich laufe, und dabei stoße ich an die Kanne. Die Fünfliterkanne ist schwer wie Eisen, aber ich trage sie voll Wasser. Das Wasser bespritzt meine Beine, immer wenn ich die Kanne anstoße, spritzt es heraus. Ich ruhe aus und beobachte dabei den Flug der Schwalben, die mit ihren weißen Bäuchen fast das Stoppelfeld berühren. Bald wird ein Gewitter kommen. Am Horizont zeigen sich schon große, schwarze Wolken. Aber der Strohschober ist immer noch in die violette, glühende Sonne gehüllt. Als ich näherkomme, sehe ich zuerst die Julina. Sie ist vor den Leiterwagen gespannt.
Ich sah ihren Kopf. Von mir aus stand sie hinter dem Schober, denn ich kam von der anderen Seite, vom Gemeindeweg her. Mutter stapelte oben auf dem Schober das Stroh; sie hatte eine Forke in der Hand. Ich ging mit der Kanne um den

Schober herum. Dann sah ich meinen Vater. Ich blieb regungslos auf der Stelle stehen. Ich wußte nicht, was ich tun sollte, die Kanne hielt ich mit beiden Händen vor meinen Körper. Vater stand unten am Leiterwagen, zwischen Wagen und Schober, wohin die Mutter von oben nicht sehen konnte. Bei ihm stand eine Frau. Sie half uns manchmal auf dem Feld, Eichkätzchen wurde sie genannt. Ihr Haar war voll und rot, ihr Gesicht rosig. Sie standen dort, als wenn einer dem andern aus dem Weg gehen sollte; aber keiner bewegte sich. Der Vater hielt Eichkätzchen mit den Händen so, als wollte er sie würgen. Aber die Hände hielt er ein wenig tiefer, auf dem Kleid. Oben raschelte das Stroh; dort arbeitete die Mutter und schichtete die Bündel um. Eichkätzchen hatte weiße, dicke Knie, und bis heute sehe ich noch ihren großen, fleischigen Körper. Ich ging mit der Wasserkanne ein paar Schritte zurück, so daß ich die beiden nicht mehr sehen konnte. Ich stellte das Gefäß ins Gras. Mir fiel nichts ein, was ich hätte tun können. Ich blinzelte in die Sonne, die an der oberen Kante des Schobers flimmerte. Das Stroh verstärkte die Fülle des Lichts. Durch die Hitze vibrierte die Luft. Ich dachte an den Vater und beobachtete die Mutter oben. Sie stand bis zu den Hüften im Stroh, und ihr weißes Tuch flatterte gegen den blauen Himmel.
Sie erblickte mich.
»Olda!« rief sie. »Bring mir Wasser!«
Nun kamen Vater und Eichkätzchen hervor. Sie war barfuß; bis heute noch sehe ich ihre Knöchel und Fußsohlen. Damals konnte ich weder sie noch ihn anschauen. Sie hatte derbe, große Hände, die wie bei einem Mann abgearbeitet waren, feste Fußrücken und fleischige Knöchel.
»Wo hast du das Wasser geholt, zum Donnerwetter? Aus Amerika?« schrie mich der Vater an. Er kam auf mich zu und verdeckte für einen Augenblick das Flimmern der Luft. Was er rief, war mir gleichgültig.
Der Sommer dieses Jahres endet an einem einzigen Tag. Über Nacht wurde das Land kühl. Der Fluß wirkt am Morgen fremd; in der Strömung bewegt sich faulendes Heu, das die die Furt überquerenden Leiterwagen verloren haben. Mir kommt es so vor, als ob ich plötzlich erwachsen

geworden bin. Diese Vorstellung erfüllt mich mit Trauer. Als die Glocken läuten, laufe ich zur Kirche. Am Sonntag versammeln sich alle aus unserem frommen Dorf in der Kirche. Die Orgel und der Weihrauch sind Töne und Wohlgeruch des Himmels. Im Himmel wird es auch so sein, denke ich mir. Mutter sitzt neben dem Vater auf der Eichenbank; jeder hat in der Kirche seinen eigenen Platz.

Der Vater bekreuzigt sich. Für die Andacht zieht er stets seinen schwarzen Anzug, die Weste und das schneeweiße Hemd an. Er ist so sonnenverbrannt, daß er über dem Hemdkragen schwarz ist. Die Mutter sieht schöner aus als selbst die Jungfrau Maria und als die heilige Theresia, schöner als die heilige Anna. Andere Statuen von Heiligen gibt es nicht in unserer Kirche. Wenn ich mich umdrehe, sehe ich die andern in den Bänken: Kadera, Vasak, Res, Cumat. Alle beten. Ich kann sie von meinem Platz vorne sehen; wir Kinder stehen zwischen dem Altar und der Kanzel; und rings um unsere Plätze ist ein Seil gespannt. Um die Mädchen ist kein Seil gespannt, nur um die Jungen. Es ist wie in einem Gefängnis. Es ist deshalb, damit wir keine Lumpereien machen. Aber auch in diesem ›Gefängnis‹ können wir Murmeln tauschen und Käfer auf den Boden setzen, die wir, trotz Verbots, in den Hosentaschen mitbringen. Jetzt wird das heilige Abendmahl verteilt, die Ministranten läuten schon. Wer das heilige Abendmahl empfängt, hat die Hände gefaltet und bereitet sich im Geiste vor, den Leib des Herrn zu empfangen. Die Finger des Pfarrers zittern. In einer Hand hält er die Hostie und in der anderen den Kelch. Er hebt die Hostie hoch, und wir schlagen uns an die Brust. Die Jungen machen es absichtlich kräftig, und es hört sich an, als hauten sie auf eine Trommel. Auch Eichkätzchen geht zum heiligen Abendmahl. Sie sieht in dem engen Kleid aus, als habe sie das Gewicht einer Tonne. Ich strecke meine Hand aus und hebe den roten Kokosläufer ein wenig hoch. Ich kann gerade noch das Ende des Läufers erreichen, der vom Altar bis hierher reicht. Ich hebe einen Zipfel wie eine Schlinge hoch, wie eine Falle für denjenigen, der beim Gehen nur auf den Altar schaut. Niemand hat meine schändliche Tat gesehen. Und schon halte ich die Hände wieder gefaltet. Eichkätzchen geht wie ein Klotz und sieht natürlich nicht die Falte im Läufer. Beinahe wäre sie gestolpert. Sie blickt auf und gibt Cumat eine Ohrfeige. Sogar ein doppelter Erfolg! Und sie könnte mit der Hand ein Kalb erschlagen. »Für was denn?« schreit Cumat in die Kirche. »Für was denn?« Ein lauter, irdischer Ausruf an diesem heiligen Ort. Ich hebe den Kopf, und auch der Herr Pfarrer blickt auf. Er macht ein strenges Gesicht. Aber schon ist der Kirchendiener da und gibt Cumat eine zweite Ohrfeige. In diesem Augenblick habe ich sicher die Hände andächtiger gefaltet als alle anderen.

Unsere Julina war keine Stute, sondern ein Engel; sie war nicht wie die anderen Pferde. Ihr müßtet die warme Weichheit ihres Felles, den salzigen Geruch ihrer Mähne, den geraden Rücken und die ruhigen, großen Augen kennen, um meine Bewunderung zu begreifen. Mein Vater schätzte die Stute wegen ihrer Arbeitskraft, ich dagegen liebte Julina.

Niemals bin ich ohne eine süße Mohrrübe zu ihr gegangen. Auch an diesem Morgen nicht. Eben begannen überall die Hähne zu krähen. Julina stand schon vor dem Haus, wobei das Haus im Vergleich zu ihr fast klein wirkte. Über die Giebel floß der helle Schimmer des Ostlichts auf die Stute. Sie stand vor dem Haus, ruhig, himmelhoch und falb. Sie drehte ihren großen Kopf nach mir, ihre Nüstern zitterten, weil sie schon die Mohrrübe roch. Ich streckte die Hand aus, und sie schnappte mit ihren seidigen Lefzen nach der Mohrrübe, wobei sie die Augenlider genießerisch zumachte. »Du naschhaftes Biest«, sagte ich zärtlich.

Der Vater warf die alte, dickhaarige Decke in den Wagen. »Wenn der Förster Julina nicht in den Stall nimmt«, sagte er, »dann decke sie für die Nacht zu. Vergiß nicht, sie mit der Decke zuzudecken!«

»Ja«, sagte ich. »Ich vergesse es nicht.«

Ich sah nach den anderen Häusern, ob auch schon die Tölpel Kadera & Co. abfuhren. Vorläufig war keiner zu sehen.

»Sie bekommt morgens und abends zwei Näpfe Hafer!« Der Vater sprach mit mir wie mit einem Idioten. Ich weiß nicht warum, immer war er der Meinung, daß ich alles verpatzte, was ich nur anfaßte.

»Hm.« Brummend gab ich zu verstehen, daß er sich die Ratschläge sparen könne. Er reagierte nicht darauf.

»Mittags gib ihr nur Heu, aber soviel Wasser, wie sie tinken will.«

»Hm.«

»Hörst du mir zu?«

»Ich höre zu.«

»Sieh ihre Hufeisen nach!« sagte er. »Prüfe, was sie für Eisen hat.«

Julina war wie ein Zirkuspferd; es genügte, ihr einen Finger auf das Bein zu legen, ein wenig oberhalb des Knies, und sie hob von allein den gewünschten Fuß. Für einen Augenblick hielt sie ihn hoch, damit man sehen konnte, in welchem Zustand sich das Hufeisen befand. Beim Hinterbein tat sie das nur ein wenig oberhalb der Erde, eigentlich stützte sie sich mit dem vorderen Hufrand, weil sie auf drei Beinen kein Gleichgewicht halten konnte.

Der Vater ging noch einmal ins Haus, um etwas zu holen. Mit einem Sprung war ich bei den Balken, wo ich abends immer stand, wenn die Mutter mich rief. Die Balken lagen vielleicht schon hundert Jahre dort; einer von ihnen war ganz ausgefault. Eben in diesen Balken griff ich hinein, bis zum Ellenbogen. Ich hatte dort am gestrigen Abend das gefundene Zigarettenetui versteckt. Jetzt ließ ich es schnell in die Tasche gleiten.

»Was hast du dir dort geholt?« Die Mutter stand schon in der Tür. Sie brachte mir ein Eßpaket.

»Nichts.« Es gibt Geheimnisse, die man auch der geliebten Mutter nicht mitteilen will. Sie schaute mich forschend an.

»Hier hast du noch einen Eimer zum Tränken«, sagte Vater und warf den Eimer in den Wagen. »Daß sie noch nicht kommen?« wunderte er sich. »Warum kommen sie nicht?«

»Ich warte auf sie oben hinter dem Dorf«, sagte ich. Das paßte mir in den Kram. Ich sah der Mutter an, daß sie nicht viel davon hielt. Es war ihr klar, daß ich auf niemanden warten würde. Ich sprang auf.

»Warte aber auch wirklich auf sie!« rief sie mir nach. »Fahre ihnen nicht weg!«
»Weißt du noch, wie du zu fahren hast?« fragte mein Vater, vielleicht schon zum achten Mal. Ich ahnte, daß er noch einige Male fragen würde.
»Aber ja!« antwortete ich ihm. »Hab' ich vielleicht kein Gehirn?« Er überhörte großzügig meinen Ton. »Gib acht auf die Stute!« sagte er. »Damit ihr nichts passiert, sonst ...«
Ich wußte sehr gut, was das ›sonst‹ bedeuten sollte.
»Gib auf *dich* acht, Olda«, rief die Mutter mir nach.
»Wenn du den Deutschen begegnest, dann sag, ›ich versteh nicht‹!« schrie noch der Vater. Aber da hielt ich schon die Pferdeleine in der Hand, schnalzte, und der Wagen setzte sich in Bewegung. Gott sei Dank! Ich war froh, daß ich wegfuhr, denn sonst hätten die Ermahnungen kein Ende genommen.
Die Eltern liefen mir ein wenig nach. Ich drehte mich um. »Und was passiert, wenn ich den Russen begegne?« fiel mir ein. »Was soll ich den Russen sagen?« rief ich dem Vater zu. Ich wußte, daß ich ihn damit in Verlegenheit brachte, weil er nicht ein einziges Wort Russisch konnte.
»Wenn du etwas anstellst!« drohte er hinter mir her. »Denk daran, wenn etwas passiert, dann bekommst du ...«
»Laß ihn«, hörte ich noch die Mutter sagen. »Ich bitte dich, laß ihn doch!« Ich stellte mich im Wagen auf, knallte mit der Peitsche. Noch einmal drehte ich mich um, um unser kalkweißes Haus zu sehen, aber heute, wenn ich daran zurückdenke, habe ich den Eindruck, daß ich dabei gar nichts empfunden habe: Mein Geburtshaus war doch kein ›Alter Bleichplatz‹*.
Der Kalk auf dem Tor warnte mit abschreckenden Buchstaben: TYPHUS!
Erst jetzt schaute ich mir die anderen Tore an, überall: TYPHUS!
TYPHUS! TYPHUS!
Alle hatten den Typhus bekommen. Unser ganzes Dorf war

* Anspielung auf das Geburtshaus in ›Babicka‹ (›Die Großmutter‹) von Bozena Nemcova, einem der bedetendsten Romane der tschechischen Literatur. (Anmerkung des Übersetzers.)

krank geworden. Die Tore wurden aufgemacht, und Pferde mit Wagen kamen heraus. Auf dem nächsten Wagen duckte sich Res. Er machte ein Gesicht, als wenn er begraben werden sollte. Er richtete sich erst auf, als er mich sah. Er hatte einen Hengst und einen Wallach eingespannt. Dünn wie bei einer Ziege waren die Rücken seiner Zugpferde, kaum daß sie laufen konnten. Der alte Res wurde der Pferdetod genannt. Der Hengst begrüßte unsere Julina laut. Und die antwortete ihm auch noch, die Blöde. Ihren Kopf drehte sie ihm sogar zu.

Res hatte sich wieder gefangen. Er drohte mir mit der Peitsche und zeigte mit der Faust unter das Kinn. Ich machte ihm eine lange Nase.

Auch sein Vater ermahnte ihn noch, so daß ich Julina zuschnalzen konnte, und so gewannen wir einen ganz hübschen Vorsprung. Ich kitzelte Julina ein wenig mit der Peitsche auf dem Rücken.

Julina, obwohl sie ganz schön dick ist, läuft leicht wie ein Reh. Es ist kein Trab, sondern ein Ballett. Ihr Rücken wallt, ihre Hüften bewegen sich. Sie spannt den Hals und hält die Nüstern hoch in der Luft, als wolle sie fliegen. Wir fahren zwischen den Scheunen, es ist eine wunderbare Fahrt. Jetzt kommt auch schon Cumat; es ist gut, daß ich sein Tor bereits passiert habe.

»Cumat, gaffe nicht so!« rufe ich. Er kann mich nicht erreichen, er muß langsam fahren, weil er hinter dem Wagen noch die Kühe festgebunden hat.

»Cumat, nimm doch noch die Ziege mit!« schreie ich. »Nimm noch die Ziege mit in den Wald!« Auch sein Vater droht mir. Er sagt noch etwas zu seinem Sohn, höchstwahrscheinlich, daß er mich verprügeln soll, falls er mich zu fassen kriegt. Alle Mitglieder der Cumat-Familie nehmen es mit Vorliebe mit den Schwächeren auf. Ich fliehe mit der Julina wie vor Indianern. Ich habe Angst, daß ein Rad abgeht und beuge mich über die Seitenwand, aber alles ist in bester Ordnung.

»Du brauchst keine Angst zu haben«, sage ich zu Julina. Ich spreche sehr oft mit Julina, und sie versteht mich. »Ich werd mich doch nicht mit den Trotteln jagen!«

Es scheint mir, daß jetzt nicht nur die Kanonen, sondern

auch Gewehre und Maschinenpistolen zu hören sind. Und oben brummt noch ein Flugzeug. Es ist eine dreimotorige Junkers. Die Flügel sind schwarz und der Rumpf ist bauchig. Ich habe keine Zeit, das Flugzeug zu beobachten; der Weg aus dem Dorf führt in Windungen nach oben, und wir fahren im Trab auch den Hügel hinauf. Julina hält viel aus. Es scheint, als geriete sie überhaupt nicht außer Atem. Auf dem Weg liegen dicke, gelbe Steine. Der Wagen stolpert darüber hinweg. Ich stehe immer noch im Wagen, drehe mich nach hinten. Die anderen haben wir abgehängt. In dieser frühen Stunde ist alles mit einem matten Weiß überzogen, der Bach dampft. Die Räder zerschneiden ihn, und das Wasser spritzt an beiden Wagenseiten hoch. Auf der linken Seite sind jetzt die Stationen des Kreuzweges und auf der rechten Seite das Weideland und eine ganze Reihe von Schobern zu sehen. Ich blicke hinüber, weil auch unser Schober dabei ist. Plötzlich fällt mir etwas ein. Ich ziehe an der Leine, sage hott und lenke den Wagen schnell zu den Schobern. Von den Jungen ist keiner zu sehen und zu hören. Ich fahre durch den dichtbelaubten Garten, fahre hinter den breitesten und höchsten Schober. Gerade der gehört uns. Hier hat sich das damals abgespielt.
»Prrr!« bringe ich die Stute zum Stehen.
Mit einem Sprung bin ich aus dem Wagen. Ich bremse, weil der Wagen am Abhang steht, und Julina hält ihn auch noch fest. Wir sind hinter dem Schober wunderbar versteckt. Erst jetzt höre ich die Karawane; es rasselt, als führen sie mit uralten Wagen, und sie schreien wie die Türken. Wenn hinter den Bergen tatsächlich schon die Russen sind, dann werden sie genug davon hören. Ich gehe nach vorne zu Julina, ziehe ihre Nase am Mundstück des Zaumes heran; sie muß ihren Kopf senken, und ich halte ihre Nüstern mit den Handflächen zu.
»Daß du dem Aas nicht antwortest!«
Res fährt schon vorbei. Sein Hengst wittert uns und wiehert, klirrt mit dem Zaum und tobt, als wenn er noch nie in seinem Leben eine Stute gesehen hätte. Ich hab' zu tun, um Julina festzuhalten. Sie möchte ihm gerne antworten, nur gut, daß ich noch eine Mohrrübe bei mir habe.

Hinter Res fährt Cumat mit den angebundenen Kühen. Die Kühe müssen traben. Wenn das der alte Cumat sehen könnte, würde ihn der Schlag treffen. Durch den Trab verlieren die Kühe ihre Milch.
Erst dann fährt Vasak vorbei und hinter ihm Josef. Alle haben zwei Pferde, nur Kadera hat drei. Das dritte Pferd ist hinten am Wagen angebunden.
Ich füttere Julina mit der Mohrrübe so lange, bis alle vorbeigefahren sind. Dann gehe ich zum Wagen. Mal sehen, was mir die Mutter zu essen mitgegeben hat! Brot, Buchteln und Fleisch. Ich schaue es mir nur so aus Neugierde an. Die Milchkanne ist kühl; sie steht auch immer im Keller. Das Tuch mit dem Brot mache ich gleich wieder zu. Ich hab' keinen Hunger. Die Kanne nehme ich in die Hände, nehme den Blechdeckel ab und trinke einen Schluck Milch. Ich setze mich ins Stroh und beobachte das Flugzeug. Ich beobachte auch die Jungen, sehe sie immer noch, aber sie werden rasch kleiner und kleiner, so, als wäre dort in der Ferne ein Sumpf, der sie mit Pferd und Wagen aufsaugt: zuerst bis zu den Wagenrädern und bis zu den Knien, dann bis zur Hüfte und bis zum Rücken der Pferde und schließlich bis zu den Schultern und den Pferdeköpfen. Dann sehe ich sie nicht mehr und stehe auf. Auch als ich auf den Wagen klettere, sehe ich sie nicht mehr. Mir fällt ein, was ich nun unternehmen könnte. Eigentlich habe ich schon daran gedacht, als ich von zu Hause wegfuhr. Ich binde Julina kurz an, machte ihr einen Seitenriemen frei, damit sie mit dem Wagen nicht hin und her zerrt, und sage ihr drohend: »Nicht daß du hier tobst!« Sie bewegt ihre Augenlider. Manchmal blickt sie wie ein Mensch und nicht wie ein Tier. Ich laufe zurück zu den Häusern des Dorfes. In der Hand halte ich die Milchkanne. Ich laufe den kürzesten Weg. Eine Katze springt ins Gebüsch. Ich habe keine Zeit für sie. Ich hab' keine Zeit für Dummheiten, ich habe es eilig. Erstens, weil es Krieg ist, und zweitens, weil ich zu den kleinen Hunden laufe. Ich hab' auch keine Lust, über Steine zu springen, wie ich es sonst tue. Trotzdem bleibe ich plötzlich stehen. Von hier aus kann ich den Feldweg vor dem Gut, das gestern der Deutsche Singer verlassen hat, überblicken. Beinahe alle Dorfbewoh-

ner stehen auf diesem Weg. Die Kanonen und die Maschinenpistolen sind noch stärker zu hören. Aber zwischen den Baumreihen an der Kapelle ist großer Andrang. Ein Teil der Menschen läuft in Richtung Dorf, ein Teil zum Großgrundbesitz. Ich stehe hier trotz aller Eile mit offenem Mund, bis ich begreife, daß hier alle mitnehmen, was mitzunehmen geht.
Der Maurermeister Petrzela fehlt bei dieser Gelegenheit natürlich auch nicht. Mit einem Handwagen fährt er kleine Balken weg; er kann alles brauchen. Bertina schiebt hinten. Sie ist stark, sie könnte die Ladung mit dem Vater dazu wegziehen. Alles rollt und bewegt sich im gehörigen Tempo. Der Eisenbahner Slejha, der dünn ist wie eine Haselrute, fährt in seiner Schubkarre gleich drei Säcke Getreide auf einmal weg. Wo nimmt so ein Mensch plötzlich diese Kraft her? Sonst hätte er nicht eine vollbeladene Schubkarre von der Stelle gebracht. Damals waren es, wie ich später erfuhr, sogar sechs volle Fuhren. Und Andula schleppt ein Pferdegeschirr und mehrere leere Körbe, und seine Frau einen Lehnstuhl.
Der Lehrer und seine ganze Familie transportierten ein Klavier. Auch die ganz Frommen machten mit. Wie immer waren sie besonders fleißig. Die Prozession der Stühle, Matratzen, der Tische, Kisten und Säcke wälzte den Staub des Weges hoch, der die Gesichter meiner Mitbürger mit einer zartgrauen Wolke umhüllte. Als wären alle von irgendwelchem unbekanntem Zwang erfaßt worden: plötzlich vergaßen sie die Grundsätze ihres Lebens. An diesem Morgen nahm etwas Fanatisches, Gespenstisches von ihnen Besitz. Ich werde sie für immer so sehen.
Ich trank aus der Milchkanne noch etwas Milch. Die Gestalten bewegten sich ständig, krampfhaft eilig; aber als ich länger hinschaute, sah der Strom der Diebe komisch aus.

Ich ging mit ihnen einmal in einer Prozession, um den Herrn um Regen zu bitten. Alle dachten dabei an Gott. Sie schauten flehend zum Himmel, der ausgetrocknet glühte wie in der Sahara. Sie sangen ein Bittlied, das wie Klagen und Weinen klang. Sie bekreuzigten sich und trugen kirchliche Fahnen, Kreuze und die Bilder der Patrone vor sich her. Eine

Glocke ertönte. Die Landschaft rings um das Dorf war ausgetrocknet, voller Risse. Das Getreide stand niedrig und dünn. Durch die Halme war die Erde zu sehen, und die Sonne hörte nicht für einen einzigen Augenblick auf, den Boden zu verbrennen. Auch die Nacht brachte keinen Tau mit. Die alten Frauen trugen Rosenkränze in den Händen.
»Vom Teufel, der Trockenheit, von ewiger Verdammnis, der Versuchung, der Unzucht und vom Haß sowie vom bösen Willen befreie uns, o Herr!« betete der Pfarrer laut vor.
Ich knie neben der Mutter. Vater kniet in seinem schwarzen Feiertagsanzug. An den Knien klebt Staub. Alle knien. Die Litanei wird inbrünstig nachgeleiert. Und zwischen schrumpfigen Fingern gleiten die Kugeln des Rosenkranzes. Ich sehe die Gesichter. Auch Vitlich kniet. Und neben ihm kniet seine Frau. Sie ist schwarz wie eine Zigeunerin. Sie ist die einzige, welche die Lippen nicht bewegt. Aber sie kniet und stützt ihren Kopf auf Vitlichs Schulter. Dann zünden die Menschen die Kerzen an. Jeder trägt eine Kerze. Der Pfarrer steht aufrecht. Seine Hände sind gefaltet, sein schmales Gesicht ist dem ausgetrockneten Himmel zugewandt, er betet laut vor. Der Himmel möge den Gerechten den Tau und Wolken mit Feuchtigkeit senden. Der Himmel möge sich öffnen und den Erlöser senden ...
Vater kriecht auf den Knien mit der Kerze zum Feldkreuz.
Auch Kadera zündet eine Kerze an. Aber er geht aufrecht zum Kreuz, und hinter ihm gehen Cumat, Res und Vasak. Ihre Kerzen sind groß und mit prächtigen Wachsblumen verziert, es sind teure Kerzen. Sie knien auf ihrem ausgebreiteten Taschentuch, aber nur mit einem Knie. Am Feldkreuz brennen an hundert Kerzen. Das Land, der Himmel, die Sonne glühen. Das Wachs zerläuft. Es fließt über die heiligen Initialbuchstaben INRI und auf die Füße des Gekreuzigten. Ich klammere mich an die Mutter, und sie sagt: »Bete! Bete, der Herrgott schaut zu!«

Nun können diese frommen Menschen nicht alles schleppen, was sie von dem Gut mitnehmen wollen. Sie gehen bucklig unter dem Gewicht von Bottichen, Fässern, Geschirr, Handwerkszeug. Eine Nachbarin schleppt sogar die Waage mit dem Meßgerät aus Singers Badezimmer. Ein anderer hat die überflüssigen Stöcke von der Wand genommen. Nicht einmal die Lampen und die ausgehängten Fensterrahmen sind vergessen worden. Das allen bekannte Kerzenweib schiebt einen Kinderwagen ohne Boden vor sich her, verliert eine Reihe von blechernen Nachttöpfen, Blechtöpfe fallen auf den Weg. Eine Familie hat einen riesigen Schrank mitgenommen. Sie haben ihn nur lose auf den Wagen gepackt; er schaukelt hin und her. Die Frau stützt ihn, aber das Möbelstück ist zu schwer, es neigt sich zur Seite und öffnet sich, wobei mehrere Schubladen herausfallen. Jemand stolpert über eine Schublade und schimpft. Die Frau ist unglücklich; der Mann tobt und hat große Lust, ihr eine Ohrfeige zu geben, man sieht es ihm an. Beide bücken sich nach den Schubladen, aber hinter ihnen überschlägt sich der Schrank, weil der Handwagen leicht und winzig klein im Vergleich zu dem massiven Schrank ist. Der Schrank fällt...

Ich höre auf, sie zu beobachten.

Hinter den blauen Hügeln im Süden donnern die Kanonen. Es hört sich an wie Fässergepolter. Der Himmel ist klar und tief. Das Flugzeug fliegt sehr hoch. Die Maschinenpistolen und Gewehre sind noch deutlicher zu hören. Auf dem Weg nehme ich keine Gesichter, sondern nur Beine wahr. Es sind die Beine unseres geliebten Dorfes, die Beine der geliebten Mitbürger.

Ich erinnere mich, wie bei uns in der Küche Vitlich mit seiner Frau gesessen hat. Ihre Finger waren krampfhaft ineinander verflochten. Vitlich hielt seinen Hut in der Hand.

»Ich würde dir, Zyrill, das Geld gerne leihen«, sagte damals mein Vater zu ihm und machte dabei ein wehmütiges Gesicht, als wolle er ihm das Geld tatsächlich gerne leihen. »Ich möchte gern ... aber ich weiß selbst nicht, wie ich nach der diesjährigen Trockenheit die Steuern bezahlen soll ...«

Vitlich blinzelte mit den Augen. Längere Zeit war es still, dann sah Vater, daß ich an der Wand lehnte und hörte, was ich nicht hören sollte. »Geh in den Stall!« befahl er mir. »Das sind keine Reden für dich! Du kannst zählen, wieviel Roßhaare eine Stute hat!«

»Oldrich, um Gottes willen, könntest du wirklich nicht . . .?« hörte ich in der Diele noch Vitlich sagen. Ich blieb selbstverständlich stehen, um zu horchen. Auch die Tür habe ich halb offengelassen.
»Kadera bringt mich unter den Hammer, wenn ich bei ihm die Schulden nicht bezahle. Jetzt bekommt er meine Wiese für ein paar Heller . . . Und alles!«
Jemand schlug von innen die Tür heftig zu, wahrscheinlich die Mutter. Ich habe schon nichts mehr gehört. Erst im Bett habe ich wieder etwas gehört, als ich so tat, als ob ich schon schliefe.
Die Mutter: »Du solltest Vitlich etwas Geld borgen. Was soll er sonst tun?«
Der Vater: »Ich hab' selbst zu tun. Hab' ich vielleicht eine Sparkasse?«
Die Mutter: »Seine Frau ist krank. Sie müßte ins Krankenhaus. Um Gottes willen, ist das ein Leben!« Die Mutter weinte. Ich hörte sie weinen in der Dunkelheit.
Aber Kadera lacht über das ganze Gesicht. Es ist ein Herbsttag voll dünner, wechselnder Sonne.
»Zwanzig Kronen!« ruft er dem Notar zu.
Die Versteigerung läuft. Sie wird auf Vitlichs Hof veranstaltet; es wird Vitlichs ganze Habe versteigert. Im Haus und hinterm Zaun stehen viele neugierige Leute.
»Zwanzig zum ersten, zum zweiten . . . zum dritten Mal!«
Sie reichen Kadera den Tisch, die alten Stühle, die Hocker und den niedrigen Schemel. Er zeigt, sie sollen alles über den Zaun werfen. Dort warten sein Knecht und der Leiterwagen. Der Knecht zerschlägt die ersteigerten Möbel mit dem Beil und wirft das Holz stückweise auf den Wagen. Das ist keine amtliche Handlung mehr, sondern öffentlicher Hohn. Kadera rächt sich an Vitlich. Sie haben sich nie gemocht, die beiden, obwohl sie eigentlich Vettern sind. Aber gewiß sind sie nur entfernt miteinander verwandt, denn Zyrill Vitlich ähnelt dem aufgeblasenen Kadera überhaupt nicht.
Sie führen Vitlichs mageres Pferd aus dem Stall. Zyrill und seine Frau stehen an der Wand und lassen die Hände hängen.
»Der Anfangspreis ist fünftausend«, sagt der Notar.

»Fünftausendeinhundert«, ruft Kadera. »Das Pferd ist nur für die Wurst gut!« ruft er lachend. Jemand lacht tatsächlich. Damals kam durch die Menschenmenge auch mein Vater nach vorn und hob schnell die Hand. Trotz aller Freundschaft zu Vitlich wollte auch er sich billig bereichern. »Fünftausendzweihundert!« rief er laut.

Alle drehten sich nach ihm um. Auch ich, er sah mich aber nicht. Ich sehe ihn bis heute noch, wie er da mit der erhobenen Hand steht; Vitlich schaute er nicht an, er sah nur sein Pferd. Es war, geschäftlich gesehen, wahrscheinlich ein günstiger Kauf.

Kadera war sehr ruhig. »Sechs«, sagte er kurz und bündig. Er schaute meinen Vater spöttisch an. Nun lachten die Bauern über meinen Vater, über seine Niederlage.

Vitlichs Frau stand nicht mehr an der Wand. Niemand hatte gesehen, wann sie weggegangen war. Nun aber schrie jemand: »Zyrill, deine Frau hat sich erhängt!«

Alle liefen schnell zum grünen Nußbaum hinter dem Haus. Nur der Notar blieb zwischen all dem Gerümpel zurück. Er nahm mit leichter Bewegung die Brille mit dünnem Drahtgestell ab und reinigte sie mit einem Tuch. Er hatte ein feines Gesicht und ekelte sich ein wenig vor allem. Vor seinen Füßen gackerten fünf Hennen, die zusammengebunden waren, und in einem Korb hockten die Kaninchen. Der Kreis aus Menschenleibern im Garten öffnete sich. Die Frau lag auf dem Boden, und Vitlich kniete neben ihr. Auf einmal entstand eine bedrückende Stille, keiner bewegte sich.

Ich kann mich bis heute erinnern, daß sehr hoch in der Luft viele Herbstgänse flogen. Ihre langen Hälse waren ausgestreckt und sie hielten sich in einer regelmäßigen Formation hinter dem Gänserich. Sie flogen zum Fluß und zu den blauen Hügeln des Südens.

Und dann kam das Begräbnis. Die vierte Begräbnisklasse verfügt über keinen schwarz-goldenen Wagen, sondern nur über einen Leiterwagen. Auf den Brettern liegt ein schwarzes Tuch. Der Sarg ist mit Seilen befestigt. Unsere Julina zieht den Wagen; ich gehe neben der Stute, halte sie am Zaum und führe sie am Kreuzweg vorbei den Hügel hinauf. Hinter dem Sarg gehen alle, die sie in das Grab gebracht haben. Das Loch ist an der Mauer ausgehoben; die grelle, gelbe Farbe des Schotterhaufens leuchtet. Alle Toten aus unserem Dorf liegen in dem Felsen, und auf der Brust tragen sie drei Kubikmeter Steine. Selbstmörder werden auf dem letzten Weg von keinem Pfarrer begleitet. Die anderen verlassen den Trauerzug schon am Friedhofstor. Ich stehe draußen bei der Stute, kann aber bis zum Grab sehen. Vitlich dreht sich um, reicht keinem die Hand, auch meinem Vater nicht. Er übersieht ihn. Diesen Winter gab es sehr viel blauen Schnee, es war so kalt, daß viele Vögel erfroren. Wir hatten unter dem Telegrafenmast schon mehrere gefunden; der Schnee deckte sie zu. Die ganze Woche von Neujahr bis zum Dreikönigstag und auch an diesem Tag lag eine eisige, dünne Schneeschicht. Ich hatte einen gestärkten Unterrock meiner Mutter angezogen. Über die Schulter hing mir ein Bettlaken. Auf den Kopf setzte ich eine Papierkrone, die mit goldenen Sternen beklebt war. Das Gesicht war mit Ofenruß geschwärzt. Ich spielte den Mohrenkönig. An einem Draht trugen wir eine Büchse mit brennenden Getreidehülsen, die mit Wagenschmiere beschmiert worden waren, damit es wie Weihrauch räucherte. Wir zogen an der Rübenwaage vorbei. »Jungs!« schrie Res plötzlich auf. »Vitlich!« Zyrill lag im Schnee, bewegte sich nicht. Sein Mantel und Sweater waren bis zu den Schultern hochgerutscht, an einer Stelle war sein Körper ganz nackt.

Die andern rissen sofort aus, weil sie dachten, Vitlich sei tot. »Lauf weg!« schrien sie. »Kleiner, lauf weg!«

Man konnte auch vor ihm Angst bekommen; im Gesicht klebte Blut, die Augen waren zu. Daneben, im Schnee, stand eine Flasche. Ich stellte die Büchse mit dem Weihrauch ab. Der Wind trieb ihm den Rauch ins Gesicht. Zuerst zuckte er mit der Nase, schneuzte sich. Es hörte sich an, als wolle er pfeifen. »Herr Vitlich«, sagte ich. Damals sprach ich ihn noch nicht mit Zyrill an. Ich hatte Angst, ihn zu berühren, aber ich schüttelte ihn doch. »Herr Vitlich!« Er nieste, richtete sich auf und griff mit nackten Händen in den Schnee, denn er trug keine Handschuhe. Auf einmal riß er die Augen auf, schaute in mein schwarzes Gesicht und blinzelte. Er machte die Augen zu und wieder auf. Er dachte sicher, er träume. Er schaute sich um, um zu sehen, wo er sich befinde. Er sah meine Krone und spuckte aus. »Wer bist du, du Tölpel, ein König oder ein Schornsteinfeger?« fragte er.

»Stehen Sie auf«, sagte ich. »Stehen Sie auf. Oder Sie erfrieren.«

Nun bin ich hinter der Waage, laufe hinter dem Garten, dort, wo die Wiese und die kleinen Weiden und die drei Trauerweiden sind. Sie sind sehr schön und erinnern an menschliche Gestalten. Jetzt stehen die Deutschen dort. Sie haben zwei Lastwagen und zwei Kanonen mit dünnen, langen Läufen. Die Soldaten graben sich ein. Eine Kanone hängen sie ab und schieben sie zwischen die dichtbelaubten Weiden. Sicher wollen sie den Zugang zum Dorf verteidigen. An den Sträuchern lehnen zwei Fahrräder, die ich kenne. Ich schaue mich um, und hinter einem Militärlastwagen sehe ich Kadera und Cumat. Auch ein Deutscher, ein Offizier, ist zu sehen. Er trägt eine Pistolentasche an der Hüfte. Alle drei diskutieren lebhaft, Kadera und Cumat sprechen deutsch ungefähr so wie ich abessinisch, nämlich gar nicht. Ich kann sie nicht hören, ich kann sie nur sehen. Die Soldaten haben die Kanone schon in Stellung gebracht; der Lauf hebt sich gegen den Himmel ab. Sie decken die Kanone mit einem Tarnnetz zu. Kadera nimmt unter dem Mantel mehrere große, volle Flaschen hervor. Er schaut sich um, ob ihn auch wirklich keiner sieht. Er glaubt, daß keiner ihn sieht. Mich sieht er nicht. Auch Cumat zieht Schnapsflaschen hervor. Und er hat eine Tasche voll Wurst. Es ist klar, daß sie etwas erreichen wollen. Sie versuchen, die Soldaten zu bestechen. Der Offizier zögert. Er zuckt immer noch mit den Schultern. Kadera zeigt immer irgendwohin zur Landstraße, irgendwohin hinter den Wald. Der Offizier studiert die Landkarte. Dann nimmt er alles, was sie ihm anbieten. Die Flaschen stopft er in eine Tasche, macht sie zu und legt sie ins Fahrerhäuschen des Lastwagens. Er pfeift und gibt scharfe Befehle. Die Soldaten sind erstaunt. Der Krieg interessiert sie nicht mehr als notwendig. Sie lassen den Kanonenlauf wieder herunter, fangen an, die Kanonen hinter die Autos zu spannen und bereiten sich vor, unser Dorf zu verlassen. Der Offizier

ist mit Fleisch und Schnaps bestochen worden, die Kanonen erst im nächsten Dorf aufzustellen. Ich muß mich ducken, weil Kadera und Cumat zu den Fahrrädern gehen. Sie könnten mich sehen. Sie haben es eilig, ständig schauen sie sich um, sie möchten nicht erkannt werden. Ich schlage Haken durch das Gebüsch und zwischen den Bäumen.
Als ich mich umdrehe, sehe ich, daß die Militärfahrzeuge tatsächlich wegfahren, und die Kanonen hinter ihnen hopsen auf den Gummireifen.
Ich laufe zu Vitlichs Häuschen. Isa bellt schon von weitem. Sie springt auf den Zaun. Ich pfeife das Hundesignal, und sie hört auf zu toben. Die Fenster und die Tür des Hauses sind wieder verschlossen. Ich öffne das Pförtchen. »Zyrill!« rufe ich in die Stille. Den Baum, an dessen Ästen sich seine Frau erhängte, schaue ich nicht an. Mir schnürt sich die Kehle zu. »Zyrill!«
Ich sehe zum Häuschen, während ich rückwärts zum Dachvorsprung, zu den kleinen Hunden gehe. Ich ziehe den Korken der Milchkanne mit den Zähnen heraus und gieße ihnen ein wenig Milch in die Schale. Sie schnüffeln, kriechen übereinander; Isa knurrt sie an und springt mir bis zu den Schultern empor.
»Laß das, du Ziege«, sage ich. »Hast du nichts gefressen?«
»Sie hat gefressen«, sagt plötzlich Vitlich. Er steht hinter meinem Rücken am Zaun. Er muß gerade gekommen sein. Vitlich taucht immer wie aus dem Boden gestampft auf. Ich kann nicht begreifen, daß ich ihn nicht gehört habe.
»Daß dir keiner mit der Stute wegfährt«, sagt er. Er weiß also, daß die Stute mit dem Wagen hinterm Schober steht. Vitlich weiß alles. »Du weißt doch, was dein Vater mit dir machen wird, wenn dir jemand mit der Stute wegfährt?« Erneut schneuzt er sich. »Der Schlag würde ihn treffen!«
Ich sah Vitlich zu. Er beugte sich zu den kleinen Hunden hinunter, kraulte mit der Handfläche unter ihren Bäuchen, drehte sie auf den Rücken und spielte mit ihnen, war aber mit seinen Gedanken ganz woanders, das merkte ich.
»Es fliegt nicht mehr«, sagte er und wandte die Augen dem Himmel zu. »Die Brücke ist nicht mehr so wichtig. Es ist weiter zum Wasser geflogen.«

Mir war es gar nicht aufgefallen, daß ich das Flugzeug tatsächlich nicht mehr hörte. Der Himmel war klar, makellos und blendend hell. Nur die Stimmen der Vögel waren zu hören. Als wenn dies das Paradies auf Erden wäre und überall Friede. Wie Vitlich hier so stand, ein wenig breitbeinig – er hatte einen kurzen, dreiviertellangen Mantel mit abgerissenen Knöpfen an –, erblickte ich unter seinem Mantel den kurzen Lauf einer umgehängten Maschinenpistole. Es war das Modell, das die Deutschen benutzten. Er sah, daß ich seine Waffe anschaute.

»Zyrill, warst du in den Weiden?« fragte ich ihn. »Beim Motorrad?« Seine linke Wange zuckte. Auch seine Augenlider zitterten. Die Ränder unter den Augen waren wohl deshalb so tief, weil er die ganze Nacht nicht geschlafen hatte. Er schneuzte sich; mit der Hand wischte er unter der Nase her. »Was habe ich dir gesagt? Du sollst dich beeilen, nicht wahr?« Er schneuzte in den Rasen. Es klang wie eine Sirene. Und wieder blinzelte er, als sei ihm eine Fliege ins Auge geflogen.

»Hörst du etwas . . .?« Er legte seinen Kopf zur Seite, als könne er nur auf einem Ohr gut hören. Wenn ich angestrengt horchte, machte ich immer unwillkürlich den Mund auf.

»Nein«, sagte ich. »Was ist?«

Er räusperte sich und hustete und spuckte auf den Rasen. »Glaubst du, daß die kleinen Hunde ohne dich eingehen? Wenn dein Vater sehen würde, wie du die Stute bewachst, würde er dir eine gehörige Tracht Prügel verabreichen. Und was für eine!« Er blieb stehen. »Warte«, sagte er. »Hörst du jetzt etwas?«

»Nein.«

»Überhaupt nichts?«

»Nichts.«

»Sie haben aufgehört zu schießen«, sagte er. »Hörst du von der Landstraße her Motorengeräusche?«

»Ich höre nichts.«

»Hau ab«, sagte er. »Sie sind schon weg, Olin. Die Deutschen sind schon weg!«

Sein Mund blieb offen; Vitlich stand in Lauerstellung, als wenn er das, was er sprach, mit dem Gehör überprüfe.

»Die sind wir los, und dann kommen die Russen. Sie werden sehr bald hier sein.«
»Zyrill«, sagte ich. Erst jetzt fing ich davon an, weshalb ich eigentlich hierhergekommen war. »Kannst du mir die Isa ausborgen? Für den Wald, ja?«
Erneut wurde ihm bewußt, daß ich hier vor ihm stand. Jetzt lachte er auf; er wechselte seine Miene schnell und krampfhaft. »Hast du Angst?«
»Nein.«
»Ein wenig, nicht wahr?«
Vitlich gestand ich erstaunlicherweise alles aufrichtiger als meinen Eltern. »Hm.«
»Isa!« rief er. »Lauf mit Olin!«
»Ich danke dir, Zyrill«, sagte ich. »Ich danke dir.«
Ich lief durch das Pförtchen hinaus und schloß es wieder hinter mir. Ich lief am Zaun entlang. Auf einmal hatte ich tatsächlich Angst, ob Julina nichts zugestoßen war. Die Stille in der Landschaft beruhigte mich nicht.
»Oda!« rief er noch hinter mir. »Olin!«
Ich blieb stehen und drehte mich um. Für einen Augenblick schauten wir uns an. »Gib auf dich acht, Olin«, sagte er. »Damit dir nichts passiert.«
Ich erinnere mich, daß er das ungewöhnlich zärtlich gesagt hat.

5

Die Tauben.
Was ich in der Kirche fand.
Die vernichtete Brücke.
Die Jungen umzingeln mich.
Das Fangspiel und die Flugzeuge.
Sieg und Rache.
Die Rauferei.
Ich habe Angst, getötet zu werden.
Meine Mutter singt im Wald.
Firmung.

Die Morgendämmerung färbte alles blau und weiß. Die Luft an diesem Tag war schon seit dem Tagesanbruch warm, nur der Wagenbeschlag, den ich ab und zu bei der Lockerung der Bremse und den schaukelnden Bewegungen der Räder berührt hatte, war noch kalt und mit nächtlichem klebrigem Tau bedeckt. Das Gras, die Baumrinde und die Erde dufteten würzig. Ich bin an diesem heiligen, stillen Morgen allein gefahren. Die Tölpel waren schon wer weiß wo im Wolkenkuckucksheim, ich habe niemanden von ihnen gesehen. Auch wenn ich mich oben auf den Wagen stellte, auf das querliegende Brett, das Vater an Stelle des Kutschbocks benutzte, sah ich keinen ihrer Wagen. Auch nicht Cumat mit den Kühen. Julina ging in würdigem Schritt, der Krieg beunruhigte sie nicht im geringsten. Ich kitzelte sie mit der Pferdeleine auf dem Rücken; ein Riemen verfing sich in einem Häkchen des Rückengeschirrs. Ich kletterte ruhig während der Fahr auf die Deichsel, hielt mich an dem schaukelnden Pferd fest, machte die Pferdeleine frei und setzte mich wieder auf das Brett. Ich brauchte überhaupt nichts zu sagen und zu tun. Auf Feldwegen ging Julina so lange in ihrem wiegenden Trott, bis man sagte, sie solle stehenbleiben; hinter ihrem breiten Hinterteil konnte man sogar ruhig schlafen. Aber ich wollte nicht schlafen. Ich drehte meine Augen zum Himmel, das Flugzeug war wirklich weg. Vitlichs Hündin lief rund um den Wagen, zeitweilig schnüf-

felte sie mit ihrer Nase an den Kaninchenlöchern. Ich wollte mich in dieser Einsamkeit mit jemandem unterhalten.
»Isa, spring auf!« Sie zögerte einen Augenblick, ängstlich, auch als ich sie mit Schnalzen aufmunterte. Dann stieß sie sich plötzlich ab und landete mit allen vieren im Leiterwagen; sie bellte auf, schüttelte sich, trat nur vorsichtig in dem fahrenden Wagen auf und schnüffelte mißtrauisch an den Brettern, als hätte sie Angst, daß die dicken Bohlen unter ihr durchbrächen. Sie kam zu mir und stieß mich an die Hüfte. Ich kraulte Isa hinterm Kopf. Ich nahm eine Speckgriebe heraus und steckte sie ihr ins Maul. Isa würde sicher einen ganzen Sack Speckgrieben auffressen. Ich gab ihr ein paar und sie nahm sie zart von meiner Handfläche. »Fang eine Maus!« schlug ich ihr vor. Ich zeigte dabei auf das Feld, wo viele Mäuse herumliefen. Es war ein Kleefeld. Sie verstand meine Bewegung als einen Befehl, auf die Erde zurückzukehren und sprang vom Wagen. Aber sie lief ratlos am Feldrand entlang. Wenn Isa in ihrem Leben eine einzige Maus gefangen hat, dann war das viel. Aber da näherten wir uns schon der Anhöhe, und der Kirchturm auf dem Hügel strahlte vor uns wie ein Leuchtturm.
Isa sprang für weitere Speckgrieben auf den Wagen und wieder herunter, es erinnerte an die Dressur eines Zirkustieres. Zyrill Vitlich brachte Isa viele Stückchen bei. Ich hielt die Pferdeleine ein wenig fester und zog sie leicht an. Schon blieb Julina stehen. Von dieser Stelle aus war unser Turm am schönsten. Er war uralt, herrlich verwittert, und die Steine waren an den Rändern wie abgefressen. Ich hätte alle Steinquader vom Fuß des Turmes bis zum Kuppelsims zählen mögen. Das Gebäude sah aus, als wäre es gleichzeitig mit der Landschaft entstanden. Ich weiß nicht, warum ich während meiner ganzen Kindheit so gerne diesen Turm angeschaut habe. Die Größe beeindruckte mich.
Als ich unter dem Turm stehe, vergesse ich sofort den Krieg und pfeife den Wänden entgegen. Ich pfeife einige Male kurz und scharf, der Ton prallt an die Wand, gleitet über das Dach, die Kuppel und die kleinen Dächer und zerschellt in ein mehrfaches Echo. Aus den Fenstern fliegen aufgeschreckte Tauben in die Luft. Der Himmel ist voll von ih-

nen. Sie starten oben auf dem Blechsims, ich erkenne die senkrechte Stellung ihrer Flügel; der Himmel hat sich in einen taubengrauen Perlmutterhimmel verwandelt. Im Winter war es so kalt, daß die Tauben tot herunterfielen. Wir sind früh in die Kirche gegangen; es lagen mehrere Tauben vor der Steinschwelle, und der Kirchendiener hielt eine am Flügelende fest: »Der Frost ist für die Gift«, sagte er. »Bis zum Frühjahr bleibt kaum die Hälfte übrig!«

Aber jetzt sehen sie schön aus. Sie fliegen in sanften Kurven um den Turm herum. Sie fliegen zusammen und gleich darauf wieder auseinander. Es sind die wilden Tauben, die im April am ausgelassensten sind. Ich sitze auf dem Wagen, sehe ihre kleinen Körper, die zwischen den Flügeln hängen – handgroß. Plötzlich gehen sie auf ein braunes Ackerfeld nieder. Das Tor der Kirche ist sperrangelweit offen.

»Du bleibst hier stehen«, sage ich zu Julina und springe vom Kutschbock herunter. »Isa, komm mit!« Rings um das Kirchentor liegt viel Stroh herum. Gestern war das Stroh noch nicht hier; ich weiß nicht, wer es hergebracht hat. Es ist sehr viel, ganze Bündel liegen da; ich habe ein wenig Angst. Aber die Neugierde treibt mich voran. Ich horche aufmerksam, aber es herrscht vollkommene Stille. Auch innerhalb der Kirche liegt viel Stroh, ich kann schon hineinsehen. Ich nähere mich vorsichtig der Schwelle. »Isa, geh! Geh zuerst!« Sie macht selbstverständlich keinen Schritt weiter, sie bleibt bei mir stehen und reibt sich mit ihrem Fell an meiner Hose. Ich gehe Schritt für Schritt weiter. Die Kirche ist leer, kühl, still; die Strohhalme rascheln unter meinen Schuhsohlen, das Stroh liegt auf beiden Seiten, einige Bänke sind umgestürzt; es sieht aus, als hätten hier in der Nacht die Soldaten geschlafen. Ich hebe eine Gasmaskenbüchse auf. Ich habe vergessen, mich zu bekreuzigen. Aber hier sieht es jetzt nicht wie in einer Kirche aus, sondern wie in einer Scheune. Ich erinnere mich an die Sonntagsmesse und in den Ohren klingt mir noch der Choral Svaty Vaclave*; dieses Lied singen alle. Auch die Mutter. Die Orgel spielt laut dazu.

* Das Kirchenlied› Heiliger Wenzel‹; es wird besonders in Zeiten der Not gesungen.

Jetzt wate ich durch die niedergedrückten Strohbündel. Ich hebe eine andere Büchse auf, in der noch die Gasmaske ist. Eine Gasmaske habe ich noch nie in der Hand gehabt. Sie hat einen gegliederten Rüssel, und natürlich will ich sie mir überziehen. Es dauert einen Augenblick, bis ich darauf komme, wie man sie aufsetzt. Ich muß den Kopf durch die Gummiriemen stecken, die mir das Genick umklammern. Nun sitzt sie auf meinem Gesicht. Ich schaue durch die gelben Gläser. Aber sie beschlagen gleich, und ich sehe nichts mehr. Ich muß die Gasmaske wieder herunterreißen, weil ich nicht atmen kann. Aber ich werfe sie nicht weg, sondern lege sie zur Seite; ich möchte sie nämlich mit in den Wald nehmen. Ich finde noch alte, zerrissene Schuhe. Die kann ich nicht gebrauchen, trete mit dem Fuß dagegen und lasse sie liegen. Die Soldaten haben die Tür zur Sakristei aufgebrochen, die Schubladen dort gewaltsam geöffnet und die Ornate des Pfarrers auf den Steinfußboden geworfen. Ein Fenster schlägt wegen des Durchzugs, ich fahre herum, und Isa fängt an zu bellen, was mich am meisten erschreckt. Alles schallt furchtbar in der Kirche. »Ruhe!« schreie ich sie an. »Bell nicht! Laß das!« Oben sehe ich das geöffnete Fenster, das den Krach macht; farbiges Glas und darauf irgendeine Szene aus dem Katechismus. Vor allem ist folgende Aufschrift deutlich lesbar: FÜR DAS HAUS DES HERRN GESPENDET VON DER FAMILIE KADERA. Das danebenliegende Fenster wurde von MARIA UND JOHANN CUMAT gespendet.

Wir haben kein Fenster gespendet. Der Sonntagsgesang klingt mir immer noch in den Ohren, vor allem die Stimme meiner Mutter, die hauptsächlich deshalb in die Kirche ging, um singen zu können. Die Gesichter der Heiligen auf Bildern und Statuen sind gleichgültig, wenn ich jetzt so an ihnen vorbeigehe. Auf dem Bild mit der Kreuzigung stelle ich mir immer statt der Schurken auf der linken und rechten Seite Kadera und Cumat vor. Plötzlich von draußen ein furchtbarer Krach, alles wackelt, Fenster klirren, die ganze Kirche bewegt sich, als wenn sie von einer Riesenhand berührt würde. Ich sehe die geöffnete Tür zum Turm, aber erst laufe ich hinaus, vor die Kirche, schaue mich rings um; Julina steht ruhig da, ich sehe nichts als Bäume, die Friedhofs-

mauer und Felder. Ich werfe einen Blick nach oben zu den Turmfenstern, wo die Tauben wieder wie verrückt herumfliegen, kehre zurück und laufe hinter die Eisentür, die zu der Holztreppe im Turm führt. Isa läuft hinter mir und bellt, ich lasse sie jetzt bellen, weil ihr Gebell mich ein wenig beruhigt.
Ich bleibe stehen und lausche. Wenn jemand oben wäre, müßte er das Gebell hören.
»Hallo!« rufe ich. Meine Stimme klingt in dem Steinturm kalt und blechern. Ich steige höher. Ich sehe schon, daß niemand da ist. Hier oben sind Bretterfußboden und Fenster. Das Ende des Glockenseils schwebt in der Luft. Die Glocke hängt viel höher. Aber dorthin führen keine Treppen mehr, sondern nur Balken. Ich müßte auf den Balken klettern, um zu den Tauben zu kommen. Ich war schon einige Male dort hinter ihnen her. Aber ich gehe zum Fenster, wo gestern auch die Jungen waren und von wo sie die Landstraße mit dem Fernglas beobachtet haben. Ich will sehen, was das für ein Krach war. Unter dem Fenster stolpere ich über zwei geöffnete Blechdosen, die voll von Patronen sind. Ich habe Angst, die Dosen anzufassen. Ich schaue mich genauer um, die Bretter sind mit Asche und Zigarettenstummeln bedeckt. In der Ecke liegen leere Konservendosen und deutsche Zeitungen. Ich lehne mich aus dem Fenster hinaus und sehe unter mir Julina, den Wagen, die Landschaft und in der Ferne das Dorf; auf meinem Gesicht spüre ich die milde Luft.
»Julina!« rufe ich, damit ich selbst meine Stimme höre. Ich pfeife der Stute zu. Sie bewegt den Kopf. Wenn ich mich umdrehe, sehe ich auch die Landstraße, die blauen Hügel und den grünen Fluß.
Ich sehe auch die Reihe der regelmäßig gewachsenen Pappeln. Sie sehen aus wie ein großer, lebendiger Kamm. Über der Brücke steht eine Rauchwolke, das heißt, dort, wo vorher die Brücke war. Der Fahrweg, der über die Brücke führte, liegt jetzt – wie von einer Riesenhand zerknittert – im Fluß. Es ist niemand dort zu sehen, die Landstraße ist vollkommen leer. Auch der Feldweg zum Großgrundbesitz ist öde, denn die Prozession der Diebe ist nach Hause zurückgekehrt.

Es scheint, daß ich hier ganz allein bin. Als wenn die Brücke von selbst in die Luft geflogen wäre! Ich habe mir immer vorgestellt, daß zu einem Krieg viele Menschen gehören, aber ich kann mit meinen Augen nicht einen einzigen Menschen finden.

»Isa, komm«, sage ich zu der Hündin. Es wird langweilig, weil nichts geschieht. Dann fällt mir ein, was ich noch tun könnte; es ist nicht der schlechteste Gedanke und einer von denen, die ich niemals aufschiebe. Ich nehme ein Stück Kreide aus der Tasche, das ich ständig bei mir trage, und schreibe in Druckbuchstaben auf den Blechsims: KADERA + CUMAT + RES + VASAK = OCHSEN UND ELEFANTEN!!

Ich schreibe mit Hingabe; es sind nämlich Schreibarbeiten, die ich gerne tue. Die Kreide stecke ich wieder ein. Meine Erfahrung aus diesen Jahren ist, daß nicht der Tisch, sondern die Kreide wichtiger ist als Gold. Ich gehe die Turmtreppen hinab, schneller und schneller, überspringe zuerst eine, dann zwei Stufen. Isa läuft hinter mir her und bellt. Ich renne durch die Eisentür hinaus und nehme die Gasmaske mit. Ich gehe zum Wagen, tätschele Julina die Nase und springe auf den Kutschbock. »Lauf!« sage ich zu der Stute. Wir fahren wieder weiter, damit ich die Aufgabe erfülle, die mir mein Vater aufgetragen hat.

Die Ausläufer des Kiefernwaldes ähneln einer transparenten Kulisse. Ein Kuckuck schreit irgendwoher aus dem Geäst. Er hört überhaupt nicht auf. Die Landschaft ist eine Idylle, egal ob Krieg oder Frieden. Der braune Weg windet sich zwischen den Bäumen und den Sträuchern durch – ein rissiger Hohlweg. Der Wagen macht keinen Krach. Dieser Weg wird wenig benutzt, die Wagenspuren sind mit dem grasigen Moos zugewachsen; wir fahren leise wie auf Wolken. Manchmal bimmelt das Pferdegeschirr, aber es ist nur der feine Laut des Schellenzeugs. Isa fängt an, abwechselnd die Spatzen oder die Mäuse anzubellen. Ich schreie sie an: »Laß das!« Ich beschäftige mich mit der Gasmaske auf dem Schoß und mache die Blechschachtel ab, die am Ende des Gummischlauchs befestigt ist, damit Luft hineinkommt. Ich brauche den Filter nicht. Die Pferdeleine habe ich um den Hals gelegt, weil ich beide Hände für diese Arbeit

brauche. Ich schlage die Blechschachtel gegen die Bretter; entweder ist sie verrostet oder ich beschädige die Windung. Endlich! Aber in diesem Augenblick höre ich ein Pferd wiehern. Julina war das nicht. Mit einem Mal hat sich die ganze Situation verändert, die Gasmaske interessiert mich nicht mehr. Woher kann ich bloß Res' Pferd hören? Die knarrende Stimme seines Hengstes würde ich im Schlaf erkennen, denn er wiehert so, als riefe er seinen eigenen Schlächter. Auf einmal habe ich das Gefühl, daß rings um mich lauter Räuber im Gebüsch sitzen. Es ist keine angenehme Vorahnung. Mein Hals ist wie zugeschnürt und ich bringe keinen Laut hervor. Ich bringe Julina zum Stehen und beobachte den Hohlweg, die anliegenden Bäume und das Gebüsch. Ich habe mich auf das Brett gestellt, damit ich einen besseren Überblick habe. Ich sehe keine Bewegung, aber der Hengst meldet sich noch einmal. Julina wittert, hat den Kopf hochgehoben, bläht die Nüstern und antwortet ihm. Ich sehe schärfer hin und erkenne auf einmal Res. Er blokkiert den Weg mit seinem Wagen in der Biegung, damit ich nicht durchfahren kann. Ich versuche, die Situation zu erfassen. Res wird das niemals allein wagen!
»Kleiner!« schreit er. »Jetzt haben wir dich!«
Das ›wir‹ besagt, daß die anderen irgendwo hier versteckt sind. Res hat auf dem Kopf die gleiche Gasmaske, wie ich sie habe. Er hat sie auf dem Kopf und die Spannriemen unter dem Kinn. »Wir haben dich schon. Kleiner!« schreit er.
»Wer? Du? Da mußt du schon früher aufstehen!« schreie ich zurück. Ich täusche ihn, indem ich lauthals brülle, lasse Julina an Ort und Stelle drehen; der Mistwagen ist aber keine Pritsche. Es ist ein Wunder, daß ich die Deichsel nicht breche. Sie kracht zwar, als würde sie brechen, aber schließlich gelingt mir die Wendung.
Ich höre schon, wie sie hinter mir herfahren und wie sie die Pferde antreiben. Ich lege Julina die Peitsche auf den Rükken; es genügt, ihr die Peitsche aufzulegen, damit sie sie fühlt. Ich brauche Julina nichts mehr zu sagen. Sie läuft sehr schnell, und wir fahren wieder zurück. Ich will aus dem engen Wald in die freie Landschaft. Aber jetzt kommt Vasak

vom Seitenweg, um mir den Rückzug abzuschneiden. Ich bin vorher an dem Seitenweg vorbeigefahren, dabei habe ich Vasak gar nicht bemerkt, weil ich gerade an dieser Stelle mit der blöden Gasmaske beschäftigt war. Vasak hat auch eine Gasmaske auf dem Kopf. Er hat dabei sein Aussehen kaum verändert, weil er auch ohne Gasmaske nicht viel besser aussieht. Er schiebt sie nach oben, auf die Stirn. »Kleiner, ergib dich!«

Er fährt mir mitten auf dem Weg entgegen und glaubt, daß ich stehenbleibe. Ich nähere mich ihm, ohne daß ich die Fahrt verlangsame; zwischen uns liegen höchstens hundert Meter.

»Vasak!« schreie ich, so laut ich kann. »Jetzt bist du ein Kind des Todes!«

Ein mit hoher Geschwindigkeit fahrender Mistwagen ist wie ein Panzer; ich sause unaufhaltsam weiter. Ich schaue mich um und sehe, daß Res mir immer näher und näher kommt.

»Vasak, mach den Weg frei!« schreie ich. Es wird höchste Zeit!

»Oder du bist tot« Ich sehe nur sein Gesicht. Er weiß genau, daß ich nicht stehenbleibe, ich kann es auch nicht mehr; er reißt das Pferd zur Seite, bis an den Abhang. Ich fliege an ihm vorbei, er wirft etwas nach mir, es fällt in den Wagen, ich ducke mich und sehe noch, wie ihm die Säcke mit Hafer und Heubündeln aus dem Wagen herausfallen. Das Handpferd reißt vor Schreck die Deichselkette ab und bäumt sich auf.

»Prrr!« schreit er schrill. Aber der Wagen rollt unaufhaltsam zurück, und er hat noch Glück, daß Res ihn nicht anfährt.

Isa tobt schrecklich und bellt, als wenn sie geschlachtet werden soll. Res muß wegen Vasak anhalten, aber ich bin noch nicht aus der Gefahr heraus. Aus dem Seitenweg kommen noch Josef und Kadera. Cumat macht die Kühe an den Birken fest, damit auch er hinter mir herfahren kann. Ich sehe sie schon alle, sie möchten mich in die Zange nehmen.

»Kleiner! Bleib stehen! Du Saukerl!« schreit Kadera. »Wenn wir dich fangen, wird es sonst schlimmer für dich!« droht er.

»Wann wird das sein?« antworte ich ihm genausolaut.

Meine Stimme ist ein wenig heiser. »Weiter!« muntere ich die Stute auf und schnalze ihr zu. »Julina!«
Es genügt ein Wort, und Julina geht in Galopp über; sie stellt neue Rekorde auf, ich habe Angst, daß sie sich vom Wagen losreißt.
Sie kann schon etwas aushalten; sie ist sechs Jahre alt. Sie ist ein ideales Pferd für den Krieg. Ich glaube, daß sie sich nicht gerne langweilt, daß sie an so etwas Freude hat.
Ich fahre aus dem Wald auf das freie Feld. Hier können sie mich vielleicht fangen, denn sie haben zwei Pferde vor ihre Wagen gespannt. Da lenke ich auf das riesige Feld mit der niedrigen Herbstsaat, und ich merke, daß es das Roggenfeld ist.
»Du Ochse!« schreit Kadera. »Über unser Roggenfeld, Kleiner!« Sie halten an.
»Du Dummkopf, bleib stehen!« schreit auch Josef. »Siehst du nicht, daß das Feld bestellt ist?«
»Ich sehe es! Ich hab' doch Augen. Laßt mich lieber in Ruh!«
»Dreh um!«
»Ja. Sofort. Nächstes Jahr!«
Ich bekomme einen größeren Vorsprung; sie zögern, mir nachzufahren. Es war der einzige Ausweg, über das Getreidefeld zu fahren. Es gibt eben Situationen, wo der Mensch keine andere Wahl hat. Julina geht mir fast durch. Sie läuft mit ganzer Leidenschaft, wirft ihren Kopf herum und zerrt an der Deichsel. Ich halte mich an dem Brett fest, damit ich nicht vom Wagen falle.
Cumat ist auch schon am Roggenfeld, und Res kommt nach. Wenn ich sie alle beisammen sehe, fürchte ich das Schlimmste. Ich balanciere ein wenig hin und her und bekomme dadurch wieder Gleichgewicht, halte mit der linken Hand die Pferdeleine, mache mit der rechten den Knopf auf und lasse die Hose und die Turnhose herunter. Ich beuge mich vor und strecke ihnen meinen nackten Hintern entgegen. Damit sie genau sehen, was ich von ihnen halte. Ich ziehe die Hose wieder hoch. Es ist die größte Schmach, die ich ihnen antun konnte. Sie fahren mit ihren Wagen ins Roggenfeld. Auf einmal interessiert sie das Getreide nicht mehr. Sie hetzen ihre Pferde. Ich drehe eine Kurve, sie hinterher, und auf dem

Getreidefeld bleiben die Wagenspuren zurück. Ich biege ab. Die Jungen wollen mir zuvorkommen. Sie haben sich in zwei Gruppen geteilt: Josef und Kadera von links, Res und Cumat von rechts.
»Kleiner, die Hose brauchst du nicht mehr zuzuknöpfen!« schreien sie.
Ich falle fast auf den Rücken, als der Wagen in eine tiefe Spur gerät.
Der Himmel wird unerwartet durch das Brüllen von Flugzeugmotoren zerrissen. Hinter dem Wald tauchen zehn Flugzeuge auf, oder noch mehr. Sie fliegen nur wenige Meter über der Erde, über uns. Ihre ausgefransten Schatten schießen über uns weg.
»Prrr!« schreien die Jungen den Pferden zu. Auch ich schreie: »Prrr!«
Jetzt geht Julina tatsächlich durch. Sie hat Angst. Die Flugzeuge berühren mit ihren Bäuchen fast die Bäume, und die Motoren brüllen auf vollen Touren. Hinter ihnen folgt gleich die zweite Welle. Ich springe vom Wagen und halte Julina am Zaumzeug fest. Sie zittert.
»Du brauchst keine Angst zu haben«, beruhige ich die Stute. »Du brauchst keine Angst zu haben!«
Res hat alle Hände voll zu tun, damit seine Pferde nicht ganz wild werden. Ein Pferd bäumt sich auf.
Und es kommen weitere Flugzeuge. Alle fliegen in einer Richtung, von den Bergen irgendwohin nach Iglau. Unsere Jagd ist unterbrochen. Alle richten ihre Augen zum Himmel.
»Die Russen!« schreit Josef. »Das sind die Russen!«
»Sind das wirklich die Russen?« frage ich. Es macht ihm nichts aus, daß ich es frage, auf einmal ist es ihm egal.
»Hast du die Sterne nicht gesehen?« antwortet er mir.
»Ich habe die Maschinengewehre gesehen!« schwatzt Cumat. »Vier Maschinengewehre!«
»Du hast nichts gesehen!« behauptet Kadera. »Es waren Bomber!«
»Meine Herren!« Cumat tut, als fiele er aus dem Wagen. Er kann nur das eine: packt sich an den Kopf und tut, als würde er ohnmächtig. »Wo sollen sie die Bomben haben?«

»Weißt du wo . . . soll ich es dir sagen?« fragt Josef den Cumat.
»Sie fliegen in Richtung Brünn«, meldet Cumat. »Es sind Jagdflugzeuge!«
»Wirklich?« rufe ich aus. »Cumat, dort ist Brünn? Seit wann denn? Seit gestern?«
Jetzt erst werden sie sich meiner wieder bewußt. »Du bist noch hier?« sagt Cumat. Die Gasmaske hängt ihm am Hals und der Schlauch bis an die Knie.
»Jungs, laßt mich doch . . .!« sage ich. Jetzt möchte ich mit ihnen fahren. Wenn es diese großen Ereignisse gibt, erscheinen mir unsere Streitigkeiten nur noch als sehr klein.
»Josef, ich geb' dir ein Zigarettenetui, willst du?« frage ich. Ich möchte Josef bestechen. Ich nehme das Zigarettenetui aus der Tasche heraus und zeige es ihm aus der Entfernung. Er kann nicht viel davon sehen.
»Auch ein Bild ist drin«, rufe ich. »Ein schönes Bild ist drin.«
»Laß dich selbst fotografieren, Kleiner! Damit du siehst, wie du vor den Prügeln ausgesehen hast!« droht mir Res kriegerisch.
»Ich weiß auch noch von einem Motorrad«, erhöhe ich mein Lösegeld.
»Ja? Und die Leiter? Und die Leiter gestern? Von der Leiter weißt du nichts mehr?«
»Josef . . .« bettele ich.
Wir stehen immer noch an einer Stelle. Die Jungen klettern aber in die Wagen. Auch sie standen bei den Pferden und hielten sie fest, damit sie nicht durchgingen. Ich lasse die Augen von einem zum anderen schweifen.
»Ein paar Ohrfeigen verträgst du schon, nicht wahr?« sagt Josef. »Ein paar Ohrfeigen mußt du schon bekommen.«
Ich schneuze mich. »Aber nicht von Cumat!« versuche ich zu verhandeln.
»Nein«, sagt Cumat. »Von mir bekommst du keine Ohrfeigen, ich werde dir in den Hintern treten.«
Ich springe auf den Wagen und gebe Julina die Peitsche; ich habe keine andere Wahl, als bis zum Ende zu kämpfen, wenn ich nicht meine Ehre verlieren will.
Das Fangspiel beginnt von neuem. Wir fahren bis ans Feld-

ende. Mein Wagen fliegt über den Weg auf das angrenzende Feld. Aber sie sind mir schon auf den Fersen. Die Wagen rattern über den Weg. Es ist ein Wunder, daß sie nicht auseinanderbrechen.
»Zehn Ohrfeigen, Kleiner!« schreit Kadera. »Von jedem zwei. Bleib stehen!«
»Fünf«, versuche ich über die Schulter in voller Fahrt zu verhandeln. Der zweite Weg, ich falle fast aus dem Wagen heraus. Es ist eine Hindernisfahrt mit dem Mistwagen.
»Nein, zehn!«
»Bleib stehen, sonst wird es noch schlimmer für dich!«
Ich bin in der Falle. Die Jungen glauben es, und Res lacht übers ganze Gesicht.
»Jetzt haben wir dich!« jubelt er. »Kleiner, wir haben dich!« Seine Stimme ist unerträglich. Wenn ich höre, wie er triumphiert, bin ich zu allem fähig.
»Niemals!« schreie ich.
»Weiter, Julina« rufe ich. Ich schreie so laut ich kann, reiße die Pferdeleine nach links, das Ufer hinauf, wohin man sogar zu Fuß sehr schwer gelangt.
»Julina!«
Die Stute zögert nicht, sie geht wie ein Dieselmotor, sie würde auch die Burg Karlstein erklimmen.
»Kleiner, du Ochse, du bringst dich um!« warnt mich Josef.
»Es ist doch egal!« schreie ich. »Euretwegen, ihr werdet dafür...«
Der Wagen liegt jetzt sehr schräg. Der Eimer, das Essen, die Decken, die Heubündel, alles das rutscht nach hinten auf eine Seite. Zwei Bündel fallen über die Seitenbretter raus. Die Jungen nehmen es von weitem wahr; sie stehn unten, unter dem Abhang. Aber Julina zieht den Wagen nach oben, in den Himmel. Das ist eine Stute, für die Fahrt in den Himmel wie geschaffen!
»Meine Herren!« höre ich von unten. Ich weiß gar nicht, wer das gesagt hat. »Meine Herren!«
»Cumat, gaff nicht so!« schreie ich.
Ich schreie das nur so. Ich habe Angst. Das muß man doch sehen, ich habe Angst, daß Julina sich umbringt. »Julina!

Langsam!« mäßige ich sie. Aber sie kann auf dem Abhang nicht langsamer, sonst würde der Wagen sie nach unten reißen. Der kritische Punkt ist schon überwunden. Auf dem Abhang wächst dichtes Jungholz, es ist fünfjähriges Eichenholz. Wir fahren durch das Dickicht, das Holz bricht ab, und das Gebüsch knackt wie Streichhölzer; ein dicker Zweig schlägt mir schmerzhaft an die Schulter. Die hintere Wagenrunge ist gebrochen. Das ist aber ein kleiner Defekt, der uns nicht zum Stehen bringen kann.

Wir walzen durch das Jungholz. Die Stute ist wirklich wie besessen; sie wird nicht langsamer, sondern beschleunigt das Tempo. Wir fahren bis zur Wiese, dann biegen wir in den Feldweg ein. Sie galoppiert weiter bis zu dem Wald, aus dem wir gekommen sind. Isa kann uns kaum folgen. Die Stute ist mit Schaum bedeckt. Hinter der Spitze ihres Kummets und hinter den Geschirriemen stecken abgebrochene Ästchen. Es sieht aus, als wolle sie bis zu ihrem Tode oder bis ans Ende der Welt galoppieren. Ich ziehe an der Leine, weil ich Angst habe, daß sie verrückt wird.

Wir kehren auf den Weg zu den Kiefern zurück. Die Jungen sind noch nicht da. Meine Flucht über den Abhang und das Dickicht war eigentlich eine geniale Abkürzung. Die Landschaft ist wieder ganz still. Wenn keine Flugzeuge brummten, würde ich sagen, daß es überhaupt keinen Krieg gibt. Ich lausche. Die Stute keucht. Ich höre weit entfernt scharfes Pfeifen.

»Oldaaa! Kleineeer!!!«

Jemand schreit hinter dem Roggenfeld, einen Kilometer von hier entfernt. Sie suchen mich jetzt. Meine Lippe ist aufgeplatzt. Ich wische mit dem Handrücken über die Lippe, sehe Blut und spucke einen roten Klumpen aus. Wegen so einem bißchen Blut verliere ich doch nicht den Verstand! Auf keinen Fall werden sie meiner Rache entgehen. Ich mache mit Julina an dem Seitenweg halt. Cumats Kühe stehen ruhig an den Birken. Sie glotzen. Es sind blöde Kühe. Sie sind dumm, kauen, als wäre nichts passiert. Der Seiber hängt ihnen aus den Mäulern.

Ich binde sie alle schnell ab und klatsche mit der Hand auf ihre Hinterteile. »Bewegung!« Ich jage sie im Wald auseinander. »Im Laufschritt! Lauft!« Wütend bewerfe ich die Kühe mit Tannenzapfen. Sie laufen nach allen Seiten auseinander. Es ist ein Spaß, zuzusehen, wie ihre Euter baumeln. Dann springe ich wieder auf den Wagen. Ich muntere Julina auf. Mir kommt in den Sinn, daß der Kriegsmorgen gar nicht schlecht angefangen hat.

Ich fand ein tiefes Gebüsch. Mittendrin lag eine Lichtung. Ich spannte Julina aus; wir waren von keiner Seite zu sehen, es war ein Platz, wo wir uns nach dem Jagen in Ruhe erholen konnten. Ich schätzte, wie spät es sein könnte; nach dem Stand der Sonne konnte es ungefähr neun Uhr sein.

Der goldene Kreis steht über dem Dickicht und berührt die Äste der hohen Bäume. Ich schließe die Augen nur halb, da sehe ich, daß die Sonne violette Kreise hat und daß sie sich dreht. Ich lege Julina ein Heubündel unter die Nase.

Zufällig ist in der Nähe auch ein Bach, so daß ich das Wasser nicht so weit zu tragen brauche. Wenn Julina trinkt, dann trinkt sie nämlich einen halben Fluß aus.

Ich finde einen großen flachen Stein, lege mich auf den Bauch und trinke zuerst selbst aus dem Bach.

Ich schlürfe das Wasser direkt von der Oberfläche, und sehe mich darin wie in einem Spiegel. Das Wasser tropft von den Lippen auf das Gesicht meines Spiegelbildes. An dieser Stelle ist der Bach wie eine tiefe Schüssel – kleine Wassertiere flitzen darüber. Für einen Augenblick schneide ich meinem Bild Grimassen. Ich kann davon eine Million: Ich habe sie alle von Zyrill Vitlich gelernt. Erst dann schöpfe ich Wasser für Julina, die ungeduldig ihren Kopf nach mir dreht. Ihr Hals zuckt ein wenig. Sie scharrt mit dem Vorderhuf und wirft Gras und Erde von unten gegen ihren Bauch, weil gerade dort, wo die empfindlichste Haut ist, viele kleine, blutsaugende Fliegen sitzen. Ich trage einen vollen Eimer Wasser mit beiden Händen und stelle Julina das Wasser hin. Das Heu und die Fliegen interessieren sie nicht mehr; sie neigt sich durstig zum Eimer, die Nase hat sie schon im Wasser, aber sie zieht den Kopf schnell zurück und schnaubt. Sie trinkt nicht. Etwas paßt ihr nicht.

»Was hast du denn?« frage ich ärgerlich. Julina ist ein feines

Pferd. Unter den Stuten ist sie sicher eine Adelige. Ich schaue in den Eimer und nehme zwei oder drei Grashalme und ein trockenes Blatt heraus.

»Trink«, sage ich. »Das Wasser ist sauber. Ich hab' es schon gesäubert!«

Manchmal möchte ich ihr auf die Nase hauen. Julina schaut mich an. Es gibt Augenblicke, in denen ihre Augen wie menschliche Augen aussehen; oft scheint es mir, als könnte sie im nächsten Augenblick anfangen zu sprechen. Sie schaut mich ziemlich lange an. Dann neigt sie sehr langsam, widerwillig – eher meinetwegen – ihren langen Hals. Aber einen Millimeter über dem Wasser bläht sie die Nüstern, sie riecht praktisch nur am Wasser. Sie schnaubt. Auch jetzt trinkt sie nicht. Sie hebt unentschlossen den Kopf, als täte es ihr leid, daß sie mir Schwierigkeiten bereitet, und sie schaut mich wieder an mit ihren schimmernden Augen, deren Weiß so groß ist wie das Eiweiß der hartgekochten Gänseeier. Wie hypnotisiert schauen wir uns an.

»Was paßt dir denn nicht?« tobe ich. »Hast du Durst oder hast du keinen?«

Julina bringt in manchen Situationen ein ausdrucksvolles Gesicht zustande; jetzt sieht sie nicht nur wie eine Pferdefürstin aus, sie hat den erhabenen Ausdruck einer Kaiserin des gesamten Pferdegeschlechts an sich. Ich knie nieder und zur Kontrolle rieche ich selbst. »In dem Eimer war Kleie. Als wenn das etwas wäre!« streite ich mit ihr. »Du bist aber fein!«

Sie hört mir ruhig zu. Sie bewegt die Ohren und die schweren Augenlider mit den langen Wimpern.

»Du bekommst nichts!« drohe ich. »Glaubst du, daß ich dein Diener bin?« Beleidigt setze ich mich in den Wagen und tue so, als ob ich schlafen wollte. Es sieht so aus, als interessiere es mich gar nicht, ob sie trinkt oder nicht. Julina aber ist schlau, denn sie hat ein kiloschweres Gehirn im Kopf; mein naiver Trick kann sie nicht in Verlegenheit bringen. Sie wartet, bis ich die Augen ganz geschlossen habe. Dann wirft sie mit einer gemächlichen Bewegung des Vorderbeins den Eimer um. Der Henkel klirrt, und ich höre, wie das Wasser herausläuft. Julina weiß, daß ich nicht schlafe.

»Du kannst mich zur Verzweiflung bringen!« rufe ich. Sie hebt den Kopf. Ich mache ein böses Gesicht, springe aber vom Wagen herunter. Dann nehme ich den Eimer, schließlich kann ich sie doch nicht ohne Wasser lassen. Nach dem Rennen muß sie ja großen Durst haben. Ich gehe erneut zum Bach und schöpfe Wasser, wasche den Eimer aber erst aus. Ich spüle ihn sicherheitshalber noch einige Male nach. Erst dann schöpfe ich vorsichtig das Wasser, damit weder ein Halm noch ein Blatt hineinkommt.
»Wenn du jetzt nicht trinkst, du Aas, hole ich die Peitsche!« brüste ich mich. Die Bewegung ihres Kopfes, des Halses, der Nase ist wieder selbstsicher, sie ignoriert meine Drohungen. Julina riecht am Wasser, sie ist zufrieden, sie findet nichts zu beanstanden und fängt an zu trinken.
»Na also«, sage ich versöhnlich. »Noch einmal, und ich hätte dich wirklich verprügelt!« Es sieht so aus, als lächele sie, aber es ist möglich, daß sie nur durch die Nase Luft ausstieß. Sie trinkt den Eimer wie einen Fingerhut aus, hebt fragend ihren Kopf und dreht mir erneut ihre großen Augen zu. Mit dem Vorderhuf kippt sie den leeren Eimer um. Diese Geste ärgert mich nicht, weil ich weiß, was sie damit sagen will. Ich bringe ihr einen zweiten Eimer Wasser. Julina hat einen Zug wie eine Feuerwehrpumpe; sie säuft den Inhalt schneller, als ich mich an der Wade kratzen kann. Ich bringe ihr den dritten Eimer und stoße meine Finger in ihren Pferdebauch. »Dein Bauch ist schon voll!« sage ich. »Das machst du absichtlich! Du kannst doch keinen Durst mehr haben, das kannst du mir nicht weismachen!«
Julina sagt nichts, aber erneut schaut sie mich mit ihren großen Augen an. Sie tut, als habe sie nichts getrunken, seitdem sie auf dieser Welt ist. Ich gehe, um einen weiteren Eimer zu bringen. Ich schöpfe, knie auf einem Knie und schinde mich mit dem Wasser ab, als ich vom Wagen her einen bekannten Laut höre. Es hört sich an wie ein Wasserrohrbruch. Ich drehe mich um.
Julina verrichtet ihr kleines Bedürfnis, das ihrer Größe angepaßt ist.
Sie hat ihren Kopf immer noch zu mir gedreht. In einem kurzen Augenblick läßt sie alles wieder heraus, was ich ihr

gebracht habe. Jetzt trete *ich* den Eimer mit dem Fuß und kippe ihn um. »Deswegen bringe ich dir das Wasser?«
Nichts deprimiert mich so sehr wie die Vergeblichkeit einer Arbeit. Julina fängt an, ruhig das Heu zu fressen und sieht dabei höchst zufrieden aus.
Auf einmal habe ich keine Zeit mehr, mich mit Familienstreitigkeiten zu befassen. Ich höre Pferde und Wagen. Ich springe auf den Wagen, aber ich kann nichts sehen, weil das Gebüsch zu hoch ist. Ich klettere über die Deichsel zu Julina, auf ihren hohen und breiten Rücken. Jetzt kann ich über das Gebüsch bis zum Waldweg sehen, der an dem Jungholz vorbeiführt. Ich habe mich nicht getäuscht, sie kommen schon, ich sehe ihre Karawane. Als letzter fährt Cumat. Ich erkenne seine Kühe; er hat sie wieder beisammen, aber es hat ihm sicher viel Arbeit gemacht. Ich bin zufrieden; Schadenfreude ist manchmal wie ein Heilpflaster auf alle Wunden.
Sie nähern sich, ich springe hinunter und halte der Stute die Nase fest, damit sie nicht wiehern kann. Sie hätte sonst unser Versteck verraten. »Isa, Ruhe!« sage ich zur Hündin. Eben schlief sie, aber jetzt steht sie schon auf den Beinen und wittert. Ich ziehe lieber auch Isa am Halsband zu mir.
Die Fliegen summen an meinem Gesicht vorbei; rings um den Bach liegt viel verfaultes Gras, und das Dickicht zieht wegen des Schattens die Fliegen an. Es ist ein idealer Platz für Fliegen.
Die Wagen nähern sich. Sie kommen bis zu der Stelle, wo der Weg ganz nahe an unserem Versteck vorbeiführt. Die Hündin habe ich zwischen die Knie eingeklemmt, damit ich die Nase der Stute mit beiden Händen halten kann. Sie ist wie elektrisiert, weil Res' Hengst erneut tobt.
Ich höre Kadera sagen: »Tempo! Er ist nicht weit vor uns! Der Hengst wittert schon seine verreckte Stute!«
Ich hätte gerne gerufen, wer wohl die verrecktesten Pferde hat. Ich schweige und schneide nur Grimassen. Hinter dem Dickicht fangen sie an, die Pferde zu peitschen, ich höre ihre Peitschen klatschen.
»Weiter!« höre ich ihre Stimmen.
Ich füttere Julina mit einer Mohrrübe und rede mit ihr. Ich spreche so lange mit ihr, bis die Wagen nicht mehr zu hören

sind. Dann springe ich erneut auf die Deichsel und von da aus auf Julinas Rücken. – Sie sind schon weit auf der anderen Seite, wo der Weg im hohen Wald endet. Als letzter fährt Cumat. Er läuft hinter dem Wagen und peitscht die Kühe, damit sie mit den Pferden Schritt halten. Dann sehe ich Cumat nicht mehr. Ich höre auch nichts mehr. Sie sind schon hinter der braunen, grünen und gelben Kulisse des Frühlingsholzes verschwunden.

Ich lasse mich an der Mähne herunter, mache vor Julina einen Stern im Gras und versuche, einen Kopfstand zu machen. Der Kopfstand klappt aber noch nicht, jedesmal falle ich dabei auf den Rücken. Einen Augenblick bleibe ich so liegen. Ich sehe die Stute und die Hündin über mir. Ich strecke meine Hände und Füße in dem weichen Gras aus. Ich blase einen Totengräber an. Er versteckt sich unter einem Halm. Manchmal bin ich glücklich und weiß nicht warum. Ich schaue nur den Himmel an, und es ist mir wunderbar zumute. Wenn ich die Sonne durch die Finger anschaue, verwandelt sie sich in ein Stück buntfarbigen Regenbogens. Ein Eichelhäher fliegt aus dem Gebüsch, in der Sonne glänzt er wie gehämmertes Eisen. Isa bellt natürlich. Sie knurrt sogar. »Hör auf!« fauche ich die Hündin warnend an. »Das ist ein Eichelhäher.«

Ich schaue dem Vogel nach, wohin fliegt er? Die weißen und blauen Federn verschwinden im Reisig, aber seine heiße, jodelnde Stimme ist noch eine Weile zu hören. Etwas hat den Eichelhäher aufgescheucht. Auch Isa hört nicht auf zu bellen.

Ich drehte mich um und nahm einen Stock in die Hand, um ihn nach Isa zu werfen. Ich befürchtete, daß die Jungen ihr Gebell hören könnten. Sie lief ein paar Meter zurück, hörte aber nicht auf zu bellen. Auf einmal sprang sie vor. Isa bellte nicht den Eichelhäher an, sie ging drei Männern zu Leibe, die in diesem Augenblick aus dem Gebüsch hervorkamen. Sie standen plötzlich ein paar Meter vom Wagen entfernt, als wären sie direkt aus der Erde gewachsen. Sie schauten mich an. Wahrscheinlich beobachteten sie mich schon eine Weile, aber ich hatte sie nicht gesehen.

Einer trat mit dem Fuß nach Isa. Sie sprang zur Seite und

kläffte erschrocken. »Ruhe!« schrie er sie an. »Trsch huba, blba pes! – Halte die Schnauze, du blöder Hund!« versuchte er in gebrochenem Tschechisch zu sagen. Sie hörte tatsächlich auf, den Mann anzubellen, nahm den Schwanz zwischen die Beine. Sie war eben ein Feigling. Ich wußte, daß ich mich auf Isas Mut nicht verlassen konnte, egal was geschah. Ich hatte von Anfang an eine schlimme Vorahnung gehabt. Erst jetzt sah ich, daß einer der Männer einen Verband um seine Hand hatte. Sofort erinnerte ich mich an die drei, wie sie in den Weidenbüschen die Uniformen auszogen, die Helme wegwarfen und die Zivilkleidung anzogen, das Motorrad versteckten, während ich sie vom Schober aus beobachtete.

Der eine von ihnen ist hager. Er wirkt hilflos und verstört. Wenn es nicht so ernst wäre, müßte ich über ihn lachen. Aber ich habe Angst. Der andere ist ein gutmütiger, dicker Typ. Er fragt, ob ich deutsch spreche.

Ich schüttle den Kopf. Er versucht es auf Tschechisch: »Tvuj ... kobyla? – Dein ... Pferd?« fragt er mich freundlich.

»Jo. Tvuj? – Ja. Dein?«

Ich will mit den Augen die anderen beiden beobachten, den Verletzten und den Hageren. Sie gehen rund um den Wagen und Julina herum. Hauptsächlich interessiert sie Julina. Der Hagere hält ständig seine Hand unter dem Mantel. Ich ahne, was er unter dem Mantel versteckt, wahrscheinlich eine Waffe. Aus Angst bekomme ich keinen Laut über die Lippen und bewege mich nicht.

»Topry ... kobyla? – Ein gutes ... Pferd?« fragt der Dicke erneut. Er will mir mit seinem Körper die Sicht versperren, damit ich nicht sehe, was die anderen beiden tun. Ich trete zur Seite, damit ich sie beide sehe.

»Jo? Topry kobyla? – Ja? Ein gutes Pferd?«

Der Hagere beginnt inzwischen Julina anzuspannen. Er macht die Riemen fest, die ich ihr vorher gelockert habe. Seine Hände zittern dabei, als könnte ihm jeden Augenblick aus dem Gebüsch ein Leopard auf den Rücken springen. Offensichtlich haben sie Angst. Erst fällt ihm die Spreize und dann die Pferdeleine aus den Händen; über das Seitenbrett stolpert er. Der Dicke will mich unterhalten, er grinst an-

dauernd und holt etwas in zerknittertem Stanniolpapier aus der Tasche.
»Na ... tschokolad ... Ja . Prima tschokolad!«
Er will mich ablenken. Es ist mir schon klar, daß sie mir Julina und den Wagen wegnehmen wollen. Die Schokolade interessiert mich überhaupt nicht. Dem Dicken wegzulaufen, das ist eine Kleinigkeit für mich. Ich bewege meinen Körper nach links, als wenn ich nach links möchte, springe aber nach rechts. Er breitet die Hände umsonst aus. Ich glaube, er ist hinter meinem Rücken zu Boden gefallen.
»Halt!« brüllt er.
Ich springe zu Julina und halte auch schon ihren Zaum in meiner Hand. »Das ist unser Pferd!« schreie ich. »Laßt es! Laßt mich ...!« rufe ich absichtlich laut und dem Hageren direkt ins Gesicht. Er will mich wegschieben, schleudert mich zu Boden. Aber ich halte die Julina fest und kümmere mich nicht um seine Schläge, obwohl sie sehr schmerzen.
»Himmelherrgott ... Idiot!«
»Aaauu!« schrei ich aus allen Kräften. Jetzt möchte ich, daß die Jungen mich hören. Der Hagere zieht mir die Pferdeleine aus der Hand, schlägt mich nieder und wirft sich auf mich. Ich kratze. Es ist gut, daß ich mir die Nägel nicht so oft schneide.
»Schwein«, sagt er heiser.
Ich nutze den Augenblick aus, wo sich zufällig seine Wade mit hochgekrempeltem Hosenbein in der Nähe meines Gesichts befindet. Ich schließe die Augen und beiße zu, so fest ich nur kann. Es ist nur nicht gerade angenehm. Wer weiß, wohin er während des Krieges überall die Füße gesteckt hat! Aber ich habe keine Wahl. Er schreit furchtbar auf, es muß ihn überrascht haben. Er erstarrt und ist einen Augenblick unfähig, sich zu bewegen. Sein Gesicht ist verzerrt. Ich nutze den günstigen Augenblick, springe an das Pferdegeschirr und spanne Julina wieder aus. Ich bin gerade damit fertig, da habe ich sie alle drei auf dem Hals. Sie schlagen mich auf den Kopf, als wollten sie mich in den Boden rammen. Nach dem ersten Schlag hab' ich nur noch rote Kreise vor den Augen.
In diesem schrecklichen Augenblick, da es mir so schlimm

erging, erinnerte ich mich, wie wir an der Kapelle auf den Vater gewartet haben. Damals sollte er ein Pferd nach Hause bringen. Wir wußten überhaupt nicht, daß es Julina sein würde. Die Mutter hatte ein weißes Tuch um den Kopf gebunden. Die ganze Landschaft war wie aus Porzellan, die Bäume blühten, und die Bienen summten so laut, daß die Luft voll davon war. Wenn ein Wind aufkam, segelten tausend Blätter durch die Luft. Ich kletterte an der Kapelle hoch, um weiter sehen zu können. Die Mutter hatte Angst, ich fiele herunter. Dabei könnte ich die Kapelle auch mit gebundenen Händen und Füßen erklettern. Sie ängstigte sich sehr um mich. Ich sah den Vater, sobald er aus der Biegung kam. Ich sah ihn schon in der Ferne, am Wald. Er führte ein Pferd!

»Er führt ein Pferd«, schrie ich vom Kapellendach. Ich fiel auf ein Knie, weil ich zu schnell herunterkletterte. Ich begann zu laufen. Ich lief dem Vater entgegen. Es war ein wichtiges, einmaliges Ereignis für unsere Familie, weil wir bisher nur Kühe hatten; von jetzt an würden wir zu den Pferdehaltern gehören. Wenn wir zum Ritter geschlagen und in den Adelsstand erhoben worden wären, es wäre nichts gewesen gegen diese bedeutende Veränderung. Ich drehte mich nach meiner Mutter um, sie solle auch laufen. Sie ging zuerst langsam. Sie wollte nicht laufen. Sie schämte sich. Dann begann sie doch zu laufen. Sie lachte und schaute sich um, ob uns auch keiner sah und uns für Narren hielt. Sie lief unmöglich, sie konnte überhaupt nicht laufen. Ich mußte ständig auf sie warten. Dann sahen wir Vater deutlich. Er sah uns auch schon. Er winkte, und wir winkten zurück. Auch er begann zu laufen. Wir sahen, wie das Pferd sprang. Die Mutter zog die Schuhe aus, damit sie besser laufen konnte. Da konnte ich ihr kaum noch folgen.

Die drei Deutschen schlagen ständig auf mich ein. Vielleicht schlagen sie mich tot. Ich blute aus der Nase. Ich wische die Nase mit der Hand ab, die Handfläche und die Finger sind voll Blut. Sie treten mich mit Füßen. Die Jacke hängt in Fetzen, das Hemd ist zerrissen. Aber ich weine nicht. Ich werde vor den Deutschen nicht weinen, auch wenn sie mir die

Haut abziehen würden. Ich habe nationalen Stolz. Sie glauben, daß ich nicht mehr auf die Beine komme. Der Dicke und der Hagere gehen wieder zum Wagen. Sie sind sechs Meter groß und reichen bis zum Himmel. Ich liege hinter ihnen im Gras, mein Mund ist voll Erde; ich spucke aus und denke, es sind auch Zähne dabei. Ich nehme nur noch Herzklopfen wahr. Niemals vorher hörte ich mein Herz so klopfen wie jetzt. Für mich existieren weder Wald noch Vögel, kein Gebüsch, kein Bach, sondern nur noch mein Herz; ich fühle es in meinem Kopf, es klopft in meinem ganzen Körper. Ich sehe, daß der mit der verbundenen Hand Julina schon wieder eingespannt hat. Er sitzt im Wagen und wartet auf die beiden anderen. Er hält die Pferdeleine und die Peitsche in der Hand, sitzt im Wagen und wartet auf den Dicken und den Hageren. Ich stütze mich auf die Ellbogen. Sie hätten niemals geglaubt, daß ich nach den Prügeln noch einmal hochkäme. Die Deutschen kennen die slawische Natur nicht.

Der Vater zeigte uns damals auf der Landstraße, was Julina für feste und saubere Hufe hat. Er zeigte uns alle vier Beine. Er klatschte ihr vor der Mutter und mir auf den Rücken. Er zeigte uns auch ihre Zähne. Er machte ihr Maul mit dem erprobten Bauerngriff auf. Die Stute hatte gesunde Zähne, wie Stahl. Er stieß Mutter an, sie sollte unter die Stute kriechen, die würde ihr nichts tun. Mutter hatte Angst. Ich wollte es tun. Sie hielt mich fest; sie wollte mich nicht lassen. Vater lachte. Er legte sich auf die Landstraße. So wie er angezogen war, legte er sich in den Staub. Die Stute stand über ihm. Sie bewegte sich nicht. Er befahl ihr, weiterzugehen. Mutter schrie vor Angst auf. Auch ich schrie. Aber die Stute machte einen vorsichtigen Schritt – fast einen Ballettschritt. Sie stieg behutsam über meinen Vater. Sie hob die Beine sehr hoch, um ihn nicht zu berühren. Er sagte »Prrr.« Sie blieb folgsam und scheu stehen; ich habe vorher und auch später nie wieder bei einem Pferd solchen Gehorsam gesehen. Er lachte über unsere Angst, er lachte damals fürchterlich. Er hat sich so gefreut, daß er auch zu Mutter freundlich und zart war; plötzlich setzte er sie der Stute auf den Rücken. Mutter erwartete nichts derartiges. Ihr Rock rutschte nach oben. Sie zog ihn schnell wieder über die Knie. Er nahm auch mich mit seinen starken Händen und setzte mich nach oben. Dann nahm er die Stute an das Halfter und lief mit uns zum Dorf. Die Stute trabte würdevoll und erhaben. Ich hielt mich an der Mähne fest. Die Mutter hielt sich an mir fest. Wenn wir einen Weichselbaumzweig berührten, kam eine weiße Blütenwolke herunter. Mutter lachte hell – ich hatte sie lange nicht so lachen gehört.

Wenn ich mich daran erinnere, wie alles war, wird meine Angst noch größer. Ich darf die drei Deutschen nicht aus den Augen verlieren. Sie fahren schon weg. Julina dreht sich zwar um, aber schließlich läuft sie. Ich schlage Haken durch das Dickicht zu dem Waldweg. Ich laufe hinter ihnen her. Sie fahren schneller und schneller. Ich höre die Peitsche und das Rasseln des Wagens. Ich laufe hinter ihnen her, weiß aber nicht, was ich unternehmen soll. Ich habe eine einzige Hoffnung: daß ich einem Erwachsenen aus dem Dorf begegne, der ihnen Julina wegnimmt. Ich bin schon hinter ihnen. Sie sitzen alle drei auf dem Wagen, und der Hagere fährt. Sie können mich in dem Gebüsch nicht sehen. Die Zweige zerreißen meine Hände und schlagen mir ins Gesicht, ich stolpere über Wurzeln. Ich begreife, daß ich keinem aus dem Dorf begegnen werde. Und wenn ich jemandem begegnen würde, hätte er nicht den Mut, die Deutschen anzuhalten. Sie fahren im Galopp; ich laufe, so schnell, wie ich nur kann. Wieder habe ich das Gefühl, daß das Herz mir aus dem Leib springt. Ich bekomme keine Luft mehr.
Da ist die Stelle, wo es am nächsten zu dem Weg und dem Wagen ist. Ich werfe mich durch die Öffnung zwischen den Ästen des Gebüschs. Augen und Hände sind nur auf eins konzentriert: auf die Sperrstifte der Räder! Fast falle ich unter das Hinderrad des Wagens. Erst jetzt sehen mich die Deutschen. Aber inzwischen habe ich den Sperrstift herausgezogen und weit in den Wald geworfen, damit sie ihn nicht finden. Sie schreien, ich solle stehenbleiben und so weiter, aber ich sehe nur ihre aufgerissenen Mäuler. Sie springen vom Wagen und laufen auf mich zu. Der Hagere haut mit der Peitsche um sich.

Alles kommt mir vor wie ein Alptraum.
Hauptsache, das gelockerte Rad ist abgefallen!
Ich mache kehrt und laufe weg. Dem Dicken und dem Verwundeten würde ich schon weglaufen, sie laufen wie die Nachtwächter, aber der Hagere ist vielleicht deutscher Meister im Querfeldein. Er wirft die Peitsche weg, hat jetzt die Hände frei, und mein Vorsprung wird kleiner und kleiner. Ich habe furchtbare Angst. Ich laufe bergauf und reiße dabei das Gras mit den Händen heraus.
»Isa!« rufe ich. »Isa!«
Aber ich sehe Isa nirgendwo. Sie bellt nicht einmal.
»Vati!« schreie ich aus allen Kräften. »Vati!«

Ich sehe den Vater, aber es sind wieder nur die Erinnerungen, er brachte damals Julina auf unseren kleinen Hof. Die Stute mußte ihren Kopf in der Stalltür herunternehmen, um überhaupt hineinzukommen. Breit war die Tür auch nicht gerade. Julinas Standplatz war mit neuen, kleinen Balken umgeben, das Heu lag hinter der Futterleiter und dichtes Stroh auf dem Fußboden. Die Kühe begannen erschrocken zu muhen, beide begannen zu muhen. Von jetzt an war das ihr gemeinsamer Stall. Für Julina war das nicht gerade würdevoll, aber für uns war es die einzige Möglichkeit. Sie benahm sich jedoch großartig, zeigte weder Verstimmung noch Enttäuschung; sie paßte sich an, obwohl sie ihren Kopf in unserem niedrigen Stall fast an der Decke hatte. Ihr Kopf war in der Nähe des Schwalbennestes. Die Schwalben hatten gerade Junge bekommen und piepsten vor Angst in ihrem Nest. Vater schickte mich eine Mohrrübe holen, damit die Stute sich an uns gewöhne. Ich lief in den Keller, denn die Mohrrüben hatten wir immer in einem kleinen, feuchten Sandhaufen. Ich grub mehrere aus. Dann rannte ich schnell zurück auf den Hof. Ich wusch die Mohrrüben im Bottich mit Regenwasser ab und schüttelte dann das Wasser von den Wurzeln. Das alles tat ich im Laufschritt, damit ich schnell wieder bei der Stute wäre. Aber ich erstarrte in der Stalltür und blieb bewegungslos stehen. Vater umarmte meine Mutter auf dem Heuhaufen neben der Stute. Er tat das inmitten unseres gesamten Viehs. Außer den Kühen hatten wir noch zwei Kälber und eine Ziege im Stall stehen. Zum ersten Mal sah ich die Liebe; es sah aber nicht nach Liebe, sondern mehr nach einer Rauferei aus. Ich blieb auf dem Hof stehen. Sie haben überhaupt nicht gemerkt, daß ich hinein- und wieder herausgegangen bin. Ich lehnte mich mit dem Rücken an die Wand des Hühnerstalls und konnte so wenigstens die blöden Hennen beobachten, wie sie sich rauften. Ich warf eine Mohrrübe nach ihnen. All die süßen Karotten, die ich damals für Julina geholt hatte, warf ich nach den gackernden Hennen.

Jetzt kann ich nicht mehr. Der Deutsche hält ein Messer in der Hand, ich sehe nur sein großes, blankes Messer. Ich bleibe liegen, kann mich nicht mehr erheben und nicht mehr weiterlaufen. Es bleibt mir nichts anders übrig, als zu warten, was passiert. Das Gesicht des hageren Deutschen über mir füllt die ganze Welt aus. Seine Augen, seine Nase, seine Lippen und seine Zähne füllen das ganze All aus. Ich habe noch niemals solche Augen gesehen. Sie stehen unbeweglich in seinem Gesicht, nur die Lider zucken ab und zu, und seine Pupillen haben die Farbe von Rauch und Glas.
»Das ist ... unser ... Pferd«, sage ich leise. »Ich bitte euch!«
Er kniete sich auf mich. Er will mir etwas tun.
»Ich bitte euch!«
Ich schaue ständig das Messer an. Ich will noch nicht sterben. In diesem Augenblick fühle ich, daß ich furchtbare Angst vor dem Tod habe. Ich will beten, aber dazu habe ich keine Zeit mehr.
Der Deutsche holt mit der leeren, geballten Hand aus. Dann sehe ich nur noch die Tauben ... Ihre Flügel rauschen. Sie fliegen scharenweise um den Kirchturm. Sie lassen sich auf dem Gesims nieder. Sie sind nicht weiß, sondern erstaunlicherweise schwarz. Wahrscheinlich träume ich. Die Winterbäume sind plötzlich voller Tauben. Sie decken wie eine dichte Decke die Dächer des leeren Dorfes zu. Auch das Feld des Großgrundbesitzers ist mit diesen traurigen Vögeln übersät. Das Turmgesims ist schwarz vor Tauben.
Dann sehe ich keine Tauben mehr, sondern ich höre unsere Nähmaschine. Mutter näht für mich ein Hemd. Ich begreife nicht, warum sie das mitten in diesem tiefen Wald tut. Sie

schaut zu mir her. Sie will sich wie immer überzeugen, daß ich schon schlafe. Dann fängt sie an, ein uraltes, wehmütiges Lied zu singen.
Aber ich sehe meine Mutter nur für einen kurzen Augenblick; meine Träume wechseln dauernd, und ich bin in der großen bischöflichen Kirche in Konopany, wo die Firmungszeremonie in feierlicher Stille verläuft. Ab und zu hustet jemand nervös. Durch das Fenster gelangt nur spärliches Licht herein, und das Innere des Kirchenschiffes ist in erhabenes Dämmerlicht gehüllt. Die Gestalten, die ich jetzt erkenne, stehen bewegungslos an den langen, kalten Wänden – rings um die massiven Säulen und unter den Steinstatuen. Wir, die wir das Sakrament empfangen sollen, bilden zwei krumme Reihen. Ich bin bei den Jungen; die Mädchen stehen uns gegenüber. Der Bischof kommt durch die Reihe zwischen uns. Wir beugen uns ein wenig vor und treten dabei aus der Reihe und schauen in die Richtung, aus der er kommt. Er kommt näher. Ich sehe ihn schon. Seine Schritte sind bereits zu hören. Die alten Leute, die überall hinter uns stehen, beten. Aber ihr Beten ist leise, unverständlich murmelnd, als ob Wasser rauschte. Das feierliche Gewand reicht dem Bischof nicht bis an die Schuhspitzen, es ist ihm ein wenig zu kurz, oder es wurde zu sehr aufgeschürzt; unter den Spitzen sind die Hosenbeine seiner schwarzen Zivilhose zu sehen. Seine Schuhe sind verstaubt. Auch der getrocknete Dreck klebt noch auf ihnen. Ich begreife nicht, wie er in solchen Schuhen die Zeremonie durchführen kann. Es stört mich sehr. Aus einem Hosenbein hängt ihm ein Stückchen weißes Band heraus. Aber niemand schaut nach unten. Das ist ein Glück. Alle konzentrieren sich auf seine mindestens einen halben Meter hohe Mütze. Sie wackelt gefährlich bei jedem Schritt. Ich bin sehr aufgeregt. Mit den Nägeln kratze ich die auf die lange Firmkerze aufgeklebten Blümchen ab. Die Wachsreste liegen rings um mich herum, und das warme Wachs tropft auf meine neue kurze Hose und die Zipfel meiner Jacke. Mutter steht mir gegenüber und versucht, mir irgendein Zeichen zu machen. Aber ich verstehe es nicht. Vater steht neben ihr. Er schaut mich nicht an. Ich bin unglücklich, weil ich nicht begreife,

was mir die Mutter sagen will. Ich drehe mich meinem Paten zu. Es ist Herr Vasak. Er hat sich beim Rasieren am Hals geschnitten. Sein Hals ist voll roter Schrammen, und an einer Stelle hat er ein Heftpflaster, das sich an den Rändern ablöst.

»Ich war schon bei einer Firmungszeremonie«, versuche ich ihm zu sagen.

»Was?« fragt er. »Was ist denn?«

Er fragt sehr laut, anscheinend sitzt er auf seinen Ohren. Auch der Bischof muß das hören. Er bleibt tatsächlich stehen und schaut uns an. Meine Kerze erlischt plötzlich. Vielleicht hat Kadera sie ausgeblasen. Er steht neben mir. Ich will sie bei ihm wieder anzünden, aber er zieht seine Hand weg. Vasak hat es auch schon gesehen und nimmt die Streichhölzer aus der Tasche; ich höre, wie die Schachtel in seinen großen Händen knistert. Er ist auch aufgeregt. Die einzelnen Streichhölzer fallen auf den Fußboden. Kadera platzt heraus. Ich blase seine Kerze aus, damit wir beide gleich sind. Dafür bekomme ich einen Klaps von meinem Paten. Ich versuche, die Streichhölzer aufzuheben. Die Kerze fällt mir herunter. Der Bischof schaut uns wieder an. Es scheint mir, daß sein Gesicht mit Mehl gepudert ist. Alle auf mich gerichteten Gesichter werden plötzlich groß.

Gegenüber in der Mädchenreihe steht Anna. Es ist interessant, daß ich Anna vorher nie bemerkt habe. Ich sehe deutlich, wie sie das alles mit mir durchmacht. Sie hat ein weißes Kleid und weiße Strümpfe an, dünne Waden, unansehnliche Knie und ein Kränzchen mit Rosen im Haar.

Sie gibt sich einen Ruck, läuft schnell durch die Gasse und zündet meine Kerze mit ihrer an. Ihr Gesicht ist zierlich, sie hat große Augen, rotes Zahnfleisch und lückenhafte Vorderzähne. Niemals vorher ist mir zu Bewußtsein gekommen, daß Anna solche Augen hat. Ich werde mich wahrscheinlich immer an Anna erinnern. Ich wollte ihr etwas sagen, ich wollte ihr etwas Angenehmes und Liebes sagen, vielleicht wollte ich mich bei ihr bedanken. Sie legt aber einen Finger auf ihren Mund. Ich freue mich, daß sie Kaderas Kerze nicht angezündet hat. Dann steht der Bischof auch schon vor mir. Er steht auf den lose verstreuten Streichhölzern. Er soll

mich symbolisch mit zwei Fingern an der Wange berühren. So verlangt es die Firmungszeremonie. Er gibt mir aber eine richtige Ohrfeige. Es macht mir nichts aus, daß es wehtut. Ich schäme mich nur, daß alle es gesehen haben.
Unser Pfarrer ministriert dem Bischof. Er versucht, die Streichhölzer aufzusammeln, damit der Bischof sie nicht sieht. Aber da sind auch noch drei fremde Pfarrer. Ihre Gesichter sind mir irgendwie sehr bekannt. Ich kann mich nicht erinnern, woher ich sie kenne, wo ich ihnen schon begegnet bin. Alle drei haben das Rochett und schwarze Kapuzen an, ihre Gesichter liegen im Schatten. Es scheint mir, daß sie sich von mir abwenden. Ich versuche verzweifelt, mich zu erinnern. Dann teilt sich bei einem der breite Ärmel; seine Hand steckt im Verband; es ist der dreckige, blutdurchtränkte Verband des verwundeten Deutschen von den Weiden. Ich sehe mir schnell den anderen, den Hageren, an. Er versteckt die Hand, aber ich weiß, daß ich die Schneide eines Messers gesehen habe, mit der er mich töten wollte, mit der er mich bereits getötet hat; ich weiß nicht genau, wie es eigentlich um mich bestellt ist. Aber es gibt keinen Zweifel, es sind die drei Männer aus dem Wald, die mir Julina gestohlen haben. Ich laufe weg. Ich habe Angst vor ihnen. Ich höre, wie sie hinter mir herlaufen. Cumat stellt mir selbstverständlich auch in dieser Situation ein Bein. Aber ich springe darüber weg. Res will mich fangen. Ich reiße mich von ihm los. Die Gasse zwischen den Menschen ist wie ein Irrweg, der keinen Ausgang hat. Ich sehe Licht über den Köpfen der Menschen, das durch das geöffnete Tor hereinfällt. Die Gasse wird enger und enger. Ich dränge mich zwischen den Menschen hindurch. Sie sind gleichgültig. Ich dringe wie durch eine Gummimasse vor. Ich verstecke mich hinter dem Seitenaltar, weil sie mich sonst gefangen hätten. So kann ich sehen, wie sie durch die Menschenmenge tappen und nicht ahnen, wo mein Versteck ist. Ich entdecke hinter dem Altar ein Gerümpellager: Vasen, Gläser, Leuchter, zerbrochene Statuen, getrocknete Blumen sowie Krug, Waschtisch und Handtuch. Für irgend jemanden steht dort auch ein Stuhl bereit, und an der Wand ist ein Aschenbecher angebracht. Er ist voller Zigarettenstummel, als wenn derjenige, der auf diesem

Stuhl zu sitzen pflegt, hier rauchte. Der Stuhl ist alt und rot gepolstert.
Ich laufe erneut zum Tor. Endlich kann ich bis dorthin vordringen. Ich kann nicht flüchten, obwohl das Tor sperrangelweit offensteht; ein undurchdringliches Netz aus dünnen, scharfen, kleinen Ketten hängt dort. Ich weiß nicht, seit wann es hier hängt. Vor der Zeremonie war es noch nicht da. Es ist fest mit Haken in die Schwelle und die Steintürflügel eingeschmiedet. Als wenn es von jeher hier wäre.
Ich kann meine Hände zwischen den kleinen Ketten durchstecken, und das ganze Netz spannt sich mit mir nach außen in das grelle Licht; denn vor der Kirche herrscht die Sonnenglut. Auf dem sandigen, freien Platz vor der weißen Friedhofsmauer stehen Hunderte von Pritschen und Hunderte Pferdegespanne, aber kein Mensch ist zu sehen. Ich kann das Netz nicht durchbrechen; mein Gesicht ist voll Schweiß, der von meinen Wangen, meiner Stirn, an den Augen vorbei herunterfließt; ich fühle, daß sie nach mir greifen. Wenn sie mich im Wald nicht getötet haben, dann tun sie es jetzt.
Aber auf einmal befinde ich mich zu Hause in der Stube. Ich liege im Bett. Es ist heiß, es sind hundert Grad Celsius; ich schwitze sehr. Mein Hals ist verbunden, weil ich Angina habe, aber es scheint mir, daß auch Blut durch das Handtuch sickert. Mutter sitzt an meinem Bett und hält einen Teller voll gekochtem Grießbrei mit Zucker und Butter. Sie füttert mich löffelweise. Sie streichelt mich. Wenn sie mich streichelt, fühle ich die rauhe Haut ihrer Handfläche. Ihre Hände haben von der Arbeit die Farbe von Klatschmohn. Meine Haare bleiben an der rauhen Fläche hängen. Sie nimmt das Handtuch, taucht es in die Schüssel mit Wasser ein und wringt es aus. Dann wischt sie mit dem nassen Handtuch meine Stirn und die Wangen ab; es ist wohltuend, und ich beruhige mich dabei.

6

Ich wache im Wald auf.
Ich suche Julina.
Das schlafende Heer.
Erinnerung an das tote Fohlen.
Der Haushaltsplan.
Vorstellung, wie ich zu Hause eine Tracht Prügel bekomme.
Ich begegne dem ersten Russen, der mir eine Blase schenkt.
Vorstellung einer triumphalen Heimkehr.
Was mir die Leute später erzählt haben.

Als ich die Augen aufmachte, sah ich zuerst die Zunge von Isa. Ich konnte nicht gleich begreifen, wo ich mich befand und was geschehen war. Isa leckte mein Gesicht ab. Mit ihrer weichen Schnauze stieß sie in mein Gesicht, damit ich wach werden sollte. Meine Bewegungslosigkeit erschreckte Isa. Wahrscheinlich fürchtete sie sich im Wald. Ich fühlte, wie ihre feuchte Nase über meinen Hals wanderte, wie sie mir nacheinander Schultern, Arme, Brust und Bauch beleckte. Als sie sah, daß ich die Augen halb aufmachte, bellte sie. Jetzt wußte ich auch, wo ich mich befand, nämlich im Hagebuchenwäldchen. Und nicht dort, wo ich hingefallen war, als mich der Deutsche eingeholt hatte. Wie war ich hierhergekommen? Dort oben, über dem dunklen Netz der Baumkronen, schwamm die Sonne; sie stand schon sehr tief. Es war, als hielten die schlanken Stämme der Buchen sie gefangen. Auf einmal wußte ich wieder alles, was geschehen war. Ich jage Isa fort. Ihr schmeicheln ist mir lästig, und außerdem kann ich ihr die Feigheit nicht verzeihen, mit der sie mich im Stich gelassen hat. »Du Schuft!« sagte ich zu ihr. »Wo warst du?«
Jetzt macht sie treue Augen. Isa kann einen mit einem außerordentlich wehmütigen Blick anschauen. »Du feiger Schuft!« schreie ich sie an. Ich nehme ein Stück Holz in die Hand, will es nach ihr werfen, aber der Hund springt zur Seite. Er setzt sich jedoch sofort wieder hin, schaut mich an,

seine heraushängende Zunge zittert; er knurrt leise und bittend, als ob er mich wieder besänftigen wolle.
Das Schießen ist nähergekommen. Ich höre das Maschinengewehr sehr deutlich. Die Garben sind so laut zu hören, als säße der Schütze schon hinter dem nächsten Dickicht. Der Krieg interessiert mich in diesem Augenblick am allerwenigsten. Ich taste meinen zusammengeschlagenen Körper ab. Ich fühle jeden einzelnen Knochen und jeden Muskel, als wäre ich aus willkürlich ausgesuchten Teilen zusammengesetzt, die nicht zueinander passen. Mein Gesicht kann ich nicht anfassen, es schmerzt fürchterlich. Ich will schlafen und vor Müdigkeit fallen mir die Augen zu. Isa faßt Mut, steht auf, kommt näher, bellt mich an und sagt mir irgend etwas, was vielleicht ihre Verteidigung sein soll. Aber der Schmerz überwältigt mich erneut; und ich höre das Maschinengewehr nicht mehr, sondern die Osterratschen. Wir befestigen farbige Bänder an ihnen. Die Ratschen sind den ganzen Tag über im Dorf zu hören.
»Die Glocke ist nach Rom geflogen«, sagt der Pfarrer. Aber ich will mich mit meinen eigenen Augen davon überzeugen und schleiche mich vorsichtig hinter die Eisentür, die Treppen hinauf, in den Kirchenturm. Damit ich es selbst sehen kann. Die Glocke hängt selbstverständlich noch an ihrem Platz. Sie ist nicht weggeflogen. Hinter meinem Rücken höre ich Schritte, ich will die Flucht ergreifen, aber ich weiß nicht wohin. Unser Küster hat mich erwischt. Mit einem Ruck zieht er mich zu sich. Ich schaue in sein rötliches Gesicht. Er hält mich krampfhaft an beiden Schultern fest; sein Mund ist offen, als wolle er mich beschimpfen; aber ich höre nur das Gebell von Isa, und für eine Sekunde, bevor ich aus meinen Traumphantasien hochschrecke, vermischt sich ihr Hundekopf mit dem des Küsters. Isa bellt wie verrückt. Ich bin schon wieder wach und ganz bei Sinnen. Möglich, daß ich nur für eine Sekunde ohnmächtig war. Über dem Wald steht die Sonne. Ihr Schein ist rötlich. Das rote Licht rinnt die Zweige und Stämme bis zu dem niedrigen Gesträuch herunter, es flimmert, so, als wäre irgendwo ein großer Kerzendocht dem Verlöschen nahe. Ständig wird geschossen. Das Geräusch erinnert mich an das Umschütten von Erbsen

aus einem großen Metallbehälter in mehrere kleinere Blechschüsseln, von denen jede einen anderen Ton gibt. Ich stehe auf, krümme mich vor Schmerz, sehe nach und stelle fest, daß ich nur einige Hautabschürfungen abbekommen habe. Das wundert mich, denn ich dachte, ich hätte mindestens mehrere Knochen gebrochen. Isa hört auf zu bellen; sie reibt sich an meiner Wade. Sie liebt mich auf einmal sehr. Hätte ich sie zu Hause gelassen und wäre allein in den Wald gefahren, es wäre das gleiche. Einen Augenblick torkele ich wie benommen. Es flimmert mir vor den Augen, ich habe Ohrensausen. »Krieche nicht andauernd hinter mir her!« tobe ich. »Warum hast du sie nicht gebissen?« Meine Lippen kleben an den Zähnen. Ich spucke Blut aus. Mit der Zunge feuchte ich die Lippen an. Ich tue es vorsichtig, weil es fürchterlich brennt. Ich muß gespenstisch aussehen. Nur gut, daß ich mich nicht sehen kann, gut, daß mich meine Mutter nicht sieht. Ich möchte gerne wissen, ob das Schießen, daß ich ständig höre, von der russischen oder der deutschen Front kommt. Von mir aus ist das eigentlich egal, auch wenn es ein tatarisches Schießen wäre. Trotzdem interessiert es mich. In trostlosen Situationen interessieren mich die Nebensächlichkeiten besonders. Hier ist ein mit Hagebuchen bewachsener Abhang. Ich rutsche ihn hinunter, falle dabei einige Male auf mein Hinterteil und rutsche auf der Hose weiter. Anscheinend habe ich fast keine Nase mehr im Gesicht. Ich fühle jedenfalls nichts Nasenähnliches. Mit den Fingern taste ich Mund, Zahnfleisch und Zähne ab. Die Zähne scheinen locker zu sein. Der eine Zahn vorne wackelt bestimmt. Das ganze Zahnfleisch ist geschwollen. Der Deutsche rächte sich an mir wahrscheinlich für ganz Deutschland. Es würde mich nicht wundern, wenn er in seinem Zivilberuf Boxer ist.

Ich trampele durchs Gebüsch, obwohl ich es leicht umgehen könnte, trete gegen die Baumstämme, obwohl ich sie sehe. Ich gehe wie im Traum. Es ist ein merkwürdiger Zustand, mein Körper hat zeitweilig kein Gewicht, aber mein Kopf wiegt dafür anscheinend einen Doppelzentner. Aber ich halte die Richtung zu dem Weg und zu dem Gebüsch ein, wo mein Wagen und die Julina standen. Nur eine Gasmaske

liegt hier, und im Gras sind Radspuren zu sehen, sonst ist nichts mehr hier. Ich hab' das alles doch nicht geträumt, es ist wahr. Wütend trete ich gegen die Gasmaske; mit solcher Kraft, daß ich mir dabei mindestens die Zehen verrenkt habe. Ich springe wie wild auf einem Bein herum. Aber dieser Wutausbruch beruhigt mich nicht. Auch der überfahrene Eimer liegt noch dort; das Rad hat ihn plattgedrückt. Ich hebe ihn auf und werfe ihn ins Gebüsch. Isa, die Idiotin, läuft hinter ihm her, nimmt ihn am Henkel in die Schnauze und bringt ihn zurück. Vor Wut hätte mich beinahe der Schlag getroffen. Aber sie ist dummerweise so treu, daß ich ihr nicht einmal böse sein kann. Vitlich hat sie fabelhaft dressiert, aber mir scheint, kein Erziehungssystem kann die Grundeigenschaften des einzelnen verändern. Auch bei den Hunden nicht.
»Julina!« schreie ich in die Baumkulisse. »Julinaaa!« Ich laufe zum Weg. Aber der Weg ist leer. Ich schaue mich nach beiden Seiten um – nirgendwo eine Spur. Über dem Wald steigt eine Leuchtkugel empor, zerspringt in kleine glühende Knöpfe. Irgendwo in der Ferne kommt es zu einer Detonation.
»Juuuliiinaaa!« schreie ich und weine fast dabei.
Ich laufe durch den Hohlweg und Isa hinter mir her.
»Laufe nicht hinter mir her! Laufe nicht hinter mir her!« Ich lasse meine Wut an Isa aus und bücke mich, um einen Stein aufzuheben. »Warum kriechst du ständig hinter mir her? Lauf, wohin du willst!« Ich weiß schon, daß ich die Julina nicht mehr finden werde. Die bevorstehende Katastrophe zu Hause bedrückt mich. Isa springt erschrocken hinter ein Gebüsch und läuft am Waldrand weiter, weit genug zwischen den Bäumen, damit ich sie nicht mit dem Stein treffen kann. Sie läuft einen Bogen und ist dann plötzlich auf dem Weg vor mir. Sie wartet, bis ich sie erreicht habe. Und wieder läuft sie weg, damit sie weit genug fort ist, falls ich erneut Steine nach ihr werfen will. Manchmal ist sie sogar schlau. Ich sehe, daß sie einen Fetzen Stoff im Maul hat.
»Isa«, rufe ich. »Bring es her! Was hast du denn da?«
Sie hat Angst vor mir und hält Abstand. Sie hat tatsächlich einen Lappen zwischen den Zähnen. Sie stolpert darüber

und muß ihre Schnauze hochhalten, damit sie nicht darauf tritt.
»Isa!« Ich schnalze mit der Zunge. »Du brauchst keine Angst zu haben. Ich tu dir doch nichts, du Idiot!« sage ich freundlicher. Sie läßt sich tatsächlich überzeugen. Dann gehe ich zu ihr. Sie hält in der Schnauze das Tuch, worin mir meine Mutter heute früh das Essen eingepackt hat. Ich erkenne es, bestimmt ist es das Tuch. Sicher ist es den Deutschen vom Wagen heruntergefallen; wahrscheinlich fuhren sie so schnell, wie Julina kann. Verzweifelt renne ich los. Ohne irgendeine Absicht; denn auch wenn ich sie einholte, was ganz ausgeschlossen ist, was könnte ich schon ausrichten, außer daß ich wieder eine Tracht Prügel bekäme!

Wenn ich jetzt an Julina denke, kommen mir Erinnerungen an die Reise zu dem Gestüt ins Gedächtnis. Der Vater spannte die Stute aus dem Wagen aus, führte sie an den hellen Gebäuden und an der Umzäunung vorbei auf die grüne Wiese. Julina tänzelte. Sie schwenkte ständig die Hinterhand, und mein Vater hatte zu tun, um sie zu halten. Sie liefen fast bis zu den Stangen des Auslaufs. Er sprach auf Julina ein, als könnte sie verstehen, was er sagte: »Nur langsam! Du wirst es schon noch abwarten können!« Ein alter Angestellter mit furchtbaren O-Beinen machte das Gatter auf. Er war groß, so daß das O der Beine ebenfalls groß war. Seine Reithose hing an breiten Hosenträgern. Ohne die Träger wäre sie ihm sicher heruntergerutscht, so wenig Hüften besaß er. Er trug ein leuchtendes, bunt-gestreiftes Hemd. Auf dem Kopf, bis in den Nacken zurückgeschoben, saß ein Jägerhut mit einem dünnen Gamsbärtchen. Er lachte über das ganze Gesicht mit seinem fast zahnlosen Mund. Aber er sah zufrieden aus. Er rief meinem Vater zu: »So ein Aas! Wie's ihr eilig ist. So ein Aas! Herrgott, hat sie's aber eilig. Schau, sie kann es nicht mehr aushalten!«
»Geh zum Wagen zurück«, sagte Vater zu mir, als er sah, daß mich das zu interessieren begann. »Sieh nach, ob die Räder genug geölt sind!«
Die beiden, mein Vater und der Angestellte des Gestüts,

lachten wieder, als wenn es wer weiß was für ein Witz wäre. Als wenn ich noch so klein und dumm wäre, um zu glauben, daß der Storch die Fohlen bringt. Die erwachsenen Menschen sind vielleicht manchmal naiv und dumm. Ich ging selbstverständlich sehr langsam zurück.
»Hast du gehört?« rief mein Vater. »Muß ich dir erst Beine machen!« Am meisten ärgerte es mich, wenn er mich vor anderen Menschen erniedrigte. Ich beschleunigte meinen Gang und täuschte einen ziemlich lahmen Dauerlauf vor. Nun starrte ich die dämlichen Räder des dämlichen Wagens und die Wagenschmiere an.
Aber ich konnte zwischen den Radfelgen zur Umzäunung sehen. Sie hatten den Hengst schon aus dem Stall herausgelassen. Bis dahin hatte er seine Stimmbänder schon arg strapaziert. Er rannte vom Stall weg, tänzelte, lief zeitweilig nur auf den Hinterbeinen. Er machte Pirouetten in der Luft. Er war groß, glänzte wie Stahl. Die Sonne spiegelte sich auf seinem glatten Rücken, seinem großen Kopf und den wie gedrechselt wirkenden Beinen. Ich merkte gar nicht, daß ich die Stirn an die verschmierte Radnabe drückte, daß mein Gesicht voller Wagenschmiere war. Ich hielt krampfhaft die Holzfelgen fest, sah den Hengst und die Stute deutlich gegen den blauen Himmel. Sie waren höher als die Dächer. Es erschien mir fürchterlich, daß der Hengst auf unserer Julina ritt.
Auf dem Rückweg vom Gestüt hielten wir dann an, um uns zu stärken. Wahrscheinlich gehörte das zu der ganzen Prozedur. Jeder der Bauern, der seine Stute zum Hengst bringt, findet auf dem Rückweg die Kneipe und läßt sich ein Gläschen Schnaps auf guten Erfolg eingießen. Der Vater kaufte mir eine Brezel mit Mohn, was für ihn eine unglaubliche Schwelgerei war. Wir aßen Goulaschsuppe. Dem Kutscher vom Großgut kaufte er einen Schnaps. Für sich selbst bestellte er auch ein Gläschen. Sie boten einen deftigen Anblick, wie sie so an der Theke standen; beide hatten eine Peitsche bei sich und sprachen über Pferde. »Sie wird dir ein Fohlen geben!« sagte der Bursche. »Es soll hübsch aussehen!« – »Der Herrgott soll uns dabei helfen!« sagte mein Vater. Er zog die Augenbrauen hoch. »Der Herrgott

soll uns dabei helfen!« Sie stießen an, der Schnaps spritzte auf den Fußboden, lief über ihre Finger.

Wir fuhren über die Feldwege nach Hause, denn das war näher als über die Straße. Mein Vater sang laut. Er gröhlte Lieder aus der Zeit, wo er Soldat war. Dabei scheuchte er alle Rebhühner auf. Aber es war eine wunderschöne Landschaft, das Korn blühte, der Blütenstaub flog durch die Luft wie Puder, und die grünen Bäume ragten aus dem Getreide wie riesige Leuchttürme. Mein Vater schwankte zeitweilig hin und her, fast wäre er vom Wagen gefallen. Ich konnte ihn gerade noch abfangen und festhalten. Ich roch den Kornbranntwein.

»Hab keine Angst«, sagte er. »Keine Angst, Olin.«

»Vater, soll ich fahren? Soll ich?«

Ich streckte meine Hand aus, damit er mir die Pferdeleine geben konnte. »Du kannst dich im Wagen hinlegen«, sagte ich.

Er sah mich an. »Wisch dir die Nase ab«, sagte er. »Halt dich fest, damit du nicht herunterfällst!« Aber als wir zur Kapelle auf dem Hügel kamen, da lag er schon im Wagen. Er ließ doch mit sich reden. Sein Kopf fiel vom Heubund auf das Brett, murrend hob er ihn wieder hoch. Dann stieß er sich an etwas und schimpfte: »Fährst du auf dem Weg, oder wo fährst du her, zum Donnerwetter? Fahr auf dem richtigen Weg!«

»Jawohl«, sagte ich. Ich fuhr, wie es am besten ging. Vaters Mund war während des Schlafs geöffnet. Wie er da so lag, war er groß und füllte den ganzen Wagen aus.

»Prrr!« brüllte er am Brunnen. Die Stute blieb aufs Wort stehen. Er kletterte vom Wagen herunter, als fehlten ihm die Knie. Ich befürchtete, er würde sich noch das Genick brechen. Er kniete am Brunnen nieder, spritzte sich Wasser ins Gesicht, auf seinen Hals und unter das Hemd. Alles war durchnäßt. Und dann trank er lange, als müsse er in seinem Innern einen Brand löschen, er schnaufte. Dann richtete er sich auf, konnte aber das Gleichgewicht nicht halten. Es sah so aus, als wenn er jeden Augenblick umfallen würde. Mit dem behaarten Handrücken wischte er über die Augenbrauen, von denen das Wasser tropfte. Dabei starrte er mich

an, zwinkerte, spuckte aus und überlegte einen Augenblick. Es war ihm immer anzusehen, wenn er nachdachte.
»Ist dir von der Suppe auch so schlecht?« fragte er. »Wer weiß, woraus sie das Spülwasser gekocht haben!« Er dachte, daß ich ihm diese Ausrede als Grund für sein Unwohlsein abnähme. Wahrscheinlich machte ich ein Gesicht, als wenn ich es glaubte. Mit geradezu halsbrecherischen Verrenkungen kletterte er auf den Kutschbock.

Ich falle auf den Weg, kann nicht mehr laufen. Ich kriege keine Luft mehr. Ich sehe mir die Kreuzung der drei Wege an. Der Boden ist hier steinig; ich kann nicht erkennen, wo die Deutschen abgebogen sind.
»Wohin sind sie bloß gefahren?« frage ich Isa. Isa aber ist kein Fährtenhund, sie kann höchstens etwas zum Fressen riechen. Sie läuft den Weg entlang und schnüffelt an den Kaninchenlöchern. Ich stehe auf und weiß jetzt wirklich nicht, was ich tun soll. Ich kann suchen soviel ich will, ich finde trotzdem keine Spuren.
Die Sonne wird schon schwächer und funkelt auf den Sträuchern; bald wird sie untergehen. Die Schießerei schwillt immer mehr an. Ich versuche, nicht mehr auf meinen Atem und das Pochen des Blutes zu achten; ich begreife, daß das Schießen ununterbrochen und ganz nahe zu hören ist, noch näher als vor wenigen Augenblicken.
Ich gehe jetzt, laufen hat keinen Sinn. Ich komme zum Bach. Auf einmal verspüre ich großen Durst, meine Zunge ist trocken und rauh. Der Bach läuft jetzt parallel zum Weg. Ich lege mich auf den Bauch, stütze mich auf die Ellenbogen und berühre die Wasserfläche mit dem Mund. Ich sauge das Wasser durch meinen Mund ein, bis er ganz voll ist. Ich trinke in langen Zügen. Das Wasser dringt durch meine Zähne und es lindert den Schmerz des Zahnfleisches, es ist ein maßlos glückliches Gefühl. Ich mustere mein Spiegelbild auf der Wasseroberfläche. Ein fremdes Gespenst sieht mich an; ich sehe aus wie ein Toter. An einem Auge hat der Schlag eine dunkle Spur hinterlassen. Es sieht so aus, als hätte ich überhaupt kein Auge mehr. Ich mache das gesunde Auge zu, beschatte es mit der Hand und merke, daß ich

sehen kann. Es ist nur ein blauer Fleck. Der Hund trinkt auch. Und dann habe ich ihn wieder zu meinen Füßen; er drückt sich an mich, winselt, wittert etwas. Sicher sehr nahe, sonst würde er sich nicht so verhalten.
»Was ist denn?« frage ich leise. »Was ist denn, Isa?« Damit sie sich nicht fürchtet, tue ich, als hätte ich keine Angst. Ich schaue, wohin Isa ihren Kopf dreht. Ich gehe vorsichtig an den Sträuchern vorbei, lege mich schnell auf die Erde, hebe nur den Kopf und blicke über die Halme. Ich sehe nicht nur drei Deutsche, sondern mindestens dreitausend Deutsche. Auf dem Waldweg steht eine Kolonne Militärfahrzeuge, die mit Ästen und Netzen zugedeckt sind. Sie sind ganz verstaubt. Ich weiß, daß die Netze und Äste zum Tarnen da sind. Ich sehe auch Panzerwagen und Kanonen und sehr viele Lastwagen und einige Motorräder mit Seitenwagen. Sie haben auch eine Batterie Minenwerfer, ich weiß nicht, was sonst noch für Waffen. Sie stehen; ich sehe keine Bewegung. Es sieht sonderbar aus, daß die Soldaten neben den Autos schlafen und ihre Waffen auf dem Boden liegen. Sie schlafen tief, sie müssen sehr müde sein. Sie liegen über den ganzen Abhang und den Weg verstreut. Einige von ihnen liegen in den Autos hinter dem Lenkrad, in den geöffneten Wagenkästen auf Kisten und auch in den Seitenwagen. Nur hinter einem Maschinengewehr sehe ich einen Wachsoldaten. Er lehnt an einem Baum. Der Kopf des Mannes fällt ständig auf seine Brust.
Plötzlich krachen Schüsse. Sie interessieren keinen von diesen Soldaten. Ein Mann mit Kragenlitzen geht zwischen den Schlafenden umher. Er trägt auf dem linken Unterarm eine Pappkiste und wirft jedem Soldaten zwei weiße Schachteln auf die Erde. Manche lassen sie unachtsam liegen, andere wieder wachen genau auf die Sekunde auf, strecken ihre Hand aus und stopfen damit ihre Taschen voll. Die wenigsten strecken die Hand aus, um sie direkt von ihm in Empfang zu nehmen. Er spricht sie nicht an, und sie sprechen ihn nicht an. Er schreitet über sie, sieht nach, wem er schon eine Schachtel gegeben hat und wem noch nicht. Und wieder schaut er in die Pappkiste. Schließlich nähert er sich meinem Strauch, kommt zu dem Wachposten. Auch ihm

gibt er zwei Schachteln. Der Wachsoldat reißt sofort eine Schachtel mit den Zähnen auf und nimmt eine Zigarette heraus, steckt sie in den Mund.
»Die letzte Zuteilung«, sagt der Soldat auf deutsch. Die beiden zünden sich ihre Zigarette an.
Diese Soldaten sahen von allen, die ich je gesehen habe, am schrecklichsten aus, gerade deshalb, weil sie schliefen, während das Schießen weitertobte. Niemals war ich dem Atem des Krieges so nahe wie jetzt.
Ich krieche auf dem Bauch wieder zurück. Der Hund auch. Ich halte Isa ständig die Nase zu. Ich krieche bis zum Bach zurück, dann laufe ich geduckt den Abhang hinauf, damit ich die Deutschen in großem Bogen umgehen kann. Ich weiß überhaupt nicht, was ich ohne Julina tun werde, aber ich möchte aus dem Wald heraus sein. Der Schnürsenkel geht auf. Es scheint mir, daß ich schon sehr lange gehe. Ich muß mich in der Aufregung irgendwie in der Richtung geirrt haben. Ich fürchte, daß ich für immer zwischen Sträuchern, Bäumen, Ästen und Wurzeln bleiben muß. Aber auf einmal wird die geschlossene Wand der Baumstämme dünner; zwischen den Bäumen ist mehr Licht. Dann gibt es nur noch vereinzelte Eichen, und ich bin in der freien Landschaft. Ich weiß gar nicht, wie das möglich ist. Hinter den Feldern sehe ich unsere Kirche, unseren Kirchturm. Ich muß mich hinsetzen, mache den Schnürsenkel zu. Mit den Augen spähe ich nach der Landschaft. Jetzt hört es sich an, als käme das Schießen unten vom Fluß, von der Brücke her. Aber es ist möglich, daß es noch weit entfernt ist; die Geräusche in der freien Landschaft täuschen. Die Natur sieht ruhig aus, als wäre nichts geschehen. Die historischen Augenblicke der Geschichte beeindrucken sie nicht ein bißchen. Ich sehe eine Maus, wie sie von einem Loch zum andern läuft; für einen Augenblick bleibt sie stehen, sieht mich an; ihre Augen sind klein wie Stecknadelköpfe. Ich überlege, wie ich aus der Sicht einer solchen Feldmaus aussehen mag. Meine Gedanken sind manchmal durcheinander, so daß es mich gar nicht mehr wundert. Und auf einmal überfällt mich wieder die Angst. Ich kann kaum noch atmen. Jemand umklammert mit der einen Hand mein Herz und meinen Hals mit der

anderen. Ich kann nicht sitzen, ich muß aufstehen. In diesem Augenblick kommen auch schon die Schatten. Die Sonne färbt sich rötlich. Und wieder laufe ich los, laufe durch die niedrigen Akaziensträucher, die mir kaum bis zur Gürtellinie reichen. Von neuem denke ich nur an mein Unglück. Auch an die längst vergangenen Geschichten. Wie ich einmal zum Tierarzt laufen mußte. Das Pförtchen des Hauses war zu. Noch heute sehe ich mich, wie ich anhaltend klingele. Ich höre, wie die Klingel im Innern des Hauses schrillt. Ich klettere auf den Zaun. »Herr Doktor!« rufe ich. »Herr Doktor!«

Am Pförtchen ist der elektrische Summer zu hören. Bis dahin hatte ich von solchen amerikanischen Einrichtungen nichts gehört. Überrascht höre ich auf das Summen, statt gegen die Tür zu drücken. Als ich weiß, was zu tun ist, schweigt der Summer bereits. Ich rufe erneut. Ich wünsche mir, daß der Tierarzt herauskommt, aber auf der Schwelle erscheint seine Frau, sie heißt mit Vornamen Alexandra.

Sie mußte aus ungewöhnlich guten Verhältnissen stammen. Sie sagte immer: Warte hier, oder: Laß das liegen, stütze dich nicht darauf, trete nicht dort ein!

»Was willst du denn?« fragte sie in einem Ton, der Respekt fordern sollte. Sie trug lange Hosen und einige Zentimeter hohe Absätze. Ich war ganz weg von ihrer Schönheit.

»Unsere Julina bekommt ein Fohlen«, sagte ich. Es war zu sehen, daß sie das gar nicht interessierte. Ich wiederholte stotternd die Nachricht, die für unsere Familie von größter Bedeutung war. Es berührte die Gnädige überhaupt nicht.

»Gerade wenn wir Mittag essen?« sagte sie. Das konnte selbstverständlich nur sie sagen. Erst dann kam sie zum Zaun, um mir das Pförtchen aufzumachen. »Warte hier«, befahl sie. »Bleib hier auf der Treppe stehen, geh nicht in die Diele.«

»Jawohl«, sagte ich.

Ich sah nicht, daß sich der Tierarzt inzwischen aus dem Fenster hinauslehnte. »Julina trägt schon ein Fohlen?« fragte er mich.

»Ja, Herr Doktor ...«

»Gut«, sagte er. »Warte auf mich, ich hole nur den Koffer mit den Instrumenten.«
Der Doktor war prima. Tierärzte sind meistens prima Kerle.
»Hast du keinen Durst?« fragte seine Frau in einem Ton, daß man schon sagen mußte, man verspüre keinen Durst. Manchmal war sie großzügig. Es gab Jungen, die berichteten, sie habe ihnen sogar ein Glas Wasser gereicht.
»Ich habe Durst«, sagte ich. In diesem Moment ärgerte sie sich, daß sie überhaupt gefragt hatte. Sie machte ein strenges Gesicht, ging aber ins Haus zurück. Sie ließ mich auf der Veranda stehen. Ich schaute mich um. Auf der Bank stand eine Schüssel voll Marmelade, ich roch das Himbeeraroma. Ich widerstand einen Augenblick, ungefähr eine halbe Sekunde lang. Das Unglück war, daß ich Himbeermarmelade am liebsten von allen Marmeladesorten esse. Ich wollte nur ein wenig mit dem Finger wegkratzen. Die Marmelade war schon dick wie Sülze, der Finger ließ nur eine kleine Delle zurück. Sie schmeckte sehr gut. Ich versuchte, die Delle wieder zu glätten und fuhr mit dem Finger über die Marmelade in der Schüssel. Die Hand mit dem Marmeladenfinger versteckte ich sofort in der Hosentasche, als die Frau des Arztes mit einem Glas Wasser erschien. Ich trank das Glas leer. Erst dann kam der Doktor heraus. Er ging zu seinem Auto.
Ich lief voraus zu meinem Fahrrad. »Danke«, rief ich über den Zaun zur Veranda. Gleichzeitig beeilte ich mich, um rascher von hier wegzukommen. Ich trat (unter der Mittelstange) heftig in die Pedale, fuhr durch die Staubwolke, die das vor mir fahrende Auto verursachte. Als ich mich in der Kurve umdrehte, sah ich die Doktorsfrau am Zaun stehen; sie sah mir nach, in den Händen hielt sie anklagend die Porzellanschüssel mit der Himbeermarmelade.
Ich erinnere mich, wie ich damals die ganze Zeit, die sie im Stall verbrachten, auf dem Bauch oben auf dem Holzhaufen in unserem Hof gelegen habe. Meine Mutter lief ab und zu angsterfüllt aus dem Stall, um dem Doktor etwas zu holen. Mein Vater kam mit hochgekrempelten Ärmeln heraus; sein Hemd und seine Hose waren von Wasser und Blut durchnäßt. Er nahm ein dünnes, zusammengerolltes Seil

von der Wand ab. Ich konnte nicht begreifen, wozu er das dünne Seil gebrauchen wollte. Ich konnte es nicht erwarten, bis das Fohlen das Licht der Welt erblickte. »Vater, kommt das Fohlen schon?«

Er hatte keine Zeit, mir zu antworten. Dann dauerte es noch eine Weile, ich hörte ihre leisen, aufgeregten Stimmen und Vaters Stimme aus dem Stall, wie er Julina zuredete. Ich fand mich in seinem zitternden Ton nicht durch. Aber dann kam meine Mutter heraus, sie hielt einen Schürzenzipfel an ihre Augen, ich sah, daß sie weinte, und ich hörte es auch. Sie nahm den an der Wand abgestellten Spaten in die Hand, ging zur Mauer und begann, in den Boden ein Loch zu graben. Ich sprang auf, stand auf dem Holzscheithaufen und begriff nichts. Der Doktor kam heraus; meine Mutter ging zu ihm, sie hatte schon einen Eimer vorbereitet, goß ihm Wasser auf die Hände und reichte ihm Seife und Handtuch. Sie sprachen kein Wort miteinander. Erst als er sich die Hände abgetrocknet hatte und meine Mutter immer noch weinte, da bin ich vom Holzhaufen heruntergekrochen. Ich stand dicht hinter ihnen und hörte, wie der Doktor zu meiner Mutter sagte: »Hauptsache ist, daß die Stute am Leben geblieben ist. Es fehlte tatsächlich nicht viel!« Die Stimme des Arztes war ruhig, tief und sympathisch. »Wir haben getan, was wir nur konnten«, sagte er. Ich ging ihnen bis in den Hausflur nach und in die Küche. Meine Mutter reichte dem Doktor Banknoten. Sie schniefte ständig. Das Geld war schon vorher abgezählt worden. Er nahm die Banknoten, wollte sie in die Tasche stecken, dann sah er meine Mutter an und legte zwei davon wieder auf den Tisch zurück. Er tat das in dem Augenblick, als sie sich gerade dem Waschbecken zudrehte. Er nahm rasch sein Köfferchen und verließ das Haus; kurz darauf war sein wegfahrendes Auto zu hören. Er war wirklich ein prachtvoller Mensch. Von manchen Leuten soll er gar kein Geld genommen haben.

Auf unserem Hof war es auf einmal traurig wie bei einem Begräbnis. Nur die blöden Hennen spektakelten auf dem Misthaufen, als wenn nichts geschehen wäre. Ich bin auf der Stallschwelle stehengeblieben. Innen war es halb dunkel. Die Stute stand seitlich an der Wand. Das tote Fohlen lag auf den Pflastersteinen, mit einem Sack zugedeckt. Nur die Beine und die Ohren waren zu sehen. Erst dann sah ich meinen Vater. Er lag in dem Strohhaufen, hinter Julinas Box. Er hatte das Gesicht mit den Händen bedeckt, seine Schultern zuckten. Dann sah er, daß ich in der Tür stand, drehte sich auf die andere Seite, damit ich sein Gesicht nicht sehen sollte. »Bring ihr eine Mohrrübe«, sagte er. Ich sah, daß er tatsächlich weinte. »Bring ihr 'ne Karotte!«

Es konnte keine andere Familie auf der Welt geben, die so sparsam war wie unsere. In mir brannte keine große Liebe zu meinem Vater, aber ich weiß, daß er auf alles verzichtet hat. Ich erinnere mich an seine adrigen, gelenkigen Hände, wenn er sie auf die Platte unseres Küchentisches legte. An die farblosen, mit einer Reisbürste gescheuerten Bretter, an denen wir an Wochen- und Feiertagen saßen. Heute noch kann ich mich an jede Rille in unserem Tisch erinnern; die Tischplatte erinnerte mich immer an das runzlige Gesicht irgendeines Bekannten. Mein Vater schnitt auf einem Brett mit einer Rasierklinge seine Zigaretten. Er kaufte immer die billigste Sorte, sie hieß Zora. Er drittelte sie und zählte fünf Drittel für sein Zigarettenetui ab. Ein Drittel wollte er gleich in die Spitze stecken und anzünden. Aber er zündete es nicht an.

Und an diesem Tisch schrieb er nach der Geburt des toten Fohlens mit einem Bleistift Zahlen in ein abgegriffenes Heft. Meine Mutter saß neben ihm. In dem Heft lagen die Banknoten; das Kleingeld hatte die Mutter in einem Topf. Sie schrieben die Ausgaben ein, machten einen Haushaltsplan; es war ihr Finanzministerium.

»Du könntest einen Mantel gebrauchen«, sagte sie leise zum Vater. Sie sprachen leise, damit sie mich nicht aufweckten, denn sie dachten, daß ich schon schlafe.

»Ich brauche keinen Mantel«, sagte er. »Ich hab' noch einen.«

»Den kannst du nicht mehr anziehen«, sagte sie.

»Aber ja. Ich kann ihn noch anziehen. Ich kann ihn noch ganz gut tragen.«

Er hatte seine alte Brille mit dem Drahtgestell aufgesetzt, ein Glas hatte einen Sprung. Er setzte sie immer nur dann auf, wenn er schrieb oder rechnete. Nur sein Bleistift kratzte. Die Uhr an der Wand tickte. Hinter Vaters Rücken hingen an der Wand das Kruzifix und der eingerahmte Spruch ›Gott bringe Glück in dieses Haus‹. Ich schlief ein, und in dieser Nacht flüsterten ihre Stimmen noch lange über meinem Kopf.

Wenn ich mich jetzt daran erinnere und denke, daß ich Julina wahrscheinlich nicht mehr zurückbekomme, möchte ich am liebsten laut in die leere Landschaft weinen. Ich schneuze mich, mein Kinn zittert. Es fällt mir sehr schwer, auf den Füßen zu bleiben. Ich krieche aus dem Akaziengebüsch heraus und gehe quer über das Ackerfeld; ich weiß eigentlich gar nicht, wohin. Ich gehe in Richtung Kirche, weil ich den Kirchturm sehe. In der Kirche liegt Stroh, vielleicht werde ich in der Kirche schlafen; denn nach Hause kann ich ohne Julina nicht zurückkehren. Isa läuft von einem Mauseloch zum anderen. Ihre Nase ist mit Erde beschmutzt. Sie scharrt mit den Vorderbeinen, als wolle sie sich in die Mauselöcher einscharren. Einem Hund geht es manchmal viel besser als einem Menschen, und ich beneide Isa um ihr Hundeleben. Plötzlich hat das Schießen aufgehört. Das Ackerfeld ist unendlich groß; ich stehe mitten in einer ebenen, freien Landschaft, die von grauem Wald umgeben ist. Im Hintergrund sind die Hügel wie auf einem blauen Ausschneidebogen zu sehen, das abendliche Licht zeichnet scharf ihre Konturen ab. Ich gehe langsamer. Ich martere mein Gehirn, aber es fällt mir nicht ein, was ich tun könnte. Zeitweilig glaube ich, Pferdehufe zu hören. Aber das träume ich sicher nur; denn mein Kopf ist voller Schmerzen, ich habe Fieber und leide unter Sehstörungen. Wenn ich doch zusammen mit den Jungen gefahren wäre. Nichts wäre passiert. Julina wäre noch bei mir, und von den Jungen hätte ich höchstens eine Tracht Prügel bekommen. Ja, ich würde sogar die demütigenden Prügel von Cumat, Kadera, Res und Vasak ertragen. Ich kann mir schon vorstellen, wie ich zu Hause an der Wand stehen werde, wie mich Vaters drohender Schatten verschlingt; ich werde den Zorn in seinem Gesicht nicht beobachten können, weil es im Schatten liegen wird. Ich werde

da mit dem blauen Fleck am Auge, mit den zerschlagenen Knien, mit der zerrissenen Hose und dem zerfetzten Hemd stehen. Mein Vater wird einen Schritt nach vorne gehen, und ich weiß bis ins einzelne, was geschehen wird.
Ich bleibe in den tiefen Spuren der Panzerwagen stehen. Sie führen quer über das Feld zum Wald. Die Spur ist knietief. Isa hat Glück, sie hat wirklich eine Maus aufgestöbert, jagt sie jetzt übers Feld. Aber die Maus entkommt ihr schließlich doch noch.
Plötzlich schreit mich jemand in dieser Landschaft, wo ich keinen Menschen sehe, an und fordert mich auf, stehenzubleiben. Aber es klingt irgendwie anders, fast wie: »Stoi!« Ich weiß nicht, wer hier schreien könnte, ich sehe doch keinen Menschen.
»Stoi!« höre ich die Stimme. Ich drehe mich um, lasse die Augen über das Feld schweifen, beschleunige den Gang. Ich laufe fast. Ich habe mich erschrocken. Die leere, stille Landschaft ist auf einmal nicht mehr friedlich, sondern drohend; ich kenne mich nicht mehr darin aus. Urplötzlich springt jemand aus dem tiefen Hohlweg und läuft auf mich zu.
»Stoooi!« höre ich. »Stoi!« Ich höre und sehe ihn. Über die Schultern hat er einen flatternden Mantel. Es ist kein Schreckgespenst, sondern ein Soldat. Eine solche Uniform habe ich noch nie gesehen. Auf dem Kopf hat er etwas Großes, Pelziges. Selbstverständlich renne ich sofort weiter. Ich habe schon genug blaue Flecken. Ich weiß nicht, welchem Heer er angehört, aber er sieht überhaupt nicht friedliebend aus. Ich laufe weg, so schnell wie ich kann, und drehe mich dabei um. Er läuft hinter mir her. Er läuft sehr schnell. Er schreit immer noch sein Wort. Ich schlage Haken wie ein Hase. Es ist klar, daß er mich einholen will. Am besten kann ich etwas vorgebeugt laufen. Ich höre gar nicht mehr, was er ruft. Er schreit ständig etwas und nicht nur ein einziges Wort, sondern ganze Sätze. Wahrscheinlich flucht er, es hat sich jedenfalls so angehört. Ich kann nicht begreifen, womit ich ihn so geärgert haben soll. Im Krieg gibt es anscheinend überall nervöse Menschen. Ich renne, daß die Erdklumpen fliegen.
»Isa, spring ihn doch an! Spring ihn an!« ermuntere ich die

Hündin. Aber daran ist nicht zu denken. Sie verharrt zwar einen Augenblick, bekommt aber dann Zweifel. So bellt sie lieber. Das ist auch schon mal was! Dann läuft sie in einem großen Bogen davon. Ein Stück weiter bellt sie gleich wie drei tollwütige Hunde. Isa hat wohl gemerkt, daß der wütende Mann mich erreicht hat. Nun sehe ich seine sonderbare Uniform genauer, den Mantel mit den gehobenen Schultern. Es ist eher eine Pelerine, die am Hals festgebunden ist. In diesem Augenblick hat er sie verloren. Sie fällt auf die Erde, er läßt sie liegen. Seine Beine stecken in Stiefeln. Die Reithose schlottert ein wenig oberhalb der Knie. Über all dem leuchtet sein rötliches Gesicht wie eine Kuppel.

Ich zweifele nicht daran, daß er mich töten will. Ich kann weder schneller laufen noch Widerstand leisten. Ich ducke mich nur. Er springt mich an, reißt mich zu Boden, legt sich auf meinen Körper. Ich sehe seine Mütze, es ist eine Bärenmütze, sie fällt ihm vom Kopf herunter, rollt über das Feld, dann bleibt sie so stehen, daß ich den glänzenden, samtigen Mützendeckel sehen kann. Er liegt mit seinem ganzen Gewicht auf mir. Er würgt mich. Ich trete ihn, tue, was ich nur kann; mit letzter Kraft kämpfe ich um mein Leben. Auf einmal schießt ein Maschinengewehr ganz nahe. Genauso überraschend, wie vorher der Soldat erschienen ist. Die Schüsse pfeifen direkt über uns hinweg. Dann rattern weitere Garben. Ich sehe, wie unter seiner Bärenmütze ein Stück Erde hochspritzt; die Mütze macht einen Hüpfer. Der Mann zieht mich weg von hier, er schlägt mich nicht. Und wieder wird die Erde von einer Garbe durchsiebt. Aber da sind wir schon in Sicherheit hinter den Bäumen, die die Sicht auf das Fenster des Kirchturmes erschweren. Von dort wird geschossen. Ich weiß nicht, ob es sich um ein deutsches oder russisches Maschinengewehr handelt, aber es fällt mir ein, daß ich in der Kirche wahrscheinlich nicht übernachten kann, wenn dort Soldaten sind. Wir liegen auf dem Boden und atmen schwer und sehen uns gegenseitig an. Der Soldat ist im Gesicht schmutzig, verschwitzt; wahrscheinlich hat er sich zuletzt rasiert, als der Krieg ausbrach. Er schaut mich und dann wieder den Kirchturm an. Er sagt: »Nu, Kleiner, komm her! Aber schnell!«

Er zieht mich zurück zum Hohlweg. Dort steht er auf, auch ich bin aufgestanden. Hier können wir geduckt weiterlaufen. Plötzlich greift er sich an den Kopf. Es wird mir langsam klar, daß er ein Russe ist. Ich sehe den ersten Russen. Als erster aus unserem Dorf heiße ich ihn willkommen. Es fällt mir nichts ein, was ich tun könnte. Ich sollte vielleicht die Staatshymne singen oder sonst etwas sagen. Ich stehe da wie das Kreuz am Bach, habe nicht einmal guten Tag oder etwas ähnliches gesagt. Der Russe findet natürlich die Bärenmütze nicht auf seinem Kopf, weil sie dort drüben auf der Erde liegt, wo wir beide hingefallen sind. Er schaut nach seiner Mütze, das Maschinengewehr in der Kirche interessiert ihn nicht so sehr wie seine Bärenmütze. Plötzlich entdeckt er sie. Er müßte zurück auf das freie Feld laufen, wo freie Schußbahn ist. Es ist klar, daß dort die Deutschen schießen. Der Russe holt sich aber die Mütze; eins, zwei, drei ist er losgesprungen und blitzschnell ist er wieder zurück. Hinter ihm spritzt der Lehm wieder hoch. Niemals hätte ich gedacht, daß die Erde wie Wasser hochspritzen kann. Und daß ich den Krieg von so nah erleben würde! Der Russe reibt die Bärenmütze mit seinem Ärmel ab, pustet über den seidenen Mützendeckel und setzt die Mütze auf den Kopf. Er erzählt mir etwas, es klingt wie verwischtes Slowakisch, zum Hören ganz interessant. Wahrscheinlich flucht er schrecklich, sicher wurmt es ihn, daß seine Mütze voll Tonerde ist. Sie ist auch an einer Stelle durchschossen. Man kann einen Finger in das Loch stecken. Wer weiß, was für eine Beziehung er zu seiner prunkvollen Mütze hat, vielleicht ist sie sein Glücksbringer.

Für weitere Überlegungen hatte ich keine Zeit mehr, er stieß mich an, ich sollte in den Hohlweg hineinspringen.

Ich kam nicht mehr aus dem Staunen heraus! Dort standen neun oder zehn gesattelte Pferde! Noch nie habe ich so wunderbare Pferde gesehen. Wie Feuer! Gegen diese Pferde sahen alle Pferde, die ich bisher gesehen hatte, wie Fallobst aus.

»Was ist denn? Hast du noch kein Pferd gesehen?« schrie er mich an. Seine Sprache klang jetzt wie Tschechisch. Es wunderte mich sehr, daß beide Sprachen sich so furchtbar ähneln.

Ich dachte zwar, daß Russisch dem Tschechischen verwandt ist, aber daß diese beiden Sprachen so ähnlich sind, hätte ich nie geglaubt. Ich erinnerte mich, daß unser alter Opa immer sagte, alle Slawen hätten einen einzigen Stammvater und eine einzige Stammutter.
Der Russe legte sich auf den Abhang des Hohlweges. Sein Maschinengewehr lag noch da, wie er es verlassen hatte, als er hinter mir her lief. Der Soldat zeigte zum Kirchturm: »Deutsche«, sagte er. Er sprach es sachlich wie das Wort ›Brot‹ aus. Und er zeigt mir sehr anschaulich, daß ich tot sein konnte. Er tat es so, daß ich meine Augen aufriß. Hätte ich die schlimmen Erlebnisse nicht gehabt, sicher hätte ich gelacht.
»Du ... ein Slowake?« fragte er.
Ich schüttelte den Kopf.
Sein Gesichtsausdruck änderte sich. »Ein Deutscher?« Er hatte in seiner Stimme einen kalten Ton.
Ich schüttelte erneut den Kopf. »Nein«, sagte ich laut.
»Österreicher?«
Ich hätte selbst gerne gewußt, was das Wort Österreicher bedeutete.
»Ungar?«
Der Russe dachte sich phantastische Namen aus.
Ich schwieg, machte ein verzagtes Gesicht wie ein Waisenkind. Manchmal machte ich Gesichter, daß ich mir meinen eigenen Ausdruck lebhaft vorstellen konnte. Er sprach mit mir wie mit einem Schwachsinnigen. Er zeigte auf sich. »Ich«, sagte er. »Ich bin ein Russe. Du ...?« und zeigte dabei auf mich.
»Ich bin ein Tscheche«, antwortete ich.
»Nein«, sagte er. Er wunderte sich gewaltig. Er glaubte es gar nicht. Ich begriff nicht, warum er es nicht glaubte.
»Du bist ein Slowake«, sagte er wieder. Er setzte mich in Erstaunen, daß er aus mir um jeden Preis einen Slowaken machen wollte.
»Ich bin kein Slowake«, antwortete ich ihm. »Ich bin ein Tscheche. Hier ist schon Mähren.«
»So ... Mähren?«
Das Wort Mähren machte das Gespräch wahrscheinlich

kompliziert. Er begann wieder von vorne. Er machte es anschaulich. Er klopfte ein Stück Erde rund um sich flach. Er malte so etwas wie einen großen Kreis. Er schrieb dorthin CCCP.

»Sowjetunion«, sagte er, »Rußland. Ich bin ein Russe«, sagte er erneut. »Ich bin ein Russe.« Und er schrieb es auf. In der kyrillischen Schrift schreibt man das Wort Russe: Pyc. Es wunderte mich, daß es Russe hieß und daß man es Pyc mit einem Ypsilon schreibt. Rund um den Kreis malte er irgendwelche Mäuse. Er zeigte: »Polen, Ungarn, Österreich, Deutschland ...«

Er malte eine Leberwurst. Zusammen sah es aus wie eine Sonnenblume oder ein Elefantenkopf mit fünf Ohren.

»Die Tschechoslowakei«, sagte er. »Ja?« Er erwartete mit Spannung, was ich darauf antworte.

Auf einmal begann vor der Kirche eine furchtbare Schießerei. Es war eine Knallerei wie am Fronleichnamstag.

»Das macht nichts«, beruhigte er mich. »Das sind unsere Leute. Sie sprechen mit den Deutschen ... Du bist ein Tscheche, ja?«

»Hm«, sagte ich.

Das ganze Gespräch kam mir spanisch vor. Die Salven vor der Kirche tönten durch die Landschaft. Den Russen störte das überhaupt nicht. Er sah aus, als wenn er nicht nur auf dem Schlachtfeld groß geworden, sondern auch auf ihm geboren worden war. Die Pferde der Kosaken im Hohlweg standen auch still wie Schildkröten. Sie fraßen das vorjährige Trockengras. Es sproß auf dem Weg wie Drahtseile und es schmeckte ihnen offenbar sehr gut. Es waren genügsame Pferde, sie hätten auch trockenes Stroh gefressen. Es fiel mir ein, daß es wunderbare Pferde für meinen Vater wären. Ich konnte meine Augen von ihnen nicht abwenden. Er fragte mich nach unserem Haus, oder so etwas ähnliches. Aber das Wort ›Haus‹ habe ich deutlich verstanden. Vielleicht fragte er, ob ich nach Hause wollte. Oder ich sollte nach Hause gehen. Ich habe den Kopf geschüttelt. Ich konnte ohne Julina nicht nach Hause gehen. Ich konnte doch nicht ohne das Pferd vor meinen Vater treten.

»Wo ist dein Haus?« Das hatte ich begriffen. Ich zuckte mit

den Schultern. Ich konnte es ihm auf slowakisch erklären, aber ich tat, als ob ich es nicht kapierte. Ich wollte ihn an der Nase herumführen. Aber der Russe streichelte gefühlvoll meine Wange. Mein Verhalten brachte ihn anscheinend auf den Gedanken, daß ich überhaupt kein Zuhause hätte.
»Die Deutschen haben deine Eltern umgebracht?« fragte er. Sein breites und flaches Gesicht war voll Mitgefühl. Ich zwinkerte, und es ist möglich, daß er das für die zustimmende Antwort hielt.
»Das macht nichts«, sagte er und hob mein Kinn. »Du bist schon groß. Das macht nichts!« In diesem Augenblick schossen ungefähr fünfzig Soldaten von der Kirche her. Jetzt schaute auch der Russe hin. Sein Maschinengewehr lag schußbereit am Rande des Hohlweges, so daß er jederzeit in den Schußwechsel eingreifen konnte. Er zog auch eine Granate aus der Tasche und legte sie neben das Maschinengewehr. Er nahm den Krieg als etwas Selbstverständliches hin, und dabei hatte er noch Zeit, sich mit mir zu unterhalten.
»Wie heißt du denn?« fragte er und blickte verstohlen zur Kirche. Ich wollte auch hinschauen, aber er stieß mich wieder zurück. Ich sollte lieber nicht hinsehen. Er tat es mit seiner ganzen Kraft, gar nicht zart. Wieder begann er mit der Fingersprache.
Er vergrub seine Daumen in seine speckige Bluse. »Vasilej«, sagte er, »Vanuscha. Wie heißt du denn?«
»Olin«, antwortete ich.
»Wie?« fragte er und hob die Augenbrauen.
Er wiederholte es einige Male, als könne er es dann besser behalten. Ich wollte gerne wissen, was sich an der Kirche abspielte. Aber der Soldat lachte plötzlich laut. Mein Name mußte ihm komisch vorkommen. Ich wußte nicht, warum. Ich weiß nicht, was daran so komisch war. Er lachte laut. An der Nase hatte er viele Falten. Ich wollte auch lachen, aber ich schwieg.
»Olin, ein Tscheche!« sprach der Russe laut für sich.
»Oldrich«, sagte ich, damit er ein wenig ernster würde. Der Russe hörte nicht auf zu lachen, griff in seine Tasche und nahm ein kleines Glasfläschchen heraus. Es sah wie ein klei-

nes Reagenzglas aus, aber es war nicht größer als ein kleiner Ball. Es war nur ein wenig runder.
»Olin, du bist ein Tscheche, nimm!« Er lachte laut. Ich hielt einen rätselhaften Gegenstand in der Hand. Es konnte auch eine kleine Birne für Taschenlampen sein. Aber sie hatte kein Messinggewinde zum Schrauben, sie war ganz aus Glas.
Er lachte laut und begriff, daß ich nicht wußte, wozu das gut war. Er warf mich durch eine leichte Berührung seiner Hand erneut nieder. Er hätte in seiner freien Zeit besser mit einem Ochsen ringen sollen. Ehe ich mich versah, steckte er mir die Birne in die Nase. In ein Nasenloch. Meine Nase war durch die Schlägerei in dem Wald wund, es war kein schönes Gefühl, als er mir das Röhrchen in die Nase steckte. Die Russen haben furchtbare Gewohnheiten! Aber der Soldat nahm schon einen Spiegel aus der Tasche heraus. Es war eine abgebrochene, kleine Scherbe, ringsherum abgeschabt; eigentlich war die Spiegelfläche in der Mitte nur ungefähr zwei Quadratzentimeter groß. Ich sah, daß ich an der Nase eine Blase hatte, als wenn ich Schnupfen hätte, und die Nase lief. Aber es war eine falsche Blase! Der Russe lachte, bis er blau wurde. Unsere Gesichter waren nahe beieinander. Wir lagen auf dem Hohlwegrand, zwischen dem Gras und den Ausläufern der Dornensträucher. Ich mußte auch darüber lachen. Niemals hätte ich gedacht, daß man mit Russen so einen Spaß haben kann. Ich sah mit der Blase aus, als wenn ich von Haus zu Haus ziehen könnte, um die Kinder zum Lachen zu bringen.
Ich hörte mich, wie ich trotz meiner Trauer laut lachte. Es war der lustigste Soldat, dem ich je begegnet bin. Ich versuchte, den Blödsinn in das andere Nasenloch zu stecken. Man könnte an solchen Erfindungen sterben. Es war mir klar, daß das ganze Dorf mich um diese Blase beneiden würde. Vorausgesetzt, daß er sie mir ließ. Es war möglich, daß er sie mir nur geliehen hatte. Vielleicht nahm er sie mir wieder weg, um sie jemand anders in die Nase zu stecken. Ich lachte noch eine Minute mit dem Russen im Hohlweg. Meine Herren, mitten an der Front! Inzwischen wurden die Soldaten in der Kirche erschossen! Und auf einmal war es sehr ruhig. Es gab keine Schießerei mehr.

»Gehört sie mir?« fragte ich den Russen. Ich wollte wissen, ob ich die Blase behalten durfte.
»Da«, sagte er. Ich begriff, daß ›da‹ auf russisch ja bedeutet.
»Da?« Ich sprach das erste russische Wort in meinem Leben aus.
Vom Kirchenturm war ein scharfer Pfiff zu hören. Der Russe erhob sich aus dem Gras. Er stand am Rande des Ackerfeldes wie ein Bauer in Friedenszeiten. Das Signal war erneut zu hören und eine Garbe aus dem Maschinengewehr.
Vasilej sprang auf ein Pferd; ich bemerkte kaum, wie er eigentlich auf das mittlere Pferd gelangt war. Er saß stolz im Sattel, wie ein ungarischer Baron. Er konnte reiten. Er machte keine großen Umstände, seine Knie drückte er dem Braunen in die Flanken und ritt den Abhang direkt hinauf. Dort blieb er für einen Augenblick stehen. Er pfiff, wenn er das Pferd zum Stehen bringen wollte oder wenn er ihm den Befehl zum Weiterlaufen gab. Jedesmal klang sein Pfiff anders.
»Komm her!« sagte er. Er winkte mir zu.
Ich machte schnelle Fortschritte in Russisch. Es war mir klar, daß er mich rief. Er nahm aus der schäbigen Ledertasche ein Stück Brot und fast einen halben Meter Speck heraus. »Nimm«, sagte er. Er warf es mir in die Arme. »Nimm, nimm!« Die blöde Blase hatte ich immer noch in der Nase. Ich mußte vor ihm, meinem Befreier, wie ein Ochse aussehen.
Der Russe ritt wieder los. Er jagte das Pferd quer über das Ackerfeld zur Kirche. Er saß nicht, sondern stand fast im Sattel und schrie aus vollem Hals zum Steinturm: »Hier ist schon die Tschechei!!!« Er rief es jemandem in der Kirche zu. Ich versuchte zu erkennen, wer dort war, aber erst nach einer Weile sah ich die Gestalten der anderen Russen. Es schien mir, als ob es acht Russen waren. Vasilej hatte auf ihre Pferde aufgepaßt. Er schrie ständig, offensichtlich machte es ihm Spaß: »Hier ist schon die Tschechei!!«
Ich begann, hinter ihm herzulaufen; die Blase fiel mir aus dem Nasenloch heraus, fast hätte ich sie zertreten. Ich säuberte sie und steckte sie in die Tasche. In einer Hand hatte

ich das Brot, in der anderen den Speck. Ich stolperte über das Feld, Isa lief hinter mir her und bellte wie verrückt; ich lief in den Spuren der neun Vollblutpferde. Ihre festen Rücken, ihre langen Beine und ihre Samtnacken gingen mir nicht aus dem Kopf. Er brauchte mir weder die Blase noch Speck noch das Brot zu geben, ich wollte lieber ein Pferd. Vielleicht legte er die Blase zu. Erst jetzt begriff ich endlich, daß die Russen tatsächlich gekommen waren und daß der Krieg zu Ende war.

Ich kam zur Kirche, als schon alles vorbei war. Neun Reiter auf neun Pferden ritten gerade um die Friedhofsmauer, die Soldaten ritten den Abhang hinunter. Ich legte das Brot und den Speck nieder, kroch die Friedhofsmauer hinauf, um ihnen nachzusehen. Ich wollte wissen, wohin sie so schnell ritten. Sie ritten zum Großgut. Es schien mir, als wären auch dort viele Pferde zu sehen. Ich atmete kaum vor Erregung. Wenn ich nun doch von ihnen ein Pferd geschenkt bekam? Oder wenn ich ihnen ein Pferd, wo sie doch so viele . . .?

Die zweite Möglichkeit gefiel mir nicht; sie kamen aus Moskau nach Mähren, und ich überlegte, wie ich ihnen ein Pferd stehlen könnte. Aber ich sah mich für eine einzige Sekunde, wie ich eines schönen Tages auf einem Pferd zu unserem Haus geritten kam und acht weitere hinter mir herführte. Nein, vier Pferde könnten genügen, berichtigte ich meinen Traum. Es würden auch zwei Pferde genügen, setzte ich die Zahl herab. Ach, ich wollte wenigstens mit einem Pferd ankommen. Es mußte aber so stark sein, wie es unsere Julina war. Es könnte auch noch ein wenig stärker sein. Es gibt viele Pferdearten. Ich würde das größte, stärkste und schönste Pferd nach Hause bringen. Gelassen würde ich ans Tor klopfen. Vater würde herauskommen, und die Augen würden ihm herausfallen. Ich hätte ihm vorgeführt, was für Hufe und Zähne das Pferd hat. Weit wahrscheinlicher ist aber die Vorstellung, daß mein Vater nach meiner Rückkehr ganz andere Dinge mit mir aufführen wird. Schon jetzt schmerzten einige Stellen an meinem Körper.

Ich stehe mit leeren Händen auf der Friedhofsmauer. Ich sehe die Soldaten nicht mehr. Es ist möglich, daß gleich die Sonne untergeht. Aber es wird noch lange nicht dunkel. Erst

jetzt drehe ich mich zur Kirche um. Aus dem Fenster oben im Kirchenturm steigt Rauch oder eine Staubwolke empor. Etwas ist dort passiert, vielleicht brennt es. Die Mauer ist an vielen Stellen durch die Schüsse beschädigt worden. Auch die schönen Farbfenster sind zerstört. Ich springe von der Mauer herunter.
Gleich unter mir kreuzen sich zwei Straßen, die eine führt zum Großgut und die andere zum Dorf. Ich überlege. Dann gehe ich in die gleiche Richtung, die die Russen eingeschlagen haben. Ich habe gar keine andere Möglichkeit, wenn ich noch einmal nach Hause zurückkehren will.
Obwohl mein Geburtshaus mir wie ein kleines Gefängnis vorkam, wollte ich zurückkehren. In diesem Augenblick erschien es mir nicht so schwierig, irgendwo ein Pferd zu bekommen. Ich ging auf die Linden zu, zu dem Weidengebüsch, zu den großen, roten Dächern des Gutes.

Erst später habe ich von den Menschen erfahren, daß noch in dem Augenblick, wo ich auf der Friedhofsmauer stand, in der Kirche Deutsche gelebt haben. Zwei von den sechs Soldaten, die vorher an dem Maschinengewehr lagen. Sie kamen erst im Laufe des Tages in die Kirche. Die Jungen und ich mit Julina waren schon längst im Wald verschwunden. Die beiden waren nach dem Schußwechsel mit den Russen tödlich verletzt worden, aber sie standen immer noch auf den Beinen. Sie sollen hinausgekommen sein; der eine soll den anderen gestützt haben. Sie gingen hinkend über das Ackerland zum Wald. Der eine hatte keine Jacke mehr, sondern nur noch eine Hose und das Hemd an. Sein Rücken war so wund, daß das rohe Fleisch zu sehen war. Sie fielen mitten auf dem Feld um und sind dort auch im Morgengrauen gestorben.

7

Ich erklettere die Linde und ruhe mich aus.
Ich erinnere mich an den Fluß und an Anna.
Die Kirche wird beschossen.
Der Weg zu den Weiden.
Ich untersuche das Motorrad.
Ich höre Pferde und bin auf Isa wütend.
Die Nacht ist voll von Deutschen.
Ludwig, genannt ›Gamasche‹.
Die Nacht ist auch voll von Russen.
Ich finde eine neue Julina.
Fangspiel mit den Kosaken.

Isa springt an mir hoch, um den Speck, den ich in der Hand halte, zu schnappen. Ich habe die Hand erhoben, damit sie ihn nicht erreicht. Dann bleibe ich stehen, das Brot klemme ich zwischen die Knie, damit ich die Hände frei habe, nehme das Messer heraus, rieche am Speck und schneide eine Scheibe ab. Ich schneide auch für die Hündin eine Scheibe ab. Das Brot sieht aus wie ein Ziegelstein und es ist auch genauso hart. Ich schaue nach unten zu der Linde. Es ist meine Linde, auf die ich immer klettere. Immer noch sind Schüsse zu hören. In manchen Augenblicken meint man, daß irgendwo ein Waggon mit Fässern auseinanderfliegt. Es hört sich furchtbar an. Die Sonne ist schon untergegangen. Am Himmel sind einige Lichtstreifen übriggeblieben. Es wäre ein hübscher Abend, wenn es keinen Krieg gäbe. Ich stolpere über irgendeinen Draht, der im Grase liegt, und vergesse zu kauen.

Ich schaue mich um und sehe niemanden. Die Trommel ist aus Eisen und mit Riemen versehen, damit man sie auf dem Rücken tragen kann. Ich bückte mich und berühre den Ring. Er drehte sich ganz leicht. Das Stück Draht, das im Gras lag, begann sich aufzurollen. Es war ein guter Isolierdraht. Selbstverständlich fiel mir nicht ein, die Trommel mit so gutem Draht hier ohne weiteres liegen zu lassen, damit irgendein Idiot ihn wegnahm. Die Trommel war sehr schwer, ich konnte sie kaum tragen. Hinter dem Wildling wuchsen

Heckenrosen, die unten undurchdringlich waren, so daß man kaum hindurchsehen konnte. Ich zerkratzte mich ein wenig, als ich die Trommel hinschleppte. Dann habe ich die Stelle gekennzeichnet. Ich habe drei Steine übereinandergeschichtet und einen Ast in die Erde gesteckt, damit ich die Stelle später nicht zu lange zu suchen brauchte. Es gab hier viele Heckenrosen. Ich nahm Brot und Speck, die ich vorher zwischen die Äste des Wildlings gelegt hatte, damit die Hündin es mir nicht wegschnappte, wieder an mich. Ich ging weiter auf die Linde zu.

Komisch, ich brauchte diesmal keinen zweiten Anlauf zu nehmen, um sie zu erklettern. Hinten im Hemd hatte ich noch ein Stück Speck. (Das Brot ließ ich unten auf dem Baumstumpf liegen.) Ich erkletterte die Linde, als wenn es nichts wäre. Ich wunderte mich eigentlich erst darüber, als ich schon oben war. Ich kletterte bis in die Spitze und blieb auf den dicken Ästen sitzen. Es war eine Astgabel. Auf einem Ast konnte ich sitzen und auf dem anderen die Beine ausstrecken. Ich aß und warf auch Isa einige Stückchen herunter. Ihre Nase war wie ein Radargerät – wenn es sich um Speck handelte. Ich konnte ihr die abgeschnittenen Stücke entweder direkt vor die Nase oder ruhig ein wenig weiter werfen, sie fand sie auf Anhieb. Was Futtersuchen betraf, da war sie großartig. Es fiel mir ein, die Glasblase des Russen aus der Tasche zu nehmen. Ich steckte sie während des Essens in die Nase. Dann fing ich an, mich abzutasten, weil ich mich an das Zigarettenetui erinnerte. Ich fand es auf meinem Rücken, fast schon in der Turnhose, und öffnete es.

Ich wußte noch, daß die eine Innenseite – nicht die mit der Fotografie der nackten Frau – vernickelt war. Ich sah mich darin wie in einem Spiegel. Der Deutsche hatte mir die Augenbrauen ganz zerschlagen.

Ich stecke die Blase wieder in die Tasche und auch das Zigarettenetui. Ich habe keinen Hunger mehr. Ich befeuchte meine zerschlagenen Knie und kratze das eingetrocknete Blut mit den Nägeln ab.

»Du hast schon genug bekommen«, sage ich zu Isa unter dem Baum. Sie ist wild auf den Speck.

»Du kannst dir eine Maus fangen!«
Erst jetzt klettere ich ganz nach oben, in die Krone der Linde. Das Interessante am Krieg ist, daß ständig geschossen wird und daß man nicht weiß, aus welcher Richtung. Der Himmel sieht normal blau aus. Die Landschaft ist in Dunst gehüllt. Die Sonne scheint nicht mehr. Aber noch sind die Hügel, Felder, Wege, Dächer des Gutshofes und auch die Schober zu sehen. Ich schaue hauptsächlich zum Gutshof. Es sieht so aus, als stände im Auslauf hinter den Ställen ein Trupp Pferde. Etwas bewegt sich dort, bestimmt sind es Pferde ...

Damals, als bei uns das tote Fohlen geboren wurde, gab ich Julina eine Mohrrübe, nach der mich mein Vater geschickt hatte. Dann bin ich zu ihm gegangen und wußte nicht, was ich tun sollte. Ich wollte etwas unternehmen. Mein Vater lag bewegungslos auf einem Heuhaufen neben der Pferdebox. Er lag einen Meter von dem toten Fohlen entfernt. Aber er weinte nicht mehr. Er lag nur da. Auf einmal hatte ich ihn *lieb*. Ich stand neben ihm. »Vati«, sagte ich. Mein Kinn zitterte. Ich wollte ihn berühren. Niemals liebkoste ich ihn.
Vater war schon aufgestanden. Er stand sehr hastig auf. Er gab der Stute eine Handvoll Heu hinter die Futterleiter. Er tat das mit hastigen, fast wütenden Bewegungen. Das war wieder er selbst.
»Bevor du zwanzig Jahre alt sein wirst, wirst du zwei Pferde haben«, sagte er. Es war sein fester Glaube. Es war der Sinn seiner Arbeit. Er schaute mich überhaupt nicht an, ging mit den beiden schweren Kübeln hinaus, um Wasser zu holen.
Wieder kommt mir der Gedanke: Wenn ich nach Hause zurückkehre, wird er an der Wand stehen und sein Schatten wird mich verschlingen. Seine große Gestalt verdeckt die Birne, die hinter seinem Kopf hängt, ich werde nicht einmal die Züge seines Gesichts erkennen.
»Der Deutsche hatte ein Messer in der Hand, Vati. Er wollte mich töten.«
»Und ich werde dich töten«, wird er sagen.

Nur einmal in meinem Leben war ich wirklich glücklich. Das war, als das Eis mit dem Strom schwamm. Die morgendliche Landschaft war nackt, ohne Schnee. Sie war erkaltet. Es war eine Landschaft mit schwarzen Pappeln und kahlem Gebüsch. Die Schule lag im Nachbardorf. Ich bin immer über die Brücke gegangen. Schon damals bin ich immer als letzter gegangen. Ich bin *hinte*r den Jungen hergegangen, damit sie mir keine Apfelkitschen und Steine in die Schultasche stopften. Wir sind ein Stück vor der Brücke stehengeblieben. Die Luft war mit fernem Knirschen erfüllt. Dann schrie jemand auf: »Die Eisschollen kommen schon!«
Wir laufen bis zur Brücke. Das Knirschen wird stärker, sobald wir uns dem Fluß nähern. Die blasse Sonne kommt hervor. Die Jungen werfen ihre Schultaschen auf einen Haufen und laufen hinunter an das Wasser. Einige Eisschollen hat der Fluß bis auf das Gras geschwemmt. Sie funkeln, tauen und ihre Wände sind glasig und glatt. In der Flußbiegung stoßen die Eisschollen ans Ufer. Dort neigt sich eine Weide über das Wasser. Die Jungen klettern den Baumstamm hoch. Sie schauen, welche Eisscholle sie tragen könnte. Cumat springt ab. Er taucht fast unter. Seine Schuhe laufen voll Wasser. Aber er schwimmt. Weitere springen ab. Sie schreien.
Die Mädchen stehen oben auf dem Damm, in einer Reihe wie die Hennen. Die Mädchen stehen immer irgendwo, wenn wir etwas unternehmen, sie stoßen sich gegenseitig mit den Ellenbogen an und schauen uns zu.
Ich lege meine Schultasche beiseite. Auf einmal verspüre ich einen unwiderstehlichen Drang, vor den Jungen und den Mädchen anzugeben. Ich erklettere die Weide.
Kadera dreht sich auf der Eisscholle um: »Kleiner, bete zuerst!«
Anna hat sich von den Mädchen auf dem Damm abgesondert. Aber sie wagt sich nicht bis zur Weide. Sie bleibt auf dem Abhang stehen und schaut mich nur an. Sie hat ein helles Tuch um den Kopf gebunden. Die Schultasche trägt sie auf dem Rücken. Ich weiß, daß sie sich um mich ängstigt; es bringt mich zum Lachen und ermuntert mich zum noch größeren Risiko. Ich springe ab und lande auf den Händen

und Füßen; die Eisscholle schaukelt, und die Spitze taucht unter, ein Stück Eis bricht ab. Anna geht das Ufer entlang. Manchmal muß sie laufen. Der Strom trägt die Eisscholle schnell weg.
»Ihr kommt zu spät in die Schule!« schreien die Mädchen. Sie gehen zur Brücke. Anna bleibt stehen. Dann läuft sie zurück zu den Mädchen. In der zweiten Biegung stoßen die Eisschollen wieder ans Ufer. Die Jungen springen ab. Sie laufen zurück zu den Aktentaschen. Es sind Kadera, Cumat, Res, Vasak und Josef. Das Treibeis liegt am Ufer. Sie werfen Eisstücke nach mir.
Auf einmal hören sie auf und gaffen. Ich bin *nicht* auf das Ufer gesprungen. Die Biegung ist hinter mir, vor mir liegt der Zusammenfluß der beiden Flüsse in den breiten Strom. Eine Million Eisschollen sind jetzt um mich herum.
»Kleineeer!« schreien sie.
»Was blödelst du denn?!«
»Du ertrinkst!«
Ich hörte die Stimmen wie aus der Ferne. Das Rauschen des Eises umgab mich. Weiße Vögel mit breiten Flügeln flogen über dem Fluß. Ich nahm nur die Eisschollen und die Flügel dieser Vögel wahr. Auch die aufsteigende Morgensonne sah ich. Ich trieb direkt auf sie zu. Der Fluß war gerade und breit ...

Plötzlich höre ich den lautesten Krach meines Lebens. Unwillkürlich drücke ich mich näher an den Baumstamm. Ich drehe den Kopf. Die Kirche ist getroffen! Bis oben in die Gesimse. Verputz und Ziegelsteine fallen herunter und Qualm und Staub steigen hoch bis zur Glocke. Der Himmel ist wieder voll Tauben.
Schnell klettere ich die Linde herunter, in der Astgabel vergesse ich den Speck; deshalb muß ich noch einmal hochsteigen. Dann springe ich neben Isa ins Gras. Ich fasse die Hündin am Halsband und streichele ihr den Kopf, damit sie bei mir bleibt. Ich weiß nicht, wer ständig farbige Leuchtkugeln zum Himmel schießt. Warum werden sie in solcher Menge abgeschossen? Und warum werden sie überhaupt hochgeschossen? Wieder hört man von irgendwo an-

haltendes Donnern, als wenn ein Zug durch einen Tunnel fährt. Ich lege mein Ohr auf die Erde, wie Cumat, um besser zu hören. Ich höre aber nichts. Dafür ist mein Ohr gleich voll Ameisen. Auch der Hals ist voll. Ich streife die beißenden Biester mit der Handfläche ab.

Dann endlich entscheide ich mich, welche Richtung ich einschlage. Gleich hinter dem Gebüsch liegen weitere drei Trommeln des Isolierdrahtes. Worüber man damals bei Kriegsende in der Natur alles stolperte! Ich laufe an elektrischen Masten vorbei zu den Weiden. Die Drähte sind natürlich gerissen und liegen auf dem Weg. Ich springe über sie hinweg oder umgehe sie. Ich habe Angst vor den Drähten. Zwei Masten sind umgeworfen. Der Weg ist mit Löchern und einer ganzen Reihe von Kratern übersät.

Das überrascht mich sehr. Die Krater waren gestern noch nicht da. Ich hebe ein Stück Eisen auf; es ist Teil einer Granate oder Mine und hat scharfe Kanten. Ich probiere auf dem Handrücken aus, wie scharf sie sind. Ich will es in die Hosentasche stecken, aber es hätte mir die Tasche zerrissen So stecke ich den Speck hinten ins Hemd, trage ihn auf dem nackten Körper und den Splitter in der Hand. Ich laufe am Schilf vorbei zu den Weiden. Wieder kracht es irgendwo. Ich bin aber schon im Reisig und dränge mich zu der bewußten Stelle durch. Ich blicke mich ungeduldig um, glaube schon, daß jemand das Motorrad gestohlen hat. Aber dann stehe ich plötzlich direkt davor. Erst jetzt atme ich auf. Ich gehe um die Maschine herum und betrachte sie zunächst nur. Alles liegt hier so, wie sie es zurückgelassen haben. Auch die Hüte, welche die drei Deutschen erst aufsetzen wollten, liegen da. Ich trete mit dem Fuß gegen einen Hut, und er fliegt in hohem Bogen durch die Luft. Isa apportiert sofort und legt den Hut vor meine Füße. Sie glaubt, daß ich mit ihr spiele. Auch ein Maschinengewehr liegt hier und der Haufen Lumpen, den sie ausgezogen haben. Ich betrachte mir das Motorrad und den Seitenwagen näher, lege den Minensplitter auf die Erde, betaste vorsichtig den Lenker, trete aufs Trittbrett, schwinge das andere Bein hinüber und setze mich behutsam auf den Ledersattel. Ich habe irgend etwas berührt, die Hupe ertönt. Ich zucke zusammen,

als hätte mich eine Schlange gebissen. Fast wäre ich vom Motorrad gefallen. Man muß es bis im Wolkenkuckucksheim gehört haben. Ich sitze einen Augenblick wie versteinert. Aber das Dickicht ist leer. Im Dickicht wird es schneller dunkel als auf dem Weg. Ich probiere mit der Hand, ob der Seitenwagen federt. Der Seitenwagen interessiert mich besonders. Ich klettere vom Motorrad in den Seitenwagen hinüber. Er hat einen bequemen Sitz. Etwas stört mich unter dem Hintern. Besonders gefällt mir der Chrom vorne am Seitenwagen. Ich taste, worauf ich sitze und schaue es mir einen Augenblick an. Es ist eine kleine Blechwalze an einem Stock. Ich vermute, daß es eine Granate ist. Ich lege sie vorsichtig neben den Seitenwagen. Auch an den Beinen fühle ich eine Blechschachtel. Ich ziehe sie hervor. Es sind Patronengürtel darin. (In Mähren lag damals so viel Munition herum, daß sie noch für zwei weitere Kriege ausgereicht hätte.) Ich stehe auf und hebe den gesteppten Federsitz des Seitenwagens hoch. Man kann ihn abnehmen. Ich schüttele die Erde und den Dreck ab und lege ihn wieder an Ort und Stelle. Er ist mit einem Wachstuch bezogen, wenn man sich das vorstellen kann. Es ist glatt, und die Hand rutschte sehr angenehm darüber.
Ich feuchte einen Finger mit Spucke an und wische an einer Stelle einen schmutzigen Streifen ab. Dann setze ich mich erneut auf den Sitz. Die Füße stemme ich vorne gegen den Boden und halte mich mit beiden Händen an der Chromleiste. Es müßte Freude machen, auf einer solchen Maschine das Masaryk-Rennen zu fahren! Ich sehe mich schon, wie ich die schwerste Kurve in Bitysce nehme. Aber in meiner Vorstellung sitze ich im Seitenwagen, und hinter dem Lenker sitzt keiner. So kann man nicht fahren. Während der Fahrt, von der ich träume, steige ich aus dem Seitenwagen auf die Maschine über ... Hinter dem Lenker zu sitzen, ist selbstverständlich besser als im Seitenwagen. Wenn ich die Zehen strecke, erreiche ich das Trittbrett. Ich passe auf, daß ich nicht wieder die Hupe berühre. Auf der Erde vor dem Vorderrad liegt eine Motorradbrille. Sie hat hinten einen Gummiriemen. Sie ist schwarz. Ich nehme sie und setze sie auf; mein Kopf könnte doppelt so dick sein. Ich bin immer

noch im Dickicht, aber im Geiste fahre ich schon mit aufgestülpter Brille in unser Dorf. Es ist gerade Fronleichnam. Überall sieht man kleine Birken und gemähtes Gras. Die Jungfrauen werfen Blumen aus ihren Körben vor mein Motorrad. Die Kapelle des Herrn Kelbl spielt dazu. Auch die Feuerwehrleute marschieren mit. Ich fahre Schrittempo, damit sie den Baldachin über mich halten können. Er wird getragen vom alten Kadera, Vasak, Cumat und Res. Sie haben wie immer violette Schärpen um, und an ihren Hüften hängt ein Säbel. Wenn ich Gas gebe, müssen alle laufen. Gebe ich noch ein wenig mehr Gas, muß die ganze Prozession noch schneller laufen. Die Jungfrauen stieben auseinander. Ich will hauptsächlich die vier blöden Ministranten erreichen: das Arschloch Kadera, den ›Gaffer‹ Cumat, den ›Fes‹ Res und die Vogelscheuche Vasak. Ich fahre an den Tölpeln vorbei! Ich schreie sie an, sie sollen schneller laufen. Und sie würden auch schneller laufen, wenn sie nur könnten. Sie sind abgehetzt wie Hunde. Cumat rutscht der Ministrantenrock herunter. Er verwickelt sich darin. Sie fallen auf die Erde und strecken bittend ihre Hände nach mir aus. Sie liegen auf den Knien! Allen vieren laufen die Tränen aus den Augen. Ich aber fahre ruhig an ihnen, diesen Tölpeln, vorbei!

Ich könnte auch jeden Morgen auf dem Motorrad zur Schule fahren. Wenn es nach einem Regen Pfützen gäbe, würde ich die drei Saukerle vom Scheitel bis zur Sohle mit Dreck bespritzen. Ich würde nur Josef mitnehmen ... Ich würde auch meine Mutter mitnehmen. Sie würde sich in den Seitenwagen setzen. Vater würde sich hinter mich setzen. Ich würde die Brille der Mutter geben, damit sie nichts in die Augen kriegte. Ich würde nach Rosice fahren, auf den Dorfplatz, vor das Geschäft FR. NEBOZES, AUTO – MOTO – VELO. Er würde mich schon erwarten. Er würde aus dem Laden kommen, um sich das Motorrad anzusehen. Dann würde er unter das Hemd greifen, um einen Packen Geld hervorzuziehen. Ungefähr ein Kilogramm Banknoten. Ich würde sie dem Vater geben. Wir würden uns dann auf dem Pferdemarkt eine neue Stute kaufen. Sie würde Julina ähneln ...

Das alles sind aber nur Wunschträume, und ich sitze hier im Dickicht. Ich werfe trockenes Holz vom Vorjahr auf das Motorrad. Es gibt hier, hinter dem Ziegelgebäude, genug davon. Ich schinde mich bis zum Umfallen damit ab. Ich will das Motorrad so zudecken, daß man nicht merkt, daß unter dem Reisig etwas versteckt ist. Hinter dem Hügel wird es plötzlich hell. Das Licht erlischt wieder. Es ist schon dämmrig, und eine Rakete leuchtet hell und deutlich. Dann erstrahlt am Himmel eine große Magnesiumkugel; sie sinkt langsam herunter und gibt blendende Helligkeit. Die Landschaft tritt deutlich aus der Dunkelheit hervor.
Ich habe meine neuen Schätze in der Hütte versteckt; den Granatsplitter, die Granate und die Brille. Ich habe alles in das alte Versteck getan: zu Feuerwehrhelm, Gürtel und Beil. Die Öffnung in der Mauer schließe ich mit Ziegelsteinen. Ich stehe auf und rieche an dem Speckrest. Er liegt in der Fensternische, auf dem russischen Brot. Von der ganzen Speckseite ist nur ein kleines Stück übrig. Auf dem Boden liegt die völlig überfressene Isa. Wenn ich über sie steige, rührt sie sich überhaupt nicht. Sie ächzt nur.
Das Magnesiumlicht verlöscht, und es ist wieder dunkel. Ich trete vor die Hütte. Isa kommt träge hinter mir her. Sie streckt sich und gähnt so laut, daß es mich erschreckt.
»Ruhe!« Ich höre vom Gutshof bis hierher deutlich Wiehern von Pferden und Hufschlag. Ich kann mich aber nicht konzentrieren. Ich muß schnell ins Gebüsch und noch im Laufen lasse ich die Hose herunter.
Wenn ich mich niederhocke, habe ich über meinem Kopf die Weidenruten und das All. Auch die Milchstraße ist zu sehen. Plötzlich ist es ganz ruhig. Es fällt kein einziger Schuß.
»Isa!« rufe ich leise aus dem Gebüsch. »Isa!«
Sie kommt. Ich will sie jetzt bei mir haben. Ich habe keine Angst, aber die Sträucher haben gegen den Himmel besondere, phantastische Formen und Schatten. Sie sind wie Menschengestalten. Ich hocke in der Kniebeuge. Die Hose hängt mir auf den Füßen. Isa steht vor mir, und ich halte sie mit beiden Händen am Nackenfell fest.
Dann bekomme ich tatsächlich etwas Angst. Ein wenig nur. Eine Wolke schiebt sich vor die Sterne; sie bedeckt den

ganzen Himmel, und das Licht verschwindet aus der Welt. Ich taste mich durch die Schwärze, gehe zwei Schritte vor und bleibe stehen.

Die Nacht hat auch ihre Töne; das Gras wächst und der Tau geht nieder. Ich wüßte gerne, was hier ständig so raschelt. Isa halte ich am Halsband fest. Ich drücke sie fest an meinen Körper, damit ich sie fühle, das Aas. Es ist mir lieber, wenn sie bei mir ist. »Hab keine Angst«, rede ich ihr zu, damit ich meine Stimme höre. Das Geflüster bleibt mir im Halse stekken. »Es gibt keine Gespenster. Hab keine Angst.«

Die Hündin hat keine Angst. Sie gähnt laut und reißt dabei das Maul auf. Ihr Maul ist riesig. Dazu klappert sie noch mit den Zähnen. Wer jemals einen Hund in der Nacht gähnen hörte, wenn alles still ist, der weiß, was das für ein schrecklicher Laut ist. Es klingt so, als wenn jemand direkt hinter einem stünde. Isa gähnt immer dreimal. Dazwischen leckt sie sich schmatzend die Schnauze. Es ist ein echtes Gespensterkonzert. »Du Aas!« Ich rucke an ihrem Halsband.

Wieder mache ich ein paar Schritte.

»Leg dich doch auch noch hin und schlaf!« sage ich.

Selbstverständlich habe ich das nur so gesagt. Ich hab' es nur ironisch gemeint. Sie hat sich aber sofort hingelegt. Manche Befehle kennt sie scheinbar sogar in fremden Sprachen. Sie legt sich direkt auf meine Füße. »Steh auf!«

Man könnte wegen ihrer Intelligenz verrückt werden. Ich höre meinen Atem in der Dunkelheit. Ich weiß nicht genau, wo ich mich befinde. Die Nacht verändert die Landschaft. Ich ziehe Isa am Halsband, damit sie sich wieder hinstellt. Meine Augen suchen alle verdächtigen Gegenstände um uns herum ab. Die Sträucher haben Menschengestalt. Eine Rakete zischt in die Luft. Das erleichtert mich fast. Das Licht zerfällt in hundert Funken. Jetzt sind die Sträucher deutlich zu sehen. Ich sehe einen Knüppel auf der Erde, den kann ich gebrauchen.

»Knurr nicht!« sage ich zu der Hündin. »Der ist nicht für dich!«

Gleich darauf stolpere ich über den Stock. Irgendwo sind vereinzelte Schüsse zu hören, und es hört sich an wie das langsame Klopfen eines Baumspechtes. Ich breche von dem

Stock einen überflüssigen Ast ab. Bewaffnet fühle ich mich sicherer. Ich sehe zu den Schatten hinüber, die wie vier männliche Gestalten aussehen. Es ist wieder dunkel.
»Das ist niemand«, sage ich zu Isa. »Das sind Bäume.«
Ich ertaste unter meinen Füßen einen Klumpen Erde und werfe ihn in die Dunkelheit. Ich werfe ihn in die Richtung der Schatten. Man hört dünne Äste knacken, ein Rebhuhn fliegt hoch.
»Ein Rebhuhn«, beruhige ich die Hündin. »Keine Angst, das ist nur ein Rebhuhn.«
Der Klang meiner Stimme beruhigt mich. Ich fange an, leise zu pfeifen, aber nur einen Augenblick. Ich pfeife, als wenn ich Scharlach hätte. Meine Lippen sind trocken. Ich versuche ständig, die Richtung zum Großgrundbesitz einzuhalten. Auf einmal ist hier ein Weg, und ich glaube, daß hier gar kein Weg sein dürfte.
Ich bleibe stehen und drehe mich in der Dunkelheit um. Der Hohlweg verwirrt mich sehr. Es kann in der Dunkelheit passieren, daß man ganz verkehrt geht und nichts davon merkt. Die Sterne liegen unter einer kilometerweiten, schwarzen Decke. Ausgerechnet jetzt müssen sich die Wolken jagen, damit ich überhaupt nichts sehe.
Isa fängt an, leise zu knurren. »Laß das!« Ich habe keine Zeit, mich mit ihr zu unterhalten. Sie will nicht einen einzigen Schritt tun, ich muß sie am Halsband weiterzerren.
»Wovor hast du denn Angst?« Ich schaue mich um. Ich sehe nichts, weil es nichts zu sehen gibt.
»Davor hast du Angst?« Ich zeige auf eine schwarze Stelle zwischen den schwarzen Bäumen.
Die Hündin hört nicht auf, leise zu knurren. »Ich wüßte nicht, wer hier was zu suchen hat!« Ich spreche aber ein wenig leiser. Sie macht mich irre. Ich hebe erneut einen Klumpen auf und werfe ihn dorthin und ducke mich dabei. Dann höre ich wieder das beruhigende Geräusch der durch die Äste rieselnden Erde – nichts anderes. Ich lehne mich mit dem Rücken an einen Baum. Er hat viele Äste. Ich drehe meinen Kopf nach oben, aber die Baumkrone ist verschwommen. Sie geht in die Dunkelheit über.
Ich nehme einen Strick aus der Tasche. Isa wird angebun-

den, damit sie nicht wegläuft. Ich habe schlechte Erfahrungen mit ihr gemacht. Dann will ich nach oben klettern. Damit ich von oben etwas sehe, wenn ich schon von unten nichts sehen kann. Damit ich ein Licht sehe, wie im Märchen. Aber Isa dürfte nicht so blöd sein! Als ich anfange, den Baum zu erklettern, fängt sie laut an zu knurren. Ich habe noch nicht einmal den ersten Ast erreicht. Wütend fauche ich sie an, sie soll ihr Maul halten. Sie regt mich auf. Ich komme herunter und beschwichtige sie wie ein Baby. Mit Isa kann man mehr im Guten als im Bösen erreichen. Ich fange wieder an zu klettern. Für eine Sekunde ist sie ruhig.
Ich strecke meine Hand aus, damit ich mich auf den zweiten Ast hochziehen kann; Isa bellt leise auf. Es muß bis nach Hamburg zu hören sein.
»Ruhe! Oder ich schlage dich tot!« sage ich freundlich zu der Hündin. Ich balanciere in den Ästen. Sie fängt an zu bellen, wie verrückt. Ich falle herunter. Sie hat so gebellt, daß ich das Gleichgewicht verloren habe. Sobald ich auf der Erde lande, hört sie auf zu bellen. Jetzt knurrt sie gnädig. Ich habe mir so das Steißbein gestoßen, daß mir alles wehtut. Ich stehe auf und trete mit dem Fuß nach ihr; sie faßt es als Spiel auf. Als ich den Strick abbinde, versucht Isa, mein Gesicht abzulecken. Für einen Augenblick reißt die Wolkendecke auf, und die Umgebung wird sichtbar. Am Himmel sind keine Sterne zu sehen. Ich weiß schon, wie ich zu dem Großgrundbesitz komme. Ich habe mich kaum verirrt. Isa muß ich hinter mir herziehen. Sie will nicht. Die Raketen starten immer von der gleichen Stelle aus. Ich gehe weiter und beobachte die Lichtstreifen am Himmel; es hätte mich interessiert, ob es die Deutschen oder die Russen sind. Ich falle bis zum Bauch in ein Erdloch. Isa reißt sich selbstverständlich los und bleibt an dem Loch stehen. Natürlich mußte sie es gesehen haben, weil der Hundeinstinkt in der Dunkelheit viel zuverlässiger ist. Das ganze Feld ist übersät mit Baumlöchern.
Ich krieche heraus. »Das sind Löcher für neue Bäume«, erkläre ich der Hündin überflüssigerweise. Erneut ist der Himmel blau, ohne Raketen. »Husarek wird hier neue Apfelbäume pflanzen. Aber er wird sie erst nach Kriegsende pflan-

zen«, erläutere ich. Ich klopfe die Erde von meiner Hose ab. Wir gehen über das flache Feld hinunter und weichen den Löchern aus.
Erneut bücke ich mich nach einem Stück Erde. Ich will es nach den nahen Baumschatten werfen. Isa knurrt wieder. Die Schatten sehen mehr nach Sträuchern aus. Es werden immer mehr und mehr. Ich hole schon aus. Aber ich werfe nicht.
Der Himmel erglüht wieder im Magnesiumlicht. Es ist eine besonders helleuchtende Rakete. Ich werfe mich sofort zu Boden. Vor mir, am Ende des Feldes – Soldaten! Es sind die Deutschen. Vom Fluß her sind wieder Schüsse zu hören. Ihre Stahlhelme sind mit Netzen umflochten, darin stecken kleine Zweige. Sie verschmelzen mit den Sträuchern im Hintergrund. Ich sehe sie aber ganz deutlich; sie sind hellgrau und die Sträucher hinter ihnen dunkel. Sie gehen im Gänsemarsch aufwärts zur Kirche. Ich zähle sie nicht und ducke mich mit Isa hinter irgendeinen Haufen. Das Licht erlischt plötzlich, als ob es abgeschnitten wäre. Die Deutschen gehen ganz nahe an mir vorbei. Ich höre deutlich ihre schweren Schritte und ihren Atem. Ab und zu klirrt die Ausrüstung. Dann seh ich die Silhouette der Männer gegen den Himmel. Sie halten fast gleichen Abstand.
Die ganze Zeit, in der sie in unserer Nähe sind, halte ich Isa die Nase zu. Sie tobt immer am meisten, wenn sie ruhig sein soll. Sie weiß gar nicht, daß es um unser Leben geht. Ich sehe die Soldaten nicht mehr und höre sie auch nicht. Vielleicht habe ich das nur geträumt und sie waren überhaupt nicht hier. Die Landschaft in der gelben, flüchtigen Beleuchtung ist nun kahl. Ich lausche. Ich höre nichts mehr. Erst jetzt wird mir bewußt, worauf ich liege. Ich ahne es fast. Es ist nicht etwa ein Haufen Erde. Vor Schreck verliert man sogar den Geruchssinn. Im April gibt es bei uns auf den Feldern nicht nur Baumlöcher, sondern auch Misthaufen. Ich reinige meine Hände mit Gras und Erde. Der abgestandene Frühjahrsmist stinkt am meisten. Ich halte Isa fest, damit sie mir nicht wegläuft. Sie ist unruhig, und ich weiß nicht, was sie hat. Ich schaue mich um, vielleicht wittert sie doch etwas. Rings um uns ist es ruhig, wie in der tiefsten Friedenszeit.

Die Deutschen sind schon wer weiß wo. Jetzt glaube ich fast, daß gar keine Deutschen da waren.
Auf einmal sehe ich, daß ich nur ein wenig vom Schober des Großgrundbesitzes entfernt bin. Es gibt Millionen von Sternen. Der Mond ist aufgegangen. Die Landschaft ist plötzlich weiß. Wenn ich etwas sehen kann, dann habe ich auch keine Angst. Der Gutshof wirkt auf den ersten Blick wie ausgestorben, man sieht nur Mauern und Dächer. Nirgendwo eine Bewegung. Waren dort überhaupt Pferde?
Ich kann die Koppel von hier aus nicht erkennen. Sie liegt hinter den dichtbelaubten Bäumen. Ich lenke meine Schritte zum Schober. Ich gehe sehr langsam. Isa ist ständig bei Fuß. Wir gehen Schritt für Schritt. Vom Schober aus werde ich sehen, was los ist. Ich muß dorthin, obwohl ich überhaupt nicht hin möchte. Ich hab' ihn in sehr trauriger Erinnerung.

Damals schneite es, der Schnee setzte sich auf das Stroh; auf dem Feld hinterließ ich Fußstapfen, und der Schulranzen flog auf dem Rücken hin und her. Ich hörte durch den Schneevorhang die Jungen: »Kleineeer, gib die Mützen her!«
Ich habe die drei Pelzmützen der Jungen. Es ist meine Kriegsbeute. Ich stopfe wütend Stroh und Schnee hinein. »Kleineeer!« schreien sie aus der Ferne von der Landstraße her. Ich gehe um die lange Schoberwand herum, damit ich sie sehen kann, während sie mich nicht sehen können.
Ich unterdrücke den Atem und putze mir die Nase. Plötzlich höre ich das Geschrei der Jungen nicht mehr. Vor mir steht Ludwigs Kiste, seine rosa Puppenkiste. Die Traggurte aus Leinen für den Rücken sind drumgewickelt. Sie steht hier im Stroh. Oben auf der Kiste hat Ludwig an einem Drahtring Glocken befestigt. Es sind zehn Glocken. Einige Puppen hängen aus der Kiste heraus. Ich sehe auch schon Ludwigs ausgestreckte Beine. Er hat schwarze Hosen an. Über die Schuhe trägt er weiße Gamaschen. Sie ragen aus dem Schnee hervor. Ich habe Angst, meine Augen zu heben. Dann schreie ich auf und renne wie verrückt zurück über das Feld, ich falle hin, stehe auf und schreie. Ich habe in der Eile alle drei Mützen verloren.

Ich sehe noch bis heute den lebendigen Ludwig, genannt Gamasche. Es ist ein Sommer mit blauem Himmel und reifem Getreide. Die Landstraße ist staubig. Wir hören seine Glocken. Niemals werde ich sie vergessen. Sie spielten eine schöne Melodie, die für immer ein Teil meiner Kindheit sein wird: Sie klang zart und leicht, wie die Tage, die nicht mehr zurückkehren. Wir springen in dem ausgetrockneten Flußbett herum. Wir hopsen von einem Stein auf den anderen. Ludwig hat schon die Brücke erreicht. Wir schreien hinter ihm her: »Ludwig!« Wir winken mit den Händen. Wir zeigen ihm eine Natter. Er sieht uns an, antwortet uns aber nie. Sein Gesicht ist groß und traurig, wie aus Mehl. Er hat gelbe Augen.

Die Vorstellung findet am Abend im Wirtshaus statt.

Ich schleiche in der Dunkelheit zwischen den Stühlen hindurch nach vorn. Jemand tritt mich; es macht mir jedoch nichts aus. Ich sehe nicht hin, was Ludwig spielt, ich schaue nur ihn an. Aus dem Saal kann ihn niemand sehen, weil er unter seine kleine Bühne eine Plane gespannt hat. Ich allein sehe ihn. Er ist groß und schön. Er führt die Puppen hin und her, spricht für sie und nimmt dabei die Zigarette nicht aus dem Mund. Er erblickt mich. Er kennt mich, wir kennen uns. Er schneidet mir eine Grimasse. Ludwig kann hundert, vielleicht auch tausend Grimassen. Alle sind lustig.

Zu Hause warte ich dann, bis die blöde Henne Eier legt. Ich liege in der Scheune im Heu. Sie läßt sich Zeit. Ich bin ungeduldig, aber ich kann nichts tun. Endlich fängt sie an zu gackern, und ich verscheuche sie. Das warme Ei stecke ich vorsichtig in die Tasche, damit ich es nicht zerdrücke.

Ludwig erwartet mich in der Flußbiegung, unter den Weiden. Seine rosa Kiste lehnt an einem Baum. Er badet. Niemals vorher und auch nachher habe ich einen magereren Menschen gesehen. Alle Rippen konnte man zählen. Ich hole sechs Eier aus den verschiedenen Taschen. Er schlägt sie leicht an und trinkt sie roh aus. Auf einem flachen Stein ›bügelt‹ er seine Hose. Er hat sie gefaltet und auf die Kniffe flache Steine gelegt. Ich setze mich und warte. Er kämmt sein dünnes Haar mit einem Stück Kamm. Ich will ihm ein Handtuch reichen, das aus der rosa Kiste herausschaut. Er nimmt es sich allein und macht die Kiste zu. Ich wollte immer hineinschauen. Niemals gelang es mir. Dann lächelt er und nimmt eine kleine Holzschachtel hervor, zieht sie mit einem Schlüssel auf. Die Kiste fängt an zu spielen. Es ist meine erste wirkliche Musik. Und Ludwig tanzt dazu. Sein Herumspringen ist nicht komisch, sondern schön. Nach einer Weile hört er auf. Er kriegt keine Luft mehr. Ich klatsche Beifall.

Nachdem ich ihn an dem Schober tot aufgefunden hatte, liefen viele Menschen zusammen. Es schneite unaufhörlich, fror Stein und Bein, und der Atem kam wie Dampf aus dem Mund. Dort standen der Gutsbesitzer Singer, Kadera und die Gutsknechte. Auch Vitlich war da. Sie zogen Ludwig aus dem Stroh heraus und legten ihn auf die provisorische Trage aus Stöcken. Sein Mund stand offen; Schneeflocken setzten sich auf seine Lippen. Singer machte die rosa Kiste mit der Eisenspitze des Stocks auf. Die Glocken klingelten, die Puppen fielen heraus.

»Geht nach Hause!« Eine Frau jagte uns weg. »Das ist nichts für Kinder!«

Der Pfarrer schob sein Fahrrad über die gefrorenen Schollen; er trug Ohrenklappen, die Hände steckten in Fäustlingen und die Füße in Filzschuhen; er sah aus wie ein Bauer. Ich sah, daß er neugierig war.

»Vitlich«, sagte Singer. »Was ist denn da in der Kiste?«

Zyrill machte den rosa Deckel auf. Er nahm einen Eisenbehälter heraus und gab ihn Singer.

»Eine Urne«, sagte jemand erstaunt. »Seht ihr, das ist eine Urne!« Sie lasen die Aufschrift: KARLA MACHOTKOVA. Es kam mir gemein vor, daß sie in seinen Sachen herumwühlten. Aber Vitlich stopfte alles wieder in die rosa Kiste hinein. Ihm kam es vielleicht auch so vor. Sie legten die Kiste unter Ludwigs Beine. Nur die weißen Gamaschen waren zu sehen. Zwei Knechte trugen den Leichnam.

Ich weinte auf der anderen Seite des Schobers. Die Menschen schnatterten immer noch Unsinn. »Du brauchst nicht zu weinen«, sagte Zyrill. »Es geht ihm dort besser.«

Alle Leute gingen schon hinter der Trage her über das holprige Ackerfeld. Jemand schob das Rad des Pfarrers. Er sprach hinten mit Singer und Kadera über die Angelegenheit. »Er hat es hinter sich und wir vor uns«, sagte Zyrill.

Jetzt stehe ich am Schober. Ich kann vom Gutshof immer noch nichts erkennen. Ich gehe um das Stroh herum, damit ich nicht darin herumzutrampeln brauche. Der Gebäudekomplex sieht tatsächlich verlassen aus.

Aber ich höre Laute; es klingt wie Wasserpumpen, das mit Stimmen vermischt ist. Wenn ich stehenbleibe und angestrengt lausche, höre ich auch das Klirren der Zaumzeuge.

»Bleibst du hier sitzen?« frage ich Isa leise.

Ich prüfe, auf welcher Schoberseite man am besten hochklettern kann. Irgendwo in der Dunkelheit über meinem Kopf fliegt ein Flugzeug. »Wirst du hier warten und nicht toben?« Die Hündin macht ein scheinheiliges Gesicht. Ich fange an, hochzuklettern und schaue mich mißtrauisch nach Isa um. Sie sitzt dort, wo ich es ihr befohlen habe. Der Lärm des Flugzeuges ist jetzt stärker.

Im Erklettern von Strohschobern habe ich Erfahrung. Ich bewege meine Hände kaum, presse mich an das Stroh, um mit einer Hand die Nase zu putzen.

»Isa, Ruhe!« zische ich für alle Fälle. Man weiß auch bei der schlauesten Rasse manchmal nicht, was sich so ein Hund ausdenkt. Isa knurrt und bellt nicht; es scheint mir, daß sie ihren Kopf nach oben gedreht hat, um mich zu sehen.

Die Nacht ist heller geworden. Wenn ich zum tintenschwarzen Himmel hochsehe, erkenne ich die ziehenden Wolken, die der Wind auseinandertreibt. Auf dem Schober herrscht Windstille. Zuerst sehe ich die Soldaten in dem Dachfenster, weil dort ein gelockerter Dachziegel ein Geräusch verursacht. Ich sehe sie undeutlich, schemenhaft. Es sind drei oder vier Mann und sie haben irgendeine Waffe. Ich glaube, daß es ein Maschinengewehr ist. Sie haben die gleichen Fellmützen wie der Kosake an der Kirche. Es sind die Russen. Ich klettere noch höher und sehe sie auch schon vor dem Tor. Ihre Beschäftigung verwundert mich; sie haben ihre Hemden ausgezogen und graben vor dem Tor Löcher. Sie graben in Richtung zum Wald. Sie stechen die Erde eilig aus und reden nicht dabei. Ihre Gestalten werden von der grauen Nacht aufgesogen. Ab und zu kracht ein Spaten oder eine Hacke. Ich lege mich auf den Bauch. Das Stroh knistert unter meinem Körper; ich kann mich wegen des Geraschels überhaupt nicht bewegen. Ihr Werkzeug klappert gleichmäßig in der Erde. Das Flugzeug ist wahrscheinlich direkt über mir; ich kann es nicht sehen, weil Flugzeuge im Krieg ohne Lichter fliegen. Erst jetzt erkenne ich das Eigenartige ihrer Arbeit: das riesige Tor des Gutshofes ist für die Russen geschlossen, da untergraben sie es. Sie graben einen Gang unter dem Tor her und tauchen auf der anderen Seite wie aus dem Boden gestampft wieder auf. Sie wechseln sich bei der Arbeit ab.

Ich höre immer noch Wasserpumpen vom Hof her. Um über die Dächer sehen zu können, muß ich mich aufrichten und noch auf die höchste Stelle des Schobers klettern. Der Hof wimmelt von Soldaten. Einhundert, vielleicht noch mehr, drängen sich rings um die Wasserpumpe; sie haben sich ausgezogen, und manche sind sogar ganz nackt. Ihre Körper sind weiß. Sie waschen sich. Ich wäre dabei erfroren; ich friere auch, wenn ich mich nicht wasche. Die Russen sind für den Winter sicher wie geschaffen. Sie kommen aus Sibirien. Sie begießen sich mit Wasser aus Eimern. Die Pumpe quietscht und knarrt. Jemand kreischt auf und flucht wütend; in russischer Sprache klingt es wie eine Melodie. Es ist eine besonders schlichte Sprache. Wenn sie schnell gesprochen wird, dann fließt alles zusammen. Der Himmel wird erneut durch Magnesium erhellt. Es ist möglich, daß das Flugzeug die Leuchtkugeln abschießt. Alle auf dem Hofe laufen unter die Dächer, jeder nimmt den kürzesten Weg. Ich sehe in dem Licht, daß sie tatsächlich nackt sind. Einige halten die Hände vor sich. Die Situation kommt ihnen komisch vor, sie lachen. Von meinem Standort kann ich unter dem Dach des Schuppens ihre Waffen, Gewehre und Sättel sehen. Ich wühle mich mit meinem ganzen Körper in das Stroh ein. Aber ich kann noch nach unten sehen. Die Russen in dem Dachfenster haben den Deckel zugezogen. Die Soldaten vor dem Tor liegen auf dem Bauch wie tot. Einer von ihnen bewegt sich und gleitet in den Graben hinein; die grünlich glühende Kugel geht am Wald nieder; sie dreht

sich noch einmal in der Luft und platzt auseinander. Der Hof ist bis in die letzten Winkel erhellt. Aus dem Pumpenrohr fließt schwach das Wasser. Das angekurbelte Rad dreht sich weiter. Auf der Holzbank liegen die russischen Uniformen. Ich schaue mich um, wo sie ihre Pferde haben. Wo können sie die bloß haben...? Ich richte mich langsam auf. Für das Flugzeug habe ich keinen Sinn mehr. Die Pferde haben sie ganz hinten, ich sehe sie schon; sie stehen unter den dichtbelaubten Bäumen. Der Garten ist hier so dicht, daß sie da wie unter einem Dach stehen. Ich müßte den ganzen Großgrundbesitz umgehen, um zu ihnen zu gelangen.
Aus dem Wald fliegen mehrere Signalraketen hoch; rote, weiße, wieder rote und blaue. Auch das Flugzeug oben schießt eine rote und eine weiße Rakete ab. Das Magnesium erlischt. Ich werfe mich wieder ins Stroh. Einen Meter von mir entfernt fängt ein Maschinengewehr an zu rattern; es scheint mir jedenfalls, daß die Entfernung nur einen Meter ausmacht und daß man auf mich schießt. Die ganze helle Nacht stürzt plötzlich mit einem unvorstellbaren Getöse ein. Die Russen schießen auf das Flugzeug. Sie schießen aus dem Dachfenster. Ein Feuerball ist dort zu sehen. Es dauert höchstens zweimal zehn Sekunden. Nach den Schüssen herrscht eine atemberaubende Ruhe, und in meinen Ohren ist ein dumpfes Gefühl. Ich drehe mich auf den Rücken und schaue zum Himmel. Ich sehe nichts. Ich höre das Flugzeug; es fliegt so hoch, daß man es nicht sieht. Sie haben es nicht getroffen. Damit hört es auf, interessant zu sein. Ich drehe mich wieder dem Gutshof zu. Aber es passiert nichts mehr; das Maschinengewehr schweigt. Nach einer Sekunde fängt dort eine Stimme fürchterlich an zu brüllen.
»Uto strilal? – Wer hat geschossen?« schreit eine Baßstimme, von der ich mir heute denke, daß sie nur einem direkten Nachkommen von Taras Bulba gehören konnte. »Katorij durak strilal?«
Jemand läuft wütend die Treppe hoch. Er ist bis hierher zu hören. Er hat ein Organ, daß er bei einer direkten Verbindung mit Moskau auch ohne Telefon auskommen würde. Er schreit auf russisch etwas über die Mutter des Betroffenen. Er muß sehr aufgeregt sein.

»Kto těbja kazal strilet? Golova u těbja jest? Ja těbja skažu, što u těbja jest! – Wer hat dir befohlen zu schießen? Hast du überhaupt einen Kopf? Ich frage dich, bist du noch gescheit?«
»Tovariš litinant«, ertönt eine andere, jugendliche Stimme. »Já chatěl... Ja jevo smatril...« versucht er zu erklären. Ich wußte damals nicht, warum er sich entschuldigte. Ich hätte auch auf die Deutschen geschossen. Ich habe die vielen Worte tatsächlich sehr gut verstanden.
»Já jevo charašó viděl...« Seine Stimme verrät Angst.
»Davaj suda!« brüllt der Leutnant weiter. »Bystro davaj! Já těbja skažu něskolko slov po tatarskom jazyke!«
Ich habe nicht gehört, was er ihm auf tatarisch gesagt hat. Die beiden Stimmen entfernten sich. Es ist aber möglich, daß das alles nicht so laut war, wie es mir zuerst erschien, denn der Schober stand tatsächlich sehr nahe. Entweder hörten sie auf zu schreien, oder sie gingen in den Keller. Es war still. Auch das Flugzeug war nicht mehr zu hören. Die Nacht war wieder ruhig, der Tau ging nieder, und die Halme knisterten. Erneut reckte ich meinen Hals in Richtung der Pferde. Ich hörte immer noch das Zaumzeug klirren und die Hufe scharren. Es waren die schönsten Geräusche, die ich mir vorstellen konnte. Ich legte mich mit dem Bauch auf die Schoberkante und rutschte vorsichtig herunter. Es schien mir furchtbar laut zu sein. Der Strohstaub reizte meine Nase, ich wollte niesen. Ich hielt meine Nase mit beiden Handflächen zu; fast hätte ich sie zerquetscht. Ich drehte mich nach der Hündin um. »Isa!« sagte ich leise. »Isa!« Sie war fort. Ich wollte nicht glauben, daß sie weggelaufen war. Es war möglich, daß sie durch das Maschinengewehr Angst bekommen hatte und in der Dunkelheit ein wenig weitergelaufen war. Ich hatte so viel zu tun und konnte nicht wie ein Idiot auf Zehenspitzen um den Schober laufen, um die Hündin zu suchen. Ich hätte Isa sowieso nicht gefunden.
Das gab mir den Rest. Das gab mir wirklich den Rest! Man hängt in manchen Situationen auch an so einem Mistvieh. Ich saß ein Stück vor dem Großgrundbesitz im Gras, eigentlich lag ich hier und stützte mich auf die Ellenbogen. Die

Russen gruben immer noch Gänge. Ich wollte nirgendwo hin, ich hatte wieder einen weichen Augenblick.
Ich weiß nicht, wie lange ich hier noch geblieben und ob ich schließlich nicht doch nach Hause gegangen wäre, wenn ich nicht einen Igel im Gras gehört hätte. Ich hörte auf zu atmen. Hatte ich ihn links oder rechts gehört? Er wartete ein wenig. Auch er hörte mich. Oder er hatte mich gerochen. Er näherte sich. Er war schon an meinem Bein. Der Krieg ist den Igeln egal. Ich sprang schnell hoch und aus dem Liegen kam ich auf die Knie. Ich griff nach ihm. Sofort igelte er sich ein. Aber ich packte ihn. Kein Igel ist mir bisher entwischt. Ich lag auf dem Bauch vor dem Igel und pustete in das Knäuel, wo ich seine Nase vermutete. »Ich hab' dich!« sagte ich zu ihm. »Du gehörst mir!« Ich zog meine Jacke aus und warf den Igel auf den Stoff. Ich hob ihn wie in einem Tuch hoch. Ich war nicht mehr allein! Wie kann nur eine solche Dummheit einem Menschen Mut machen! Ich begann, mit dem Igel in meiner Jacke den Großgrundbesitz in weitem Bogen zu umgehen. Ich ging fast auf Zehenspitzen, um mich nicht zu verraten. Ich ging selbstverständlich zu der Koppel zwischen den Bäumen. Ich riß eine Handvoll der grünen Luzerne ab und warf sie dem Igel in die Jacke, damit er etwas zu fressen hatte. Dann nahm ich ein Stück Brot aus der Tasche und zerbröckelte es ihm ebenfalls in die Jacke.
Isa zerreiße ich vor Wut, wenn sie wiederkommt! Ich halte andauernd Ausschau nach ihr. Ich schnalze leise. »Isa!«
Dann denke ich nicht mehr an die Hündin. Ich muß achtgeben, daß die Russen mich nicht sehen. Ich schleiche auf den Zehenspitzen wie ein Indianer. Einige zehn Meter gehe ich so leise, daß ich mich selbst nicht höre. Es ist doch blöd, daß sie die Pferde dort einfach so stehen haben – unbewacht. So verrückt bin ich nicht, das zu glauben; ich denke ja nicht daran. Ich stehe am Rande des Schattens, den die Hecke wirft. Zwischen mir und der Koppel liegt ein Lichtstreifen, der hell und verräterisch ist. Jetzt, wo ich es nicht brauchen kann, ist der Himmel übersät mit Sternen, und der Mond scheint. Meine Augen schweifen herum; ich suche, wo ein Russe stehen könnte. Ich ahne, daß er da ist. Mit Sicherheit weiß ich, daß er da ist. Aber wo steht er?

Hinter dem Lichtstrahl ist noch eine Insel mit Gebüsch. Von dort könnte ich die Koppel und die Pferde wie auf dem Präsentierteller sehen. Die Schüsse, die immer noch von irgendwo zu hören sind, beachte ich nicht mehr. Es ist möglich, daß der Russe hinter den beiden Bäumen steht, denn der eine Baum berührt fast den anderen. Dort hätte ich den Soldaten nicht gesehen. Er kann nirgendwo anders sein.

Ich sah die Pferde auch von hier aus. Es war eine ganze Herde; die Koppel war voll von ihnen. Sie standen in Gruppen und bewegten sich in geschlossener Herde. Ich sah auch aus der Entfernung die aufgerichteten Hälse und die geschwungenen Rücken. Zeitweilig liefen sie nervös auseinander; die Hufe klangen gedämpft. Und wieder war es ruhig. Ich hätte sie hundert Jahre anschauen können. Die fortschreitende Nacht war kühl. Ich setzte mich nieder. Ich hielt den Igel in der Jacke, die ich auf die Knie legte, und die Knie zog ich bis unter das Kinn.

Zwischen den Pferden gab es auch mehrere Falben. Sie waren wie Julina. In Gedanken zählte ich, wieviele Pferde in der Koppel sein könnten. Dann schlug die Stalltür zu. Es waren Stimmen zu hören. Ich stand auf. Ich hatte großes Glück, daß ich mich nicht verraten hatte, denn in meiner unmittelbaren Nähe hinter den Sträuchern auf der anderen Seite hörte ich gedämpft: »Litinant!«

»Kuda mu náda?« sagte die andere russische Stimme leise.

»Vypuskajet patrol«, antwortete die erste Stimme.

Sie traten in den Lichtstreifen. Sie trugen die langen Mäntel und hatten Gewehre. Ihre Schuhsohlen mußten aus Watte sein; ich hörte nicht den geringsten Laut. Sie gingen quer hinüber zur Koppel. Sie gingen vorsichtig. Einer drehte sich während des Gehens ständig um.

Ich atmete erst jetzt auf. Da stand ich nun in der schwarzen Dunkelheit, dicht am Rande der Hecke, in der Morgendämmerung dieser Aprilnacht und sah die beiden Kosaken geräuschlos über den Lichtstreifen gehen.

Ich setzte den Igel ins Gras. In dieser Situation einen Igel in der Jacke zu haben, wäre idiotisch gewesen. Der Igel grunzte vor Wonne und lief ins Gebüsch. Ich beobachtete die Russen ständig. Der Igel hatte meine Jacke beschmutzt, so ein

Schwein. Ich mußte die Jacke ausschütteln. Noch nie habe ich gehört, daß auch Igel Durchfall haben können.
Die Kosaken waren schon an der Koppel angelangt. Es waren die beiden Wachtposten und diejenigen, die aus dem Haus gekommen waren. Igel stinken sehr, wenn sie ihr Geschäft verrichten. Ich stank gewiß wie der Sack eines Abdeckers. Jetzt war die Gelegenheit, den Lichtstreifen des Feldes zu überwinden. Ich rannte wie ein Kaninchen bis zum schwarzen Dickicht. Dann kam ich näher. Ich ging auf Zehenspitzen, geräuschlos, immer im Schatten. Die Koppel war jetzt in meiner Reichweite. Ich habe niemals eine Herde so schöner, ruhiger Pferde gesehen. Manchmal sah es aus, als wenn die Pferde schliefen, aber das taten sie nicht.
Die Bauernpferde würden in dieser Menge einen schrecklichen Krach schlagen. Diese Tiere dagegen waren intelligent, sie hatten Rasse.
Die Soldaten sprachen so leise, daß sie sich gerade noch verständigen konnten. Die Pferde interessierten mich mehr als die Russen. Dennoch erregten sie plötzlich meine Aufmerksamkeit. Ein Soldat hielt einem Pferd das Bein hoch, so, wie man es sonst beim Schmied tut. Ein anderer umwickelte die Hufe mit Lappen. Er band sie mit einer Kattunleinwand fest. Es sah wie eine Bandage aus. Das Pferd hatte jetzt Schuhe an. Aus dem Wald flogen wieder eine rote und eine weiße Rakete hoch. Die Männer hörten für einen Augenblick mit der Arbeit auf und schauten zum Wald. Sie unterhielten sich wieder leise.
Es waren nur die Worte des bärenstarken Kerls, die man deutlich hörte. Sein Kopf war verbunden, und er stützte sich auf einen Stock. Das sah ganz unmilitärisch aus.
»Nestrilat! – Nicht schießen!« sagte er zu den Soldaten, die sich für die Patrouille vorbereiteten. »Smotrit! – Nur nachsehen!« Er hustete rasselnd. »Poňjatno? – Verstanden?« fragte er sie.
Es waren vier, außer den beiden Wachtposten; ich konnte sie leicht zählen. »Da, da«, sagte einer von ihnen das russische Ja.
Alle waren groß, stark und jung. Sie gähnten respektlos. Sie schimpften auch, und zwar ständig. Sie wollten schlafen. Ich

beobachtete die Soldaten und fühlte, daß der Wald ihre Aufmerksamkeit fesselte. Wieder flogen Rakten hoch. Jetzt aber lachten die Kosaken leise. Ich sah deutlich, wie sich der Jüngste eine der Karnevalsmasken auf das Gesicht gesetzt hatte, von denen es in Singers Haus genug gab. Es war eine seidene Maske mit Naturhaar; sie gehörte zu einem Prinzessinnen-Kostüm, und das Haar hing bis auf die Schultern. Auch der Leutnant lachte. Die Pferde fingen an zu scheuen, so steckte er die Maske unter den schwarzen Reitermantel. Die Mäntel hingen den Kosaken um die Schultern. Die Säbel klatschten an die weichen Stiefel. Die Reiter hatten Maschinenpistolen. Die Wachtposten öffneten schon die Koppel. Die Männer sprangen so schnell auf die Pferde, daß ich gar nicht wußte, wie sie das gemacht hatten. Der Leutnant sprach ständig mit ihnen, und sie antworteten brummend. Die Pferde gingen ganz geräuschlos; nichts klirrte und raschelte an diesen vier Reitern. Sie waren nicht aus dem Schatten hervorgekommen, sie ritten um das Licht herum, einer hinter dem anderen im Abstand von zwei Pferdelängen. Der letzte drehte sich jetzt dem Leutnant zu. Es war wieder der Jüngste. »Spokjnu noč! – Gute Nacht!« sagte er. Er setzte sich erneut die Maske der Prinzessin aufs Gesicht. Die Wachtposten begannen zu lachen und riefen ihm zu: »Saša!« Der Leutnant drohte ihm mit dem Stock. Wieder ganz unmilitärisch. Der Junge holte aber die anderen drei Reiter bald ein. Sie ritten gelassen in die Dunkelheit, als wenn sie zur Durchführung von Nachtpatrouillen geboren wären. Sie beugten sich bis an die Mähnen hinunter, damit sie nicht mit ihren hohen Mützen die Äste berührten. Die schwarzen Mäntel deckten die Sättel, die Kosakenstiefel und die Hüften der Tiere zu. Einer brach eine Zweigspitze ab und saugte leicht daran. Sie bewegten sich nicht mit dem Pferderhythmus, sie saßen in einer besonders ruhigen Art auf den Pferden. Sie verschwanden im Dickicht und ritten sicher zu dem Wald, aus dem immer noch die Raketen in den Himmel geschossen wurden.

Wichtiger aber ist, wenigstens für mich, daß die Wachtposten mit dem Leutnant weggehen. Er humpelt und stützt sich auf seinen Stock. Sie gehen bis zu der Kalkecke des

Gutshofes. Irgendwo in der Ferne ist der Kanonendonner zu hören. Er hört sich aber schwach und hohl an. Es fehlen mir von meinem Versteck höchstens zehn Schritte bis zur Koppel. Ich messe die Entfernung bis zu den Stangen. Eins, zwei, drei! zähle ich in Gedanken. Ich entschließe mich. Manchmal entschließe ich mich schnell. Ich laufe los. Ich bin schon beim Pfeiler. Ich krieche blitzschnell hindurch. Donnerwetter, irgend etwas reißt an dem Ast. Die Stange, die ich berührt habe, vibriert und scheppert wie eine Geigensaite. Ich bleibe stehen und wage kaum zu atmen. Ich bete, daß sie das nicht hören. Es passiert nichts. Dann bin ich schon zwischen den Pferden. Wenn ich zwei Schritte mache und die Hand ausstrecke, kann ich anfassen, welches Pferd ich will. Sie verhalten sich leise, denn ein Pferd ist weder ein Ochs noch eine Kuh. Einige große Köpfe drehen sich mir zu. Ich schnalze ihnen leise zu. Ich verliere mich ganz zwischen ihren Körpern und nehme ihre Nähe wahr, sie fühlen meine Anwesenheit. Die Nacht ist plötzlich sehr schön für mich. Ich habe keine Angst vor Pferden, weil ich zu ihnen ein Verhältnis habe. Ich muß aufspringen, um über ihre Rücken zu sehen, ob die Wachtposten nicht zurückkommen. Sie stehen irgendwo. Die Tiere, die nahe bei mir stehen, berühren mich mit ihren weichen Nasen. Sie tun es sehr neugierig, denn Pferde sind nun mal neugierig. Sie beugen ihre Nacken und schnaufen mit ihren Nüstern. Keines dieser fremden Pferde ist für mich fremd; ihre ganze Rasse ist mir nah. Ich berühre sie. Sie bleiben leise und sehen mich mit ihren großen, glänzenden Augen an. Manche tragen Verbände. Sie sind verletzt.

Ein Pferd hebt das Bein, mit dem es nicht auftreten kann. Ich schnalze ihm zu. Ich sage zu ihm: »Lucka!« Ich weiß, daß es nicht so heißt; ich glaube aber, daß es froh ist, weil ich es angesprochen habe. Ich streichle es. Seine Mähne ist sehr lang, und es hat glänzende, schwarze Augen. Ich gehe weiter. Sie gehen auseinander, damit ich durchkomme. Ich schnalze ihnen allen leise zu, aber mit den Augen suche ich immer den Falben, den ich bereits von den Sträuchern her gesehen habe. Ich suche das Pferd, das Julina ähnelt. Nun erschrecke ich doch einige Pferde; sie laufen auseinander,

und die ganze Koppel gerät in Bewegung. Ich bleibe stehen. Dann beruhigt sich alles wieder. Die Nacht ist wieder still. Das Licht gleitet die Rücken der Pferde entlang. Die Dächer der Gebäude leuchten, als wenn sie aus Kupfer wären. Endlich sehe ich den Falben. Er steht an der Ziegelsteinmauer. Ich gehe an mehreren Pferden vorbei, stehe schon vor ihm. Er ähnelt Julina in der Größe, Breite und Farbe. Ich vergleiche und gehe herum. Auch seine Mähne ähnelt der Julinas. Auch bei ihm hängt sie wie ein schwerer Vorhang herunter. Der Roßhaarschwanz reicht bis zur Erde. Er hat nur einen anderen Ausdruck, er scheint weniger intelligent zu sein. Das schadet bei einem Pferd nicht. Das Wichtigste fällt mir ein: Was ist er, eine Stute, ein Wallach? Ich kann die Kleinigkeiten nicht erkennen. Auch wenn ich mich beeile, ihm unter den Bauch zu sehen. Das Pferd steht an der dunkelsten Stelle, wo der dichte Mauerschatten liegt.
»Geh«, sage ich ihm leise. »Bewege dich. Zwei Schritte!«
Es verspürt gar keine Lust dazu; ich klatsche das Pferd ein wenig und schiebe es mit aller Kraft zu einer helleren Stelle, bis es sich von selbst bewegt. Es ist ein wenig phlegmatisch; so sieht es wenigstens aus. Wieder gerät eine ganze Pferdegruppe in Bewegung; es sind sehr viele auf einem Haufen. Dann ist ein Maschinengewehr zu hören. Es ist sehr nah, aber ich nehme es nicht wahr. Der Krieg existiert in diesem Augenblick für mich nicht.
Der Falbe bewegt sich. Er steht schon im Lichtschein. War das eine Arbeit! Sein Maul ist wie aus Eisen. Vielleicht fühlt er gar keinen Zaum. Wieder beuge ich mich unter den glatten Bauch, jetzt kann ich genug sehen. Ich hätte dort etwas gefunden, wenn etwas dagewesen wäre; es ist nichts bei ihm unter dem Bauch zu sehen! Ich hebe noch den Schwanz hoch, damit ich sicher gehe. Eindeutig das Zeichen des weiblichen Geschlechts. Es ist eine Stute, es ist wirklich eine Stute. Sie ist wie Julina! Trotz meines Pechs habe ich doch noch großes Glück. Ich schaue die falbe Stute eine Sekunde lang mit Bewunderung an. Sie wiegt bestimmt eine Tonne. Ihre Schienbeine sind auch behaart, die Hufe groß. Es ist verwunderlich, daß sie einen solchen Elefanten bei den Kosaken brauchen können. Ich stoße sie wieder an; sie machte nur

einen Schritt. Die anderen Pferde in der Umzäunung interessierten mich nicht mehr. »Ab jetzt heißt du Julina«, teile ich der Stute mit. Sie nimmt es lässig zur Kenntnis. Die Taufe bringt sie nicht aus dem Gleichgewicht.
»Kannst du Tschechisch?«
Sie blinzelt nicht einmal. »Ich werde dir schon Tschechisch beibringen«, sage ich ernst. Wer weiß, was eine solche Stute in dem Krieg durchmachen mußte. Sie gefällt mir mehr und mehr.
»Komm her!« sage ich und ziehe ihren großen Kopf an mich. Die Augenbrauen und -wimpern sind hell. Sie hat rote Augen wir eine Angorakatze.
»Merke dir das! Du heißt Julina. Von jetzt an bist du eine Tschechin.«
Rasch begann ich, die Situation zu erkunden, um die neue Julina aus der Umzäunung herauszubringen. Sie hatte den Zaum und das Halfter am Kopf; ich konnte sie führen. Ich band meinen Strick an das Halfter. Damit ich nicht auf die Zehenspitzen steigen mußte. Ich suchte die Stangen, die abzunehmen waren, wo auch die Russen aus der Umzäunung hinausgeritten waren.
Julina II nahm ich gleich mit. Damit ich nicht noch einmal umsonst zurückkehren müßte. Für mich war es damals, im März im fünfundvierzigsten Jahr, gar kein Diebstahl.
»Komm, du brauchst keine Angst zu haben. Bei uns wirst du es fein haben.«
Ich sprach dauernd auf sie ein, um sie zu beruhigen. Sie machte keine Schwierigkeiten. Das Gatter hatte ich schon gefunden. Es war leider sehr schlecht zugemacht; die obere Stange polterte gleich herunter, sobald ich sie nur berührte. Die Russen hatten dort auch für alle Fälle eine leere Blechbüchse und noch andere Dinge aufgehängt. Daß ich Esel nicht aufpassen konnte! Und diese Dinger machten furchtbaren Krach! Die Pferde sprangen gleich auf. Sie mußten fühlen, daß der Kanonendonner wieder losging!
Julina II stand ruhig an der Stelle, wohin ich sie gebracht hatte. Das bewies, daß sie tatsächlich phlegmatisch war. Der Lärm war so stark, daß ich lieber gleich durch die Umzäumung nach draußen auf die freie Wiese lief. Die Stute konn-

te ich auf keinen Fall jetzt wegführen, weil die Herde verrückt spielte. Ich lief auf alle Fälle weg. Ich erwartete, daß die Wachtposten von der Kalkmauer hierherlaufen würden. Aber wo! Andere Posten machten sich bemerkbar, und zwar auf der anderen Seite. Das überraschte mich. Aber schließlich ist es ja doch logisch, daß eine so große Armee wie die russische, wenn sie einen Krieg führt, mehr als zwei Soldaten auf Wache stehen hat.

»Rrrrr!« riefen die Russen den aufgescheuchten Pferden zu. »Rrrr.« Es klang wie unser pr, nur ohne p.

Am schlimmsten war, daß sie mich sehen mußten – ich lief über den hellen Streifen des Feldes. Was wären das für Kosaken, wenn sie mich nicht gesehen hätten.

»Čto tam? Takoje? – Wer da?« rief einer. Er hatte einen Backenbart. In kritischen Momenten blieben in meinem Gehirn hauptsächlich Dämlichkeiten zurück.

»Sobaka – Ein Hund«, hörte ich den anderen sagen.

Dieses Wort war mir unbekannt. Aus der russischen Sprache kannte ich bisher nur das Wort ›da‹. Sie hatten aber ›da‹ nicht gerufen.

Ein Schuß fiel. Vielleicht galt er mir. Ich hörte, wie er aufheulte und sich in die Luft einbohrte. Ich schmiß mich auf Hände, Knie und Bauch. Ein zweiter Schuß fiel! Der schlug neben mir ein. Ich sprang auf und schlug Haken.

Es ist möglich, daß sie mich erschießen! fällt mir ein. Sie erschießen mich, obwohl ich auch ein Slawe bin. Die Kriege sind voll von Mißverständnissen!

»Nestrilaj. Eto malčiška! – Schieße nicht, es ist ein Kind!« schrie dann der andere. Er mußte bessere Augen haben.

Gott sei Dank, daß ich den Lichtstreifen endlich hinter mir hatte! Auch die anderen kamen gelaufen, die vor dem Tor noch immer gruben. Gleich waren hier alle Russen aus ganz Rußland versammelt. Ich sah sie nicht, aber ich ahnte sie. Einem bin ich entkommen und dafür zwei anderen in die Arme gelaufen. Vor diesen beiden floh ich ins Gebüsch! Als ich auf der anderen Seite wieder herauslief, standen dort schon fünf andere bereit. »Stoj!« forderten sie mich auf. Sie riefen es wütend und wurden dabei immer wütender.

Bestimmt kriege ich Prügel, dachte ich mir. Ich war nicht

sicher, daß ich ihnen schnell genug erklären konnte, was ich in der Koppel gesucht hatte.

Ich machte es lieber auf andere Tour. Aber die Kosaken waren nicht nur weltbekannte Reiter, sondern auch tolle Läufer ... Wieder flog eine große, gelbe Rakete hoch. Wenn ich in der Klemme saß, hatte ich manchmal doch Glück. Die Soldaten warfen sich zu Boden. Die Rakete mußte an einem Fallschirm zur Erde zurückkehren; es dauerte sehr lange, und es war keine russische Rakete. Sonst wären sie nicht auf die Bäuche gefallen. Jetzt war ich froh, daß Husarek die Baumlöcher ausgehoben hatte. Ich sprang in das nächste hinein und machte mich winzig klein. – Die Rakete erlosch. Neben dem Loch, in dem ich lag, hörte ich wieder ein Getrampel wie bei einer Jagd und viel Russisch. Ich hatte nicht den Eindruck, daß sie über mein Verschwinden froh waren, sie schimpften wie die Rohrspatzen.

Endlich wurde es wieder ruhig. Ich steckte vorsichtig den Kopf hinaus. Ich sah einen Russen, wie er über Husareks Feld ging und in jedes einzelne Loch hineinschaute.

Ich hatte ihn überhaupt nicht gehört, er schlich wie ein Leisetreter und hielt das Gewehr schußbereit in der Hand. Ich konnte nicht mehr fliehen.

Auf einmal hörte er aber mit der Sucherei auf und ging weg. Ich fiel auf den Grund des Lochs zurück. Erst jetzt begann ich, nach Luft zu japsen. Ich bekam Seitenstechen auf der linken Seite.

Wenn ich da manchmal Seitenstechen bekomme, muß ich meine Hand darauf legen. Ich muß sie unter das Hemd legen. Mein Gesicht ist voll Schweiß. Ich sehe nur den Rand meines Lochs, einen Teil des Himmels und die Sterne. Bei uns liegen die Sterne immer tief. Sie leuchten groß und hell. Es sind die heiligen Sterne von Mähren.

8

Ich erinnere mich an die Großmutter.
Das Pferd Nummer fünf.
Der Weg zur Ziegelsteinhütte.
Ich träume von Mutter.
Gespräch mit Vitlich.
Ich rette die kleinen Hunde.
Ich schlafe wieder ein.
Was inzwischen im Wald passiert.

Ich liege eine Ewigkeit in dem Loch. Ich weiß gar nicht, wie lange.
Ich höre erneut Schritte auf dem Feld.
Ich atme vorsichtig, leise. Jawohl, es sind Schritte. Sie sind unregelmäßig zu hören, mit längeren Pausen dazwischen. Jetzt kommen sie zurück, gehen sicher in Zickzacklinie. Sie bleiben wieder stehen. Ich habe Angst. Aber ich bin auch neugierig, ich richte mich auf. Wenn ich knie, bin ich groß genug, um die Baumlöcher auf dem Feld zu sehen. Zuerst sehe ich überhaupt nichts. Dann höre ich plötzlich ein Geräusch hinter mir. Ich drehe mich schnell und erschrocken um. Es ist kein Soldat! Es ist kein Russe. Ich atme auf. Ich schneuze ein wenig. Auf dem Felde steht ein großes, schwarzes Pferd. Es hält seinen Kopf gehoben und schaut zu mir. Als wenn es wüßte, daß ich in dem Loch bin. Ich sehe deutlich seine Mähne und seine Nüstern. Es ist dunkel und glänzt wie Kohle. Ich pfeife leise. Zuerst will mir das Pfeifen nicht gelingen, denn ich habe geschwollene Lippen. Das Pferd bewegt sich nicht. Es hebt sich gegen den Horizont ab, so daß es beinahe aussieht, als berühre es mit den Hufen die Erde gar nicht.
Ich pfeife noch einmal, jetzt kann ich pfeifen. Diese Situation ist nicht zum Lachen. Ich möchte mein Loch lieber nicht verlassen; nicht jeder hat solche Erfahrung mit einem schwarzen Pferd in der Nacht wie ich . . .

Meine Großmutter konnte nicht laufen. Deshalb band sie mich mit einer Leine an sich. Sie band mich am Bein fest. Wenn ich weglaufen wollte, zog sich die Schlinge zusammen.
»Bleib auf dem Topf sitzen«, mahnte sie. Sie machte dabei die Augen gar nicht erst auf. Sie schlief auf dem Hof, auf einem Stuhl. Sie schlief schon ganze Tage und Wochen so. Die Sonne brannte, und sie sonnte sich. Ich bettelte, sie solle etwas erzählen. »Ich hab' dir schon alles erzählt«, erwiderte sie barsch. Ihre Stimme kam schon wie aus der Ferne. Sie hatte zehntausend Falten im Gesicht. Ich mochte nicht mehr bei ihr sitzen und mit Steinchen und Hölzchen spielen. Ich tastete nach einem Messer auf der Bank. (Die Klinge war spitz und schmal geschliffen, drei Messingstifte hielten die Reste des Griffes.)
Ich halte das Messer in der Hand und schneide das Band durch. »Was tust du denn da?« Sie merkt und sieht alles, obwohl sie doch schläft.
»Nichts.«
Endlich habe ich die Leine durchgeschnitten. Ich krieche auf allen vieren davon. Ich krieche leise, so leise, wie ich nur kann.
Die Großmutter beugt sich vor und will mit ihrem Stock mein Bein festhalten. Sie wirft mit Holzscheiten nach mir. »Du Aas!« schreit sie. »Warte, heute abend kommt ein schwarzes Pferd. Ich werde es rufen. Es nimmt dich mit in die Hölle!«

Hätte das Pferd urplötzlich und ganz nah vor mir gestanden, ich wäre sicher erschrocken gewesen. Als es ein paar Schritte macht, sehe ich, daß es hinkt. Es hinkt mit dem rechten Vorderbein. Es sackt beim Gehen im Rücken durch und zuckt mit dem Kopf. Für einen Augenblick beobachte ich das Pferd und überlege, wie es hierherkommt. Mit diesem Bein kann es nicht von weit hergekommen sein.
Ich klettere aus dem Loch, ich bin schnell draußen. Das Pferd kommt direkt auf mich zu! Es wittert einen Menschen wie ein Hund. Es bleibt wieder stehen und sucht etwas auf der Erde. Es kann dort höchstens Mist finden. Ich gehe

ihm entgegen, gehe ihm ganz langsam entgegen. Ich schaue mich um. Ich werde das Gefühl nicht los, daß eine ganze Kompanie Russen in der Dunkelheit wartet und daß sie wieder über mich herfallen werden.
Von weitem höre ich Motorenlärm. Alle diese Schießereien gleichen sich. Kriege sind oft furchtbar monoton. Das Pferd bleibt stehen und wartet, bis ich zu ihm komme. Es ist so schwarz, daß Wagenschmiere dagegen hell ist. Es sieht so aus wie ein Pferd, das einen Menschen erschlagen würde, wenn es gesund wäre. Ich hab' eine Schwäche für solche Pferde! Ich schlucke. Jetzt sehe ich es. Ich brauche das Pferd gar nicht zu umgehen, um es zu sehen. Das halbe Bein ist weg! Hier ist so viel Blut wie auf dem Schlachthof. Ich nähere mich dem Pferd bis auf die vorsichtige Entfernung von zwei Metern. Ich könnte heulen. Als ich um es herumgehe, dreht es nicht mal den Kopf nach mir.
»Wem gehörst du? Wer hat dir das getan?« Ich trete noch näher heran und hebe die Hand, fasse seine Nase an. Das Pferd zittert. Es ist ganz naß, als hätte es Fieber. Ich fühle zusammengeklebte Haare in meinen Händen. Aber es hat keine Angst vor mir.
»Bist du auch ein Russe?« Ich kann seine Ohren nicht erreichen, auch auf den Zehenspitzen erreiche ich sie nicht. Ich fahre mit den Fingern durch die Mähne. Ständig muß ich mir die furchtbare Wunde ansehen. »Hast du Schmerzen?«
Ich sehe nur seine großen, schwarzen Nüstern. Sie sind wie aus Samt. Es atmet stoßweise, als würde es den Atem nur ausstoßen. Ich erinnere mich an etwas und fange an, mich abzutasten. Das Zigarettenetui fällt dabei auf die Erde. Ich hebe es wieder auf, und die Glasblase, die ich von dem Russen bekommen habe, stecke ich in die andere Tasche. Das Pferd steht still wie ein Denkmal. Nur die Augen scheinen zu leben. Sie sind groß wie ein Handteller. In meiner Tasche muß noch ein letztes Stück Mohrrübe sein. (Soweit ich zurückdenken kann, waren die Hosentaschen während meiner Kindheit sozusagen unerschöpflich.) Ich reiche ihm die Karotte auf der Handfläche.
Es hebt die Lefzen, nimmt die Rübe aber nicht. Dann beißt es ganz vorsichtig, als wackelten seine Zähne. Ich hocke mich

nieder, es ist keine Stute. Ich suche weiter in den Taschen, aber ich habe keine Mohrrübe mehr. – »Ich hab' nichts mehr«, sage ich. In die Schulter ist die Nummer 5 eingebrannt.
»Du heißt Nummer fünf?« Ständig rede ich mit ihm. »Willst du Wasser trinken?«
Ich weiß, daß es sterben muß. »Ich werde dich zum Bach bringen.«
Ich hab' es nur so an Kopf und Nase geführt. Es hatte weder einen Zaum noch ein Halfter um. Ich hatte das Gefühl, ein Schaukelpferd zu führen. Aber wir bewegten uns weiter. Wieder war Kanonendonner zu hören. Es war kein einfacher Weg, sondern ein Weg wie zum Kalvarienberg. Es blieb alle fünf Schritte stehen. Ich riß Gras ab und hielt es vor sein Maul. Es fraß nicht einen einzigen Halm, aber es trank einen Hektoliter Wasser aus dem Bach. Dann blieb es lange stehen. Und es trank wieder. Ich hockte mich nieder und beobachtete es dabei.
Dann sprang ich auf. Ich hörte wieder deutlich Pferdewiehern vom Großgrundbesitz. Wenn gerade kein Schuß fiel, konnte man es gut hören.
»Bleib' hier«, sagte ich. »Hier wird es für dich besser sein.« Es taumelte für einen Augenblick, fing sich aber wieder. »Hier kannst du trinken, wann du willst.«
Ich hätte am liebsten seinetwegen geweint. Ich habe es noch einige Male gestreichelt. Ich hätte es am liebsten mitgenommen, wenn ich nicht gewußt hätte, daß es ein sterbendes Pferd war. Es kam vom Bach hinter mir her, humpelte auf das Ufer hinauf.
»Bleib da!« Ich ging wieder drei Schritte. Es machte auch drei Schritte. Da kehrte ich zu ihm zurück. »Du kannst nicht mit mir gehen«, sagte ich. Ich sagte es ihm in die Augen, die kaum noch lebten. Ich drehte es zurück zum Bach. Ich konnte mit ihm tun, was ich wollte, wie mit einem Schaukelpferd. Dann fing ich an zu laufen.
Es drehte sich wieder um und versuchte, auf drei Beinen hinter mir herzuspringen. Ich lief weiter und blickte über die Schulter zurück und ich sah, daß es hinter mir herhumpelte. Das konnte sein Tod sein. Das war grausam von mir.

So blieb ich stehen. Ich setzte mich nieder, scheinbar ein wenig gelangweilt. Es kam zu mir, blieb bei mir stehen. Um mich herum lagen viele Steine; ich warf einige ins Gebüsch. »Gehörst du vielleicht mir?« fragte ich das Pferd und stand auf. »Kann ich dich statt Julina nach Hause bringen?«
Ärgerlich trat ich gegen einen Stein, hopste aber sofort auf einem Bein herum, denn es war ein Stein, der fest in der Erde steckte.
Wütend riß ich einen Akazienzweig ab, hielt ihn dem Pferd vor die Nase. Jetzt fraß es ein wenig, und das wunderte mich. Ich begann, ringsum die Akazienzweige abzubrechen und sie dem Pferd vor die Nase zu halten. Es fraß so gierig, als wolle es den ganzen Wald auffressen. Dauernd stiegen rote und weiße Raketen zum Himmel.
Ich brachte damals das krepierende Pferd Nummer fünf bis in das Dickicht. Beinahe ein Jahr haben wir für das Stückchen bis zum Bach gebraucht. Es begann zu dämmern, und die Landschaft war milchig blau. Die Vögel pfiffen aus Leibeskräften. Die Felder, die Erde, einfach alles dampfte. Fünf Rehe grasten Klee ab. Das Pferd wollte auch grasen, aber ich ließ es nicht zu. »Du darfst das nicht fressen. Alles ist voll Tau.«
Es humpelte auf drei und einem halben Bein. Wir blieben ständig stehen, und ich verlor sehr viel Zeit mit ihm. Ich quatschte dummes Zeug, daß ich es zum Tierarzt brächte, der die Wunde nähen würde. Und weiter so dummes Zeug ...
Es war wirklich ein sterbendes Pferd, und mir wurde gar nicht bewußt, daß ich ihm etwas vorschwindelte. Ich brachte es bis zur Ziegelsteinhütte. Ich hatte großen Hunger. Ich zerbröckelte das russische Brot, das Isa und ich übriggelassen hatten. Es schmeckte jetzt sehr gut. Ich nahm die Brotkrume, das Pferd bekam die Krusten und fraß sie mit Appetit.
Über dem Dickicht lag Nebel. Hier gab es morgens immer Nebel. Ich ging in die Hütte. Das Pferd konnte nicht mit hinein, es stand aber gleich an der Tür. Ich ging noch einmal hinaus, zog aus dem Haufen Gestrüpp die deutschen Mäntel heraus, die ich dort hingeworfen hatte. Ich nahm alle

drei heraus, zwei davon warf ich in die Hütte auf das Strohbündel. Den einen Mantel legte ich dem Wallach auf den Rücken. Es war so, als wollte man einen Elefanten mit einem Taschentuch zudecken. Da warf ich ihm zwei Mäntel auf den Rücken, damit er sich vor seinem Tod nicht noch erkältete. Vielleicht fühlte er weder Kälte noch Wärme, aber ich wollte nicht, daß ihm kalt wurde. Ständig schnupperte das Pferd mit der Nase an meinen Handflächen. »Ich hab' nichts mehr«, sagte ich.

Nun legte ich mich in der Hütte auf das Stroh nieder, deckte mich mit dem deutschen Militärmantel zu und drehte mich zur Wand.

Wenn ich von meiner Mutter träumen wollte, brauchte ich nur an sie zu denken. Ich dachte an etwas. Zum Beispiel, wie sie einmal in der Nacht auf dem Hof gewaschen hat und wie ich aufgestanden bin. Um den Vater nicht zu wecken, schlich ich auf Zehenspitzen zu ihr. Erst jagte sie mich weg, damit ich wieder schlafen ginge. Aber dann legte sie mir ihre warme Strickjacke über die Schultern und zog mir etwas über die Füße; ich durfte einen Augenblick bei ihr bleiben. Ich saß auf einem Holzhaufen und schaute ihr zu, wie sie sich über das Waschbrett beugte und immer wieder ihr Haar aus dem Gesicht pustete. Sie lachte mich dabei an.

»Was sind Sterne, Mutti?«

»Augen.«

»Wessen Augen, Mutti?«

»Vom lieben Gott.«

»Hat er so viele?«

»Er muß alle Menschen sehen.«

»Auch mich?«

»Auch dich muß er sehen.«

Ich bin unter ihren großen Waschtrog gekrochen. »Jetzt sieht er mich aber nicht!«

Nun hängt sie die Wäsche auf eine Leine zwischen den Bäumen des Gartens. Die Nacht besteht nur aus Sternen, Rauch und entferntem Hundegebell. Und auf das Gras legt sie die weißen Wäschestücke . . . Es ist eine große Nachtwiese. Aber nur im Traum. Sie ist voll von ausgebreiteten Bettbezügen und Laken. Eine riesige Fläche ist mit weißer

Wäsche bedeckt. Am Ende steht der kleine Waschtrog. Dort liegt auch ein großer Haufen schmutziger Wäsche, es ist ein riesiger Schober mit schmutziger Wäsche. Auch die beiden Leiterwagen sind voll davon.
Prrrr! schreie ich. Weil ich eher als Mutter sehe, daß mein krepierendes, humpelndes Pferd über die weißgewaschenen Bettbezüge auf der Wiese läuft. Das Pferd Nummer fünf. Es macht mit den Hufen alles schmutzig. Hinter ihm bleiben Blutpfützen auf den weißen Planen zurück ...
Dann rast eine Pferdeherde durch eine weite Landschaft, die ich nicht kenne und auch noch nie gesehen habe ... Es sind tausend Pferde. Ihre Mähnen wehen und ihre Schwänze steuern. Es ist möglich, daß es noch eine Landschaft ohne Menschen ist. Zwischen den Bäumen geht die rosige Sonne auf. Sie laufen Körper an Körper. Ihre Hufe berühren kaum die Erde. Sie laufen in einem großen Bogen zum Fluß.

Etwas weckt mich. Irgendwelche Geräusche. Ich spüre, daß es das Pferd ist. Es sind die Hufe. Vor der Türschwelle muß es stehen. Für eine Sekunde zögere ich, hülle mich enger in den Militärmantel. Von draußen kommt es kühl herein, und ich drehe mich zur Tür. Ich schreie laut auf, fahre hoch und drücke mich bis in die Ecke, an die Wand. Ich lalle etwas. Im Türrahmen steht eine große Männergestalt. Ich kann das Gesicht nicht sehen, denn die Morgendämmerung erhellt es nicht.
»Mutti!« schreie ich.
»Verfluchter Bengel«, sagte der Mann. Er sprach durch die Nase, hustend, wütend. Damit war klar, daß es Zyrill Vitlich war. »Wo treibst du dich rum? Wo treibst du dich bloß rum, zum Donnerwetter?« schrie er ohne Rücksicht auf die Front.
Er atmete ungewöhnlich laut. Ich hatte keine Angst mehr. Es kam mir so vor, als stünde dort nicht Zyrill, sondern der leibhaftige Methusalem selbst. Und noch jemand war da. »Isa!« sagte ich überrascht. Sie stand neben ihm. »Du Aas!« Sie knurrte freundlich, als wäre sie mir vorher überhaupt nicht weggelaufen. Sie sprang zu mir. Ich fuhr mit beiden Händen in ihren Pelz.

»Zyrill!« sprach ich Vitlich an. Ich sagte es mit froher Stimme. Mit dieser Stimme werde ich eines Tages auch den Erzengel Gabriel anreden.
»Ich glaube, daß ich dich verprügele, du Saukerl«, sagte er. »Du kriegst etwas auf dein Maul, Blödmann! Wer sollte dich wohl suchen? Seit gestern abend suche ich dich! Du setzt dir etwas in den Kopf, und alles andere ist dir egal, was? Weißt du nicht, daß es auch noch den Krieg gibt?«
»Ich weiß es«, sagte ich. Er beleidigte mich mit dem ›Blödmann‹. »Natürlich weiß ich, daß Krieg ist. So doof bin ich nicht.« Ich bekam eine Ohrfeige. Es war die einzige Ohrfeige, die ich je von ihm bekommen habe. Die war aber gesalzen. Wenn ich sie ans Ohr bekommen hätte, wäre das Trommelfell hinübergewesen.
»Ich laufe nachsehen, ob du im Forsthaus bist. Die andern können selbstverständlich dort sein, aber du nicht. Du mußt immer woanders sein. Wo hast du denn gesteckt?«
Er hielt mich mit beiden Händen an den Schultern fest. Isa bellte auf. »Halte dein Maul«, sagte er zu der Hündin.
Ich hing in Vitlichs Händen mehr in der Luft, als daß ich auf dem Boden stand. »Warum schlägst du mich?« sagte ich aufsässig. Ungerechtigkeit konnte ich auf keinen Fall ertragen. »Gehöre ich dir, daß du mich schlägst?«
»Willst du noch eine Ohrfeige?« fragte er.
Ich wollte keine Ohrfeige mehr.
»Die Russen sind schon auf dem Gut«, sagte ich. »Die Russen sind schon da«, sagte ich leiser. Damit er die Tragweite des Geschehens begriff.
»Gestern«, sagte ich. »Schon gestern vormittag«, wiederholte ich genauer, damit er nicht dachte, daß ich erst jetzt aufgewacht war. »Sie sind kurz danach gekommen, nachdem mir die Deutschen unsere Julina gestohlen hatten«, fügte ich rasch hinzu.
»Was haben sie dir gestohlen?« Er sprach so undeutlich, als redete er durch die Nasenlöcher.
»Das Pferd«, sagte ich. »Julina haben sie mir gestohlen.«
Er holte tief Luft, stieß die Hündin mit dem Bein weg, damit sie ihn nicht ablenke. Er konnte es nicht glauben. »Du blödelst«, sagte er. »Du redest dummes Zeug.«

Für eine halbe Minute herrschte Ruhe. Er begriff, daß es Wirklichkeit war.
»Ich will nicht mehr nach Hause«, sagte ich. »Nie mehr.«
»Geh nicht«, sagte er. »Wenn ich dir etwas raten kann, dann geh nicht nach Hause!«
Auf einmal ließ er seine Hände sinken. Ich wußte, worauf er seine Augen richtete. Er schneuzte sich. »Komm her!« befahl er mir. »Komm her! Was hast du denn da? Was hast du mit dem Mund ...« Ich ahnte, daß ich in der hellen Morgendämmerung überwiegend blau aussehen mußte.
»Ich wollte ihnen Julina nicht geben«, antwortete ich.
Er wischte sich die Nase mit der Hand ab.
»Ich bin mit den Jungs nicht gefahren, weil sie mich wieder gejagt haben«, sagte ich. Ich sah dabei Vitlich nicht an, starrte nach draußen ins Dickicht. Der Frühnebel löste sich langsam vom Boden und trieb in kleinen Wattegespinsten höher. Kein Lüftchen regte sich.
»Quäle mich nicht!« sagte Vitlich. »Wieviel waren es? Los, antworte!«
»Fünf«, sagte ich.
Vitlich schaute mich fragend an.
»Fünf oder vier«, sagte ich.
»Tut was weh?« Auf einmal war es die Stimme des Erzengels Gabriel.
»Ein wenig.«
»Komm ans Licht!«
Wir gingen vor die Hütte. Dort stand das Pferd wie ein Skelett. Selbstverständlich sah er auf den ersten Blick, daß es ein krepierendes Pferd war. »Und wo hast du diese Mumie her?« fragte er.
»Hab' sie gefunden«, sagte ich.
Vitlich wunderte schon nichts mehr. »Zeig es lieber nicht deinem Vater«, sagte er. »Er könnte euch beide erschießen.«
»Ich gehe nicht mehr nach Hause!«
»Oha«, tat er erstaunt.
Ich ging sofort hoch. Scheinbar nahm er meinen Entschluß auf die leichte Schulter. Ich will nicht. Glaub nicht, daß du mich nach Hause bringen kannst!«

»Ist deine Nase gebrochen?« fragte er. Er konzentrierte sich wieder auf mein Gesicht.
»Nein!«
»Die Deutschen haben die Brücke in die Luft gejagt«, sagte er. »Weißt du das? Sie ist ganz hinüber.«
»Hm.« Die Brücke interessierte mich überhaupt nicht.
Ich schrie auf, weil er meine Nase anfaßte. Er blickte mich an, als wenn ich schon in den letzten Zügen läge. In diesem Augenblick glaubte ich, in seinem großen, herben Gesicht so etwas wie Rührung zu erkennen. »Zyrill«, sagte ich, um ihn abzulenken. »Weißt du nicht, was ihm fehlt?« Ich zeigte dabei auf das schwarze Pferd.
»Sein Fußrücken ist gebrochen. Sein Muskel ist hinüber. Vielleicht auch die Sehne ... Hast du es hier gefunden?«
»Hinter dem Bach.«
»Ist es bis hierhergekommen?«
»Hm.«
Erneut sah er das gekrümmte Hinterbein des Pferdes an. Es stand nur leicht auf diesem Bein. Mit der Hinterhand stützte es sich an der Hüttenmauer ab.
Als Vitlich mir den Rücken zukehrte, fiel mir ein großer Blödsinn ein. Ich griff in die Hosentasche und nahm die Blase heraus. Ich setzte sie mir in das linke Nasenloch. Am Fluß bellte ein Maschinengewehr, hörte aber sofort wieder auf.
Vitlich drehte sich um und blickte in Richtung Gutshof. Er sprach mit mir wie sonst, wie zu einem Erwachsenen. »Sie sind vielleicht zu früh gekommen«, sagte er. »Sie sind zu weit nach vorn gekommen.« Er bedachte die strategische Lage der Russen. »Oder sie haben keine Landkarte gehabt.«
Ich wollte die Blase wieder herausnehmen und verstecken, weil sie jetzt nicht hierhergehörte. Er sah mich forschend an. Da wagte ich es nicht mehr, das Ding herauszunehmen. Die Blase, so groß wie mein halber Daumen, war unmöglich zu übersehen.
»Wisch dir die Nase ab«, sagte er. »Wohin sind die gefahren, nachdem sie dir die Julina abgenommen hatten?«
»Ich weiß es nicht.« Ich schneuzte absichtlich. »Richtung Rynovice. Durch den Wald.«

»Wische dir die Nase ab«, sagte er wieder. Er ging darauf ein. Wie er mich so anschaute, grinste er, als kenne er sich aus mit Nasenblasen. Ich wischte mir flüchtig über die Nase. »Gestern abend war der alte Cumat im Forsthaus. Er hat sicher schon deinem Vater gesagt, daß du nicht dort bist. Wer weiß, am Ende sucht er dich auch«, sagte er. »Verflucht, kannst du dir nicht mal die Nase putzen?«
»Ich hab' kein Taschentuch«, sagte ich.
Er griff automatisch in seine Hosentaschen. Vergebens. Vitlich mochte zuletzt im Jahre 1921 ein Taschentuch gehabt haben. Ich wischte erneut die Nase mit der Hand ab.
»Das andere Loch«, sagte er.
Ich drehte mich ein wenig ab, putzte die Nase ab und steckte die Blase in das andere Nasenloch. Manchen Blödsinn kann man bis zum Wahnsinn treiben.
»Kannst du deine Nase nicht ohne Taschentuch putzen?«
Er zeigte es mir, drückte ein Nasenloch mit dem Daumen zu und schniefte. Dann machte er das gleiche mit dem anderen Nasenloch. Es war wie ein Kursus für Naseputzen.
»Ich will nicht schnauben«, sagte ich und stellte mich blöd.
»Du hast eine Blase an der Nase«, sagte er.
»Was?«
»Eine Kerze an der Nase.«
Ich tastete sie ab. Dann nahm ich die Blase in zwei Finger. Schließlich steckte ich sie in die Tasche.
Das verwirrte ihn vollkommen. Er überlegte eine Sekunde und sah dabei so aus, als wäre es zuviel für ihn. »Du bist mir schon eine Nummer! Wenn es um Blödsinn geht, da bist du großartig! Ja!« Er streckte seine Hand aus. »Zeig, was hast du denn da?« Ich nahm die Blase aus der Tasche. Er betrachtete sie. »Wo hast du die geklaut?«
»Ich hab' sie bekommen.«
»Wer, ich bitte dich, verteilt solchen Blödsinn?«
»Die Russen«, sagte ich. »Was heißt auf russisch ›Litinant‹, Zyrill?«
»Lojtnant? Leutnant.«
»Litinant.«
»Wo hast du das gehört?«
Ich zeigte mit dem Kopf in Richtung Gutshof.

»Du warst dort?«
»Hm.«
»Jemand hat dort geschossen«, sagte er heftig. »Es wurde dort geschossen. Warst du gerade dort?«
»Nein«, schwindelte ich.
Er steckte sich die Blase in die Nase, steckte sie sich verkehrt hinein. Dann drehte er sie richtig.
»Weißt du nicht, was auf russisch ›durak‹ heißt? Oder ›sobaka‹?« fragte ich ihn.
»Hast du keinen Spiegel?« fragte er.
Ich nahm das Zigarettenetui hervor und öffnete es. Ich reichte es ihm mit der glitzernden Seite, in der man sich spiegeln konnte. Zyrill beachtete die nackte Frau nicht. Er machte eine Grimasse, grinste, grinste mich an, grinste über das ganze Gesicht, lachte über das ganze Gesicht. Ich lachte mit.
»Was soll ich mit den kleinen Hunden machen, wenn du weggehst?« fragte er. Er steckte die Blase in das andere Nasenloch. »Du mußt mir sagen, wem ich sie geben soll. Ich kann mir doch keinen Hundezwinger zulegen.« Er schaute mich prüfend an. Dann nahm er die Blase heraus und gab sie mir zurück.

Ich wußte, woran er mich erinnerte. Es war noch nicht lange her, da brachte ich ihm die kleinen Hunde. Ihretwegen war ich damals in der Dunkelheit über eine Mauer geklettert und in einen fremden Hof eingebrochen. Obwohl ich barfuß ging, knisterte das Blechdach unter meinen Füßen furchtbar laut.
Und der alte Cumat kam in den Hof. Er hatte nur die Hose an, sein Oberkörper war nackt. Die Hosenträger hingen herunter, sein Gesicht war voller Seifenschaum. Er goß einen Eimer Wasser aus. Dann war es wieder ruhig.
Die Hündin kam bis zu der Mauer, auf der ich stand. Ich schnalzte ihr leise zu. Dann sprang ich von der Mauer herunter. Ich verstand mich mit allen Hunden. Nun kam Cumats Anna aus der Tür. Sie kam zu mir, nahm mich an der Hand und führte mich in die Wagenscheune. Sie führte mich zum Hundekorb, zu den kleinen Hunden.

»Er sagte, daß er sie gleich morgen früh ertränken will«, berichtete sie leise.
»Er wird sie nicht ertränken«, sagte ich.
Sie wußte auch, wo ein Körbchen lag. Sie gab eine Handvoll Heu hinein.
Anna war zart und klein, aber sie tat stets so, als ob sie schon erwachsen wäre. Sie hatte ein Nachthemd an. Es reichte ihr bis zu den Fersen.
Ich stopfte die kleinen Hunde in das Körbchen. Anna reichte es mir nach, als ich wieder auf die Mauer kletterte. Alles ging sehr schnell.
»Haben sie schon irgendwelche Namen?« fragte ich leise nach unten.
»Nein«, sagte sie.
Cumat, der Gaffer*, kam auf den Hof. Einen solchen Bruder zu haben, war praktisch Selbstmord. In Gedanken bedauerte ich Anna.
»Anna!« rief er. »Schlafen!«
Er behandelte seine Schwester sehr grob. Das wunderte mich nicht. Ich hörte eine Ohrfeige klatschen. Dann ging er zum Bedürfnishäuschen und pfiff dabei ... Ich schlich auf Zehenspitzen über das Blechdach und wollte schon auf den Weg hinunterspringen, als mir etwas einfiel. Ich nahm ein Stück Mohrrübe aus der Tasche, stellte das Körbchen hin, damit ich zielen konnte. Mit der rechten Hand holte ich weit nach hinten aus. Ich zielte auf das Bedürfnishäuschen. Ich warf. Die Mohrrübe traf. Sie schlug ein wie eine Mine. Wie wenn ein großer Schlegel auf eine große Trommel fällt. Die Hündin begann erst jetzt zu toben. Sie bellte. ›Gaffer‹ Cumat lief schnell aus dem Häuschen heraus. Die Hose hing bis auf die Knöchel. Jetzt paßte sein Name: Gaffer! Es war keine Kunst, ihn mit dem anderen Stück Mohrrübe auf den Rücken zu treffen. Was er blöde in die Gegend gaffte!
Ich sprang schnell von der Mauer herunter.
»Vati!« schrie Cumat.

Zyrill, vor der Steinhütte, trank jetzt aus einer flachen Flasche. Er nahm sie aus der Tasche. Auch mir war es kalt.

* Cumat = Gaffer. (Unübersetzbares Wortspiel, d. Ü.)

Er wollte mir das Fläschchen reichen, aber dann kam ihm zu Bewußtsein, daß ich für Alkohol noch nicht alt genug war.
»Hast du Hunger?« fragte er.
Er nahm ein in die Zeitung eingewickeltes Stück Brot heraus. Und ein Stück Speck. Speck konnte ich nicht mehr sehen! Ich schüttelte den Kopf. Nein, ich hatte keinen Hunger.
»Du kannst Josef fragen, vielleicht nimmt er einen Hund. Oder auch zwei«, dachte ich laut über die kleinen Hunde nach. Er schaute in die Landschaft. »Geh schlafen«, sagte er. »Leg dich nieder. Nimm dir auch diese Mäntel. Ihm ist es nicht kalt.« Er nahm dem Pferd die beiden Mäntel ab.
»Ich hab' hier auch ein Motorrad versteckt«, sagte ich und deutete auf das Gebüsch. »Ist ein Pferd teurer als ein Motorrad, Zyrill?« fragte ich.
»Geh schlafen«, sagte er. »Geh. Du brauchst keine Angst zu haben. Die Stute werden wir schon finden. Ich werde um das Dorf gehen und suche auch in Rynovice. Julina kann nicht weit sein. Sie haben die Stute irgendwo stehengelassen – vielleicht steht sie mit dem Wagen auf irgendeinem Feld.«
»Ja...«
Er schob mich in die Hütte auf das Strohbündel. Und dort fragte er mich auf einmal: »Hat dein Vater nichts von mir erzählt?« Er fragte ganz anders, lauernd und geheimnisvoll.
»Nein. Was sollte er erzählen? Was sollte er denn erzählen?«
»Oder Cumat. Der alte Cumat kommt doch zu euch, nicht wahr?«
»Was sollte er von dir erzählen, Zyrill?« wunderte ich mich.
»Nichts«, sagte er.
Er sprach nicht mehr davon. Er warf mir die Mäntel zu, die nach dem Pferdefell und Schweiß rochen.
»Wohin gehst du, Zyrill?« Ich wollte nicht, daß er wegging.
Er setzte sich auf die Türschwelle. »Ich geh' nicht weg. Ich bleibe hier sitzen. Schlaf!«
Ich wollte schlafen. Ich zog Isa zu mir. »Wirst du auch nicht zu uns gehen, Zyrill?« vergewisserte ich mich.
»Nein«, sagte er.

»Ehrenwort?«
»Ehrenwort!«
Er saß auf der Schwelle; draußen stand noch milchiger Nebel. Zyrill rauchte eine Zigarette. Wieder war in der Ferne ein Maschinengewehr zu hören. Dann stand er auf, ich sah ihn, er schaute nach, ob ich schon schlief, und ich stellte mich schlafend. Er raschelte draußen im Gebüsch, dann kam er zurück, und in den Händen hielt er das Maschinengewehr aus meinem Versteck. Er schaute sich den Mechanismus an, versuchte, den flachen Metalldeckel zu öffnen. Er war damit sehr beschäftigt. Dann schlief ich doch ein.
Die Pferdeherde, von der ich träumte, kam inzwischen bis zu dem fernen Fluß. Der Fluß war seicht, der sandige Grund schimmerte durch. Die Tiere liefen hinein. Die Sonne stand hinter den schlanken, schwarzen Baumstämmen. Ich kannte die Landschaft auch jetzt noch nicht. Manche ihrer Formen waren mir bekannt, andere dagegen sah ich zum ersten Mal. Das Wasser spritzte bis an die Bäuche der Pferde. Plötzlich blieben sie stehen und begannen zu saufen.

Jetzt ist die Gelegenheit, um zu sagen, daß es bei uns einen Ort gibt, den die Menschen bis heute ›Beim toten Russen‹ nennen. Einer aus der Kosakenpatrouille, die in der Nacht ausgeritten war, ist dort gestorben. Es geschah auf der Waldwiese, wenige Meter von dem zerstörten Haus am Brunnen entfernt. Und zwar zu der Zeit, als ich in der Ziegelhütte schlief. Die Schießerei in dem Wald habe ich überhaupt nicht gehört. Jemand hat mir später davon erzählt.
Sie befanden sich schon auf dem Rückweg zum Gutshof. Die Vögel schrien wie immer frühmorgens an dieser Stelle, wo sie herritten. Das Weichland dampfte. Die Sonne stand schon über den Baumkronen, und zwischen den Bäumen war ein blaugrüner Lichtschein. Die Soldaten sollen am Brunnen eine Hirschkuh gesehen haben. Sie bewegte sich nicht. Sie stand an Ort und Stelle. Als sie um die Waldwiese ritten, verschwand sie hinter den Bäumen. Erneut tauchte sie zwischen den Kiefern auf. Sie klatschten in die Hände. Sie lief aber nicht weg. Da hielten sie die Pferde an, holten das

Fernglas aus der Satteltasche. Dann soll ein Kosake vom Pferd heruntergesprungen und auf die Wiese gelaufen sein. An diesen Stellen quietschte nach jedem Schritt Wasser im vollgesaugten Gras. Er ging bis zum Schuttplatz. Die Hirschkuh lief weg. Aber nicht weit genug. Der Soldat sah den eingesunkenen Verschlag des Brunnens. Er schaute hinein. In der Tiefe jammerte ein Kitz. Die Legende, die bei uns erzählt wird, besagt, daß der Soldat nach unten kletterte. Er soll die Schuhe und den Mantel ausgezogen, die Hosenbeine hochgekrempelt und das junge Tier nach oben gebracht haben. Eine andere Version behauptet, daß er hinunterklettern *wollte.* Nachweisbar aber peitschte ein Schuß. Es war ein Gewehrschuß. Der Soldat fiel auf die Knie, hielt sich mit beiden Händen das Gesicht. Dann soll er weitergekrochen sein. Die anderen Reiter schossen in die Richtung, aus der der einzelne Schuß gekommen war.
Ich habe später den Toten gesehen.

9

Träume vor dem Aufwachen.
Zyrill und Isa sind weg.
Die Maske der Prinzessin.
Morgendliche Balgerei.
Dreimal Prügel.
Ich glaube, daß sie mich erschießen.
Lektion in Russisch.
Ich will das Motorrad für Julina II. eintauschen.
Der Tod des Leutnants.

Vor dem Aufwachen träume ich noch, daß Kadera mit einer großen Fuhre Getreide den Hügel nicht hochkommt. Er peitscht die Pferde vergebens. Hinter ihm steht auf dem Hügel mit einer genausogroßen Fuhre Cumat. Er kommt auch keinen Meter vorwärts. Und hinter ihm steht Res. Ich bringe Julina hin und zeige Kadera gelassen, er solle seine Gäule ausspannen. Ich bin mir ganz sicher. Ich spanne Julina ein. Ich brauche nur zu schnalzen, sie nimmt den Hügel, als wenn er nicht vorhanden wäre. Sie zieht den Wagen bis nach oben. Die Räder rasseln, springen über die Steine und wirbeln Staub auf. Dann komme ich zurück, um Cumats Fuhre hochzuziehen. Res denkt, ich sähe nicht, daß er seine Pferde ausgespannt und seinen Wagen auch noch an Cumats Fuhre angehängt hat. Das bringt mich nicht aus dem Gleichgewicht. Julina auch nicht. Ich schnalze, und wir sind mit den beiden Fuhren wie nichts oben. Plötzlich sehe ich festlich gekleidete Bauern. Das ganze Dorf steht hier und bewundert Julina. Ich gebe ihr eine Mohrrübe. Meine Taschen sind voll von Mohrrüben. Das Arschloch Kadera und Cumat, Res, Vasak, alle haben das Ministrantenkleid angezogen und tragen Mohrrüben auf silbernen Schüsseln. Sie beweihräuchern Julina. Die Stute steht in einer Weihrauchwolke. Die Bauern ziehen ein dickes Seil um die Scheune, sie sagen, nun werde die Abschlußprüfung durchgeführt.

»Meinetwegen«, sage ich. »Ihr könnt sie ruhig einer Prü-

fung unterziehen, wenn ihr wollt.« Ich spanne Julina an das Seil, der Vater will es verhindern. Ich blinzele ihm aber zu. Er braucht keine Angst zu haben. Ich weiß, was Julina kann und was sie nicht kann. Die Mutter macht die Augen zu, sie ängstigt sich. Ich schaue mir Julinas rechtes Hinterbein an, und Vitlich schlägt das Hufeisen mit einem kleinen Hämmerchen ein wenig fester, damit alles seine Ordnung hat. Vitlich hält zu mir. Ich schnalze Julina zu. Das Seil spannt sich bis zum Zerreißen, die Scheune erzittert, und die Tauben heben sich erschrocken vom Dach. Die Scheune bewegt sich, und die Stute zieht den ganzen Bau um einen Meter nach vorn. Wenn der erste Meter gelingt, dann gelingen auch noch weitere Meter. Das Tor ist jetzt nicht mehr gegenüber der Einfahrt, sondern da, wo man sonst nicht einfahren könnte, weil dort einige alte Bäume wachsen. »Weiter« sage ich, und die Scheune bewegt sich mindestens um weitere zehn Schritte!
Applaus, Jubel, die Glocken läuten, und eine Kapelle spielt! Alle stehen auf einmal um Vater herum und nehmen ihr Geld heraus, ihre Brieftaschen sind voll Geld. Sie wollen Julina kaufen. Zu meinem Schrecken sehe ich, daß mein Vater von Kadera einen Korb voll Banknoten annimmt. Sie flattern auf die Wiese, alle bücken sich danach und heben sie auf. Ich setze meine Mutter schnell auf den Rücken von Julina und spanne die Stute aus. Ich kann niemals zulassen, daß Kadera Julina besitzt. Ich springe auf den Rücken der Stute, hinter die Mutter. Wir reiten weg von hier. Sie laufen uns nach, aber sie können uns nicht einholen. Unser Vorsprung wächst. Julina läuft, als hätte sie Siebenmeilenstiefel an. Unser Dorf und die Bäume liegen schon hinter uns; die Stute macht merkwürdig ruhige, lange Sprünge, und ihre Mähne weht. Ich sehe noch, wie alle auf dem Dorfplatz zusammenlaufen und uns nachschauen.
Die Bauern tragen Jagdhüte und schießen mit Gewehren hinter uns her. Vor der Kirche steht der Pfarrer; auch er schießt auf uns. Ich habe mir immer gedacht, daß er mit den Bauern unter einer Decke steckt. Ich drehe mich um. Julinas rechtes Hinterbein ist zerschossen. Die Wunde ist die gleiche, wie die des krepierenden Pferdes, das ich zur Hütte ge-

bracht habe. Wir sehen aber zum Glück schon die Pappeln. Wir sehen die blaßrote Sonne, die grüne Landschaft und die Furt durch den Fluß.
Die Herde steht immer noch da. Diese letzte freie Herde ist unser Ziel. Ein unbeflecktes Stück Erde!

Als ich aufwache, weiß ich einen Moment nicht, wo ich mich befinde. Die Ziegelsteinmauer, die ich sehe, sagt mir nichts. Die Militärmäntel liegen auf mir. Auch Vitlichs brauner Mantel ist dabei. Die Zinnknöpfe der Militärmäntel sind mit einem Hakenkreuz versehen. Ich drehe mich von der Wand weg. Ich weiß wieder, wo ich bin.
Die Hütte ist leer! Eine Sekunde ordne ich alles in meinem Gehirn. »Zyrill«, rufe ich leise. Niemand läßt sich hören. Ich stehe auf. Mir ist kalt. Im April ist es bei uns morgens noch nicht warm. »Zyrill!« rufe ich lauter, aber undeutlich, weil ich mich dabei schneuzen muß. Sicher bekomme ich einen Schnupfen.
Ich stehe an der Hüttenschwelle. Ein leichter Nebel segelt immer noch durch das Gebüsch. Die Landschaft sieht im Nebel unwirklich aus, wie eine Traumlandschaft. Ich versuche, die Nase so zu putzen, wie Vitlich es mir riet. Mit einem Finger drücke ich ein Nasenloch zu und schneuze. Es geht ganz gut.
Hinter dem Nebel, wie hinter Milchglas, hängt die Sonne. Sie ist verschwommen zu sehen. Sie dringt kaum durch; sie wärmt nicht. Es wird ständig geschossen, der Krieg ist noch nicht vorbei. Irgendwo krachen auch Bomben. Die Hündin fällt mir ein. Sie ist weg. Isa bestätigt nicht gerade, daß der Hund der treueste Freund des Menschen ist.
»Isa!« Ich pfeife. Ich muß meine Lippen anfeuchten, um überhaupt pfeifen zu können. Ich höre etwas und fahre erschrocken herum. Das krepierende Pferd hat seine Nase fast schon bei mir, es wartet auf mich. Wahrscheinlich hat es überhaupt nicht geschlafen, wartete, bis ich aufwachte. Es wiehert röchelnd. Seine Stimme steckt tief im Hals. Ich sehe, daß Vitlich dem krepierenden Pferd das rechte Hinterbein verbunden hat. Er hat die deutschen Militärjacken zerrissen und als Verband benutzt. Aber das Motorrad liegt unver-

sehrt unter dem Gebüsch, wo ich es versteckt habe. Zyrill hat dem verletzten Pferd den Fußrücken und die Fessel verbunden, sein Bein sieht aus wie bandagiert. Die Wunde näßt oben. Erst jetzt kann man sehen, wie fürchterlich es verwundet ist. In der Nacht sah es nicht so schlimm aus. Das Pferd schnaubt mir ins Gesicht. Ich streichele es, fahre mit den Fingern durch seine Mähne. Seine Augen sind fast zu, es fühlt mehr, daß ich da bin, als daß es mich sieht.
Plötzlich bewegt es den Kopf. Auch ich hörte einen Laut. Hufschlag! Im Nebel dumpf zu hören. Ich lausche. Jawohl, es sind Pferde! Ich verschwinde zögernd zwischen den Sträuchern. Sie sind jetzt deutlich zu hören. Ich laufe durch das Gebüsch. Dann bleibe ich wieder stehen. Ich will nicht aus dem Dickicht ins Freie treten. Ich habe dichte Ranken vorm Gesicht und schau durch die Äste wie durch ein Netz. Mehrere Russen reiten über den Feldweg. Ich zähle sie, es sind drei; sie haben aber vier Pferde. Das vierte führt einer von ihnen am langen Zügel. Das Pferd ist aber nicht reiterlos, quer über dem Sattel liegt ein Soldat. Seine Hände und Füße baumeln im Takt mit den Bewegungen des Pferdes. Der Kopf pendelt leblos hin und her.
Ich mache noch ein paar Schritte bis fast an den Weg. Aber dann bleibe ich stehen, weil sie anhalten. Zwei Kosaken springen von den Pferden und bringen den bewegungslosen Körper in die richtige Lage, damit er nicht ganz heruntergleitet. Ich sehe, daß dem Russen, der über dem Pferd liegt, etwas herausgefallen ist. Keiner von den anderen hat es gemerkt. Sie reiten schon weiter zum Gutshof, tauchen im Nebel unter, der wie ein Vorhang die Vorstellung beendet.
Erst jetzt laufe ich zu der Stelle, wo sie gehalten haben. Ich hebe eine seidene Karnevalsmaske mit hellen Haarflechten aus dem Gras auf. Sie ist voll Blut. Es ist die komische Maske der Prinzessin, die sich der junge Soldat in der Nacht aufs Gesicht gesetzt hat.
Ich fange an zu laufen. Ich halte mich ein wenig mehr rechts. Ich kann den Schober im Nebel nicht sehen, aber ich laufe in diese Richtung. Die Koppel mit den vielen Pferden ist nämlich dort...

Aber bald verlangsame ich meinen Lauf. Schließlich gehe ich nur noch sehr vorsichtig, damit sie nicht wieder nach mir schießen. Die Russen sind nicht gerade das humorvollste Volk. Der Nebel ist ein wenig gestiegen, die Sonne ist klarer geworden, und das Gras, die Sträucher und die Bäume glänzen vor Feuchtigkeit. Ich gehe am Feld mit dem Misthaufen und den Baumlöchern vorbei, bis zu dem Streifen mit Heckenrosen. Von hier aus sehe ich die Koppel und auch die Pferde. Es sind mindestens zweihundert. Ich bleibe stehen und beobachte; näher will ich nicht gehen. Ich lege zwei Steine aufeinander und setze mich darauf, suche mit den Augen die Stute, die ich ›mitgehen‹ lassen will. Selbstverständlich weiß ich, daß es ein Verbrechen ist, der siegreichen Armee ein Pferd zu stehlen. Ich sehe die Stute auch nicht. So gehe ich doch ein bißchen näher.

Wenn bloß der Nebel nicht wäre, dann könnte ich alle Pferde ganz deutlich sehen. Vielleicht sollte ich doch bis ans Ende des Gebüschs gehen. Ganz vorsichtig. Hier haben sie mich gestern gejagt. Ich erkenne die Stelle. Von hier aus sehe ich ausgezeichnet bis zur Koppel. Ich sehe auch die Stange mit den aufgehängten Töpfen. Ich sehe sogar den Leutnant, erkenne ihn sofort an seinem Stock. Er raucht und schlendert zwischen den Pferden herum. Es ist möglich, daß er gar nicht geschlafen hat; er geht mit einem Soldaten in der Koppel herum; sie heben bald diesem Pferd, bald jenem Pferd das Bein hoch und beschmieren die Wunden mit irgendeiner Salbe. Sie kriechen den Tieren unter die Bäuche. Der Leutnant schimpft, weil ein Pferd an seinem Rücken und seiner Jacke herumschnüffelt, während er gerade den Fußknöchel eines anderen Pferdes untersucht.

Ich höre, daß er sagt, es solle sich zum Teufel scheren, aber er sagt nicht čert, sondern čort.*

Ich setze mich auf einen Randstein. Es ist interessant, den Leutnant zu beobachten. Jetzt recke ich meinen Hals, weil ich meine Stute entdecke. Endlich sehe ich sie! Sie steht hinten, fast hinter allen anderen Pferden. Ich stelle mich auf den Randstein, damit ich größer bin. Plötzlich höre ich hinter mir: »Hu! Čto ty? – Wer bist du?«

* Čert (tschechisch): Teufel; čort (russisch): Teufel.

Ich drehe mich blitzschnell um. Hinter mir steht ein Russe mit Gewehr! Ein anderer Russe kommt aus dem Gebüsch. Ich springe vom Randstein herunter und laufe weg, so schnell ich kann.

»Stój! Slušaj! Ty! Stój! – Stehenbleiben! Hör zu!«

Er läuft mir nach. Das Gewehr trägt er aber nur in einer Hand; es sieht nicht so aus, als wenn er schießen würde. Das ermuntert mich ein wenig. Ein dritter Russe ist jetzt zu sehen. Er lag zwischen den Bäumen versteckt. Er lacht mich an, als wenn es um einen Ulk ginge, und breitet die Hände aus. Ich schlage einen Haken. Dabei laufe ich einem anderen Russen in die Arme. Der lacht nicht wie die beiden anderen, er macht ein finsteres Gesicht. Ich springe, damit ich ihm entkomme. Aber der Russe kann laufen! Einen Hasen könnte er glatt zu Tode hetzen, möglicherweise ist er in seinem Zivilberuf Briefträger oder gar Telegrammbote, denn in Rußland sind große Entfernungen zu bewältigen. Er ist schon bei mir. Ich werfe mich zu Boden, damit er über mich fällt. Es ist mir gelungen! Ich habe den Eindruck, daß er auf seinem Kinn gelandet ist. Ich laufe in die entgegengesetzte Richtung. Er steht schneller auf, als er gefallen ist. Ich weiß nicht, wie er es geschafft hat, mich zu fangen, aber er hält mich schon fest. Wahrscheinlich hat er seit seiner Geburt noch nie gelacht. Er macht ein Gesicht, als wenn ich jetzt erschossen werden soll.

»Panimaješ pa rusky? – Verstehst du Russisch?« fragte er.

»Da«, sagte ich das einzige russische Wort, das ich perfekt beherrschte.

»Čto? – Was ist denn?« wundert er sich.

Ich wiederhole es lieber nicht. Er hält mich am Kragen fest. Es sind schon elf um mich herum, die halbe Kosakenarmee. Er hält mich so fest, als wenn er endlich denjenigen gepackt hätte, der den Krieg verschuldet hat. Gleichzeitig würgt er mich und beutelt mich hin und her. Für mich ist das keine neue Situation.

Der Pfarrer hat mich auch einmal so am Kragen gehabt, sogar am Kragen meines Festjacketts. Er hielt mich mit aller Kraft fest; ich wälzte mich vor der Kirche auf dem Boden, der Kragen gab nach, und er hielt ihn in seiner Hand. Und die Ministranten jagten einen Hasen aus der Kirche hinaus, den ich dorthin mitgebracht hatte, um die Andacht abwechslungsreicher zu gestalten. Ein andermal hielt mich der Häuptling der Sioux-Indianer am Hemd fest; ich kroch nämlich unter der Zirkuskasse durch und schlich bis zu seinen Füßen heran, die ich in der Eile nicht gesehen hatte. Das Hemd hing mir aus der Hose, und als er mich hochhob, hatte ich es nur noch um den Hals. Dann trat er mich in meinen Allerwertesten, weil inzwischen das Licht erlosch und es drinnen anfing. Auch der Lehrer, der wie T. G. M.* aussah, aber kein Humanist war, würgte mich, zog mich aus der Bank heraus und schleifte mich durch die Bankreihen. Mir fielen dabei aus einem Säckchen unter dem Sweater die Murmeln heraus. Einhundertfünfzig Murmeln! Auf einmal wimmelte es unter den Bänken davon. Die ganze Klasse kroch auf den Knien herum und klaute mir die Murmeln. Kadera trat ich dabei wenigstens auf die Hand, daß er laut aufschrie. Der Lehrer legte mich über die erste Bank, aber bis er den Zeigestock geholt hatte, war ich ihm weggelaufen. Ich entwischte unter die Bänke, wie ich jetzt dem Russen in das Gebüsch entwische. Ich krieche auf allen vieren durch das Gebüsch, rings um mich Soldaten; sie schrein, aber keiner kriecht hinter mir her. Trotzdem weiß ich nicht, wo ich aus dem Gebüsch ausbrechen kann, denn sie haben das Gebüsch umstellt wie bei einer Treibjagd. Ich sehe durch die Äste und Ranken ihre Beine.

Damals in der Klasse bin ich auch unter die Bänke gekrochen und sah nur Beine. Der Lehrer zog mich heraus, und die Jungen, diese Blödmänner, haben ihm dabei noch geholfen. Ich streckte mich, weil ich mich irgendwie verrenkt hatte, hielt mich mit einem Bein an der Bank fest. Cumat schlug mich mit seinem Lineal aufs Bein, aber ich trat ihn so, daß ihm der Spaß gleich verging. Dann schleppte mich der Lehrer wieder zu der Bank. Er wollte, daß ich mit meinem Allerwertesten nach oben läge, aber ich drehte mich immer wieder um. Schließlich hat er mich doch verprügelt. Ich wollte die mißhandelte Stelle mit meinen Händen schützen, aber

* Thomas Garrigue Masaryk, Gründer und erster Staatspräsident der Tschechoslowakischen Republik. (Anmerkung des Übersetzers.)

er schlug mir auf die Finger. Dafür kippte ich das Tintenfaß auf irgendwelche Hefte. In den Jahren, wo der Mensch erst die halbe Kraft besitzt, kann er sich schlecht vor der Gewalt verteidigen.

Die Russen ziehen mich aus dem Gebüsch heraus, reißen mich an der Jacke wie bei einem gemeinen Verbrecher, fast hätten sie sie mir über den Kopf gezerrt. Ich trete, kratze und tobe. Ich halte mich an den Ästen fest, winde mich vor ihren Füßen; sie haben große Mühe mit mir. Aber sie sind durch den Krieg gestählt, deshalb kann sie nichts aus der Fassung bringen.

Ich erwarte, daß sie mir die Augen verbinden, mich an die Wand stellen und das Hinrichtungskommando rufen.

Einem Kosaken hab' ich den Stiefel ausgezogen, er springt barfuß im Gras herum. Er hat um den Fuß einen Lappen, der sich wie eine Fahne abwickelt; er tritt darauf und ist nun ganz barfuß. Ein anderer Soldat will ihm helfen, aber er springt ihm auf den nackten Fuß. Der Barfüßige schreit auf. Ich habe auch einen abgerissenen Knopf in der Hand. Aber der Russe mit dem finsteren Gesicht hält mich schon fest. Ich habe ihm die ganze Tasche abgerissen. Er keucht schwer. Wahrscheinlich habe ich ihm auch auf die Nase gehauen, sie sieht aus wie eine Wassermelone. Er sieht mich überhaupt nicht wie einen Angehörigen eines verbündeten Volkes an. Sie haben die Gewehre hingelegt, damit sie beide Hände freihaben. Endlich haben sie mich besiegt: zwei halten mir die Hände und drei die Füße fest.

Alle reden ständig auf mich ein. Ich fühle, daß es weder herzlich noch freundlich ist, was sie mir sagen. Es fällt mir ein, daß sie mich zwischen vier Pferde festbinden und den Pferden dann die Peitsche geben könnten. Ich habe irgendwo gelesen, daß die Zaren das mit Vorliebe taten. Mir scheint, daß ich etwas außerordentlich Feindliches zu erwarten habe. Diese Vorstellung erschreckt mich, ich fange wieder an, entsetzlich zu brüllen. Ich will mich von den Soldaten losreißen, und wir wälzen uns wieder in einem Knäuel. Einer der Russen wiederholt ständig: »Sabaka, Sabaka! – Du Hund!« Er sagt auch etwas über meine Mutter. Ich wüßte nicht, was er über meine Mutter sagen kann, wenn er sie überhaupt nicht kennt. Es muß ein großer Krach gewesen sein, weil plötzlich der Leutnant selbst dastand. Er bemühte sich persönlich und ging von der Umzäunung bis hierher, nur um mich zu sehen. Sie haben mich fast bis auf die Turnhose ausgezogen, während ich mit ihnen kämpfte, und jetzt liege ich fast nackt vor ihm. Der Offizier machte ein finsteres Gesicht, sicher ärgert ihn mein Verhalten, das wahrscheinlich den glatten und flüssigen Gang des Weltkrieges aufhält.

»Adkuda? – Woher?« fragt mich der Leutnant. Noch heute erinnere ich mich an seine Stimme, sie war melodisch, schwingend und gleichzeitig auch tief; mit einer ähnlichen Stimme sang unser Forstgehilfe die Passion. Die Soldaten brauchen mich nicht mehr festzuhalten, ich stehe und schaue den Leutnant an. Für einen Menschen, der in den Schlachten den Befehl hat, sieht er ein wenig zu lässig aus. Er lacht. Ich hebe meine Kleider von der Erde auf: die Jacke, einige andere Sachen, alles liegt komplett auf der Erde. Ich will auch zwei Patronen in die Tasche stecken, aber die sind nicht mir herausgefallen, sondern einem der Russen. Der Leutnant hat seine Augen überall; er nimmt mir die Patronen im letzten Augenblick weg. Ich hatte sie schon in die Hosentasche gesteckt. Er faßt auch noch in meine Taschen und nimmt das Zigarettenetui heraus! Er zeigt sich nicht überrascht, sicher hat er während des Krieges noch viel erstaunlichere Dinge gesehen.

»Kuriš? – Rauchst du?« fragt er mich. Es ist wirklich alles sehr verständlich. Russisch würde ich sofort lernen.

Ich schüttele den Kopf, daß ich nicht rauche. Aber ich überlege mir das und nicke, daß ich doch rauche, damit er das Zigarettenetui nicht öffnet und es mir wegnimmt. Er öffnet es aber trotzdem.

In bestimmten Situationen schaue ich zu Boden. Wenn ich weiß, was folgt. Für eine Minute war es ruhig. Der Leutnant schaut in das Zigarettenetui, und auch alle seine Untergebenen schauen hinein. Ich weiß nicht, warum sie sich die Frau so lange ansehen. Mir erscheint sie in diesem Augenblick überhaupt nicht interessant. Der Leutnant schließt das Zigarettenetui und sieht mich sehr ernst an; vielleicht ist er in seinem Zivilberuf Lehrer.

»Skolko tĕbja let? – Wie alt bist du?« fragt er. Ich zeige es ihm an den Fingern meiner Hand. – »Sedm? – Sieben?« Er will mich wohl ärgern. Aber ich darf mich mit ihm, wenn er unser Befreier ist, nicht streiten. Ich putze meine Nase. Zu meiner Verwunderung sehe ich, daß er das Zigarettenetui in seine Tasche steckt! »Eto nĕt dla tĕbja? – Gehört dir das?« fragt er. Er macht dabei ein Gesicht, als ob ich ihm noch dankbar sein müßte, daß er es mir nicht zurückgeben will. »Tys zdĕs byl véčerom, da? – Warst du gestern schon hier?« Er zeigt zur Koppel.

»Nein«, lüge ich. »Nein.«

Ich bin entschlossen, alles abzuleugnen. Ich sehe ihm an, daß er weiß, daß ich dort war.

»Beri! – Nimm!« sagt er. Er reicht mir ein Stück Schokolade. Sie ist in Stanniol eingewickelt. Ich nehme sie behutsam, rieche erst an ihr, und er beobachtet mich. Ich mache wahrscheinlich kein erfreutes Gesicht dabei, das wundert ihn. Er fragt mich, ob ich will oder nicht.

»Aber ja«, sage ich lässig, damit ich nicht wie ein Dummkopf aussehe, der noch nie in seinem Leben Schokolade gesehen hat.

Der Leutnant schickt einen Soldaten irgendwohin. Die anderen Soldaten kehren wieder auf die Wache zurück. Auf einmal verschwinden sie alle. Ich bleibe mit dem Offizier allein in der Koppel. Wahrscheinlich glaubt er, daß er mich einholen würde, wenn ich ihm weglaufe. Ich will aber nicht mehr weglaufen. Irgendwo oben dröhnt ein Flugzeug, es fliegt über dem grauen Nebel. Ich schaue zum Himmel. Ich erkenne das Flugzeug am Motor. »Messerschmitt«, sage ich. »Da, Messerschmitt«, sagt der Leutnant und sieht mich an. Ich wollte mich bei ihm ins bessere Licht setzen. Er spaziert zwischen den Pferden herum, und ich gehe mit ihm, weil ich froh bin, so zu der Stute zu gelangen. Der Leutnant jagt mich nicht weg, er achtet nicht auf mich. Manche Pferde sind sehr mitgenommen. Sie müssen irgendwo eine schreckliche Schlacht durchgemacht haben. Vielleicht, als sie die Karpaten überschritten haben. Die Leute erzählen, daß in den Karpaten so viele Russen gefallen sind, wie es dort Bäume gibt. Vielleicht sind die Pferde noch von daher verletzt. Er kriecht unter den Pferdebäuchen her, damit er die Pferdeherde nicht umgehen muß. Ich krieche ihm nach. Er schaut mich erneut an und denkt über mich nach. Er klatscht einem Pferd auf das Hinterteil; es schlägt nicht mit dem Huf nach ihm, es läßt sich das gefallen. Ich sehe mir die Stute an, mit der ich in der Nacht beinahe weggelaufen wäre. Jetzt stehe ich bei ihr. Ich versuche, mir nichts anmerken zu lassen, damit ich den Leutnant nicht auf meine Absichten aufmerksam mache. Die Stute hat keine einzige Verletzung; entweder hat sie Glück gehabt oder noch keine Schlacht mitgemacht.

Aber schon kehrt der Soldat zurück, den der Leutnant irgendwohin geschickt hat, und reicht mir eine Schüssel mit Essen. Es ist ein Eßgeschirr. Es dampft daraus. Er nimmt einen Löffel aus dem Stiefel und gibt ihn mir, damit ich essen kann. Die Russen haben ein gutes Herz, aber eine falsche Vorstellung davon, was wir während des Krieges zum Essen hatten. Mir ist es recht. Ich sitze auf den Stangen, Knie unter dem Kinn, die Militärschüssel zwischen den Knien und esse die Suppe. Es ist ein Stück Fleisch darin, so groß wie ein halber Kuhkopf. Ich nehme es zwischen beide Hände und beiße ab; es ist weich, heiß und fettig. Der Leutnant läßt sich nicht aufhalten, er sieht sich die Pferde weiter an. Aber als ich noch mit dem Stück Fleisch kämpfe, kommt er zu mir, nimmt aus der Tasche eine Pfefferdose aus geschliffenem Glas mit Silberdeckel und streut mir Pfeffer auf das Rindfleisch. Dann nimmt er aus der Tasche eine andere Dose mit Salz und streut Salz darauf. Er muß alles mögliche in den Taschen haben.

»Charašo? – Gut?« fragt er.

Ich nicke. Dann sitze ich wieder allein, der Leutnant ist schon irgendwo am anderen Ende der Koppel. Ich rutsche die Stangen herunter und stelle die Schüssel ab. Ich glaube, jetzt ist der richtige Augenblick gekommen; denn ich sehe auch die Wachtposten nicht. Ich könnte weglaufen. Jetzt könnte ich einfach der gesamten berühmten russischen Armee weglaufen. Ich überlege einen Augenblick, dann lasse ich diesen Gedanken fallen. Ich will nicht weglaufen. Ich gehe ruhig und harmlos zwischen den Pferden umher. Ich gehe

zu *meiner* Stute. Am Tage kann ich sie mir genauer ansehen. Sie ist genauso dick wie unsere Julina. Ich fasse ihr linkes Vorderbein an, und sie hebt es gehorsam hoch. Ihre Hufe sind klar wie Marmorstein. Ich mustere vorsichtshalber alle vier Beine. Als wenn ich sie kaufen und nicht stehlen wollte. Dann stelle ich mich auf die Zehenspitzen. »Bleib stehen«, sage ich zu der Stute. »Mach kein Theater!« Ich öffne ihr Maul. Mit diesen Zähnen könnte sie zu einer Weltausstellung gehen. Es ist genau die richtige Stute für mich. Jetzt fühle ich, daß mich jemand beobachtet. Ich springe hoch, um zu sehen, wo der Leutnant ist. Ich sehe ihn nicht. Ich hocke mich nieder, um unter den Pferdebäuchen durchzusehen. Ich werde rot, denn ich sehe ihn: er hat sich ebenfalls niedergehockt und mich unter den Pferdebäuchen hindurch beobachtet! Wir richten uns beide hastig auf; ich fange an zu pfeifen, und er redet russisch auf den Wallach ein, dem eine Granate den halben Kopf weggerissen hat.
Danach schickt der Leutnant erneut eine Patrouille los. Es sind wieder vier Soldaten. Vor ihm liegt eine Landkarte auf der Erde, er zeigt ihnen etwas darauf, was dort eingezeichnet ist, dann macht er eine Handbewegung in Richtung Kirche. Er weiß sicher alles. Er weiß bestimmt auch, wo die Deutschen sind und wo sie ihre Kanonen, Panzer und so weiter haben. Damals habe ich sogar geglaubt, daß der Russe allwissend wäre. Ich stehe an der Koppel und schaue zu, welche Pferde sie satteln. Ich habe Angst, daß sie auch meine Stute Julina II. satteln werden. Nein, sie haben sie ausgelassen. Sie legen einen flachen Kosakensattel auf das magere Pferd neben ihr, und ausgerechnet ein sehr dicker Kerl sitzt auf. Als er in den Sattel steigt, stöhnt das Pferd. Julina II. hat für die Patrouillenritte ein zu schweres Hinterteil, sie ist keinesfalls ein Rennpferd.
Der Leutnant ruft den Kosaken, der es am eiligsten hat und schon ein Stück weg ist: »Andrjuša!«
»Zděs!« antwortet der Soldat diszipliniert, aber ohne Begeisterung.
Der Leutnant zeigt ihm, er solle zurückkommen. Mit dem Pferd. Er soll absteigen. Sie schauen sich gegenseitig in die Augen, als wenn der Leutnant den Soldaten hypnotisieren

wollte. Er fixiert den Kosaken, während er gleichzeitig mit der flachen Hand dessen Mantel abtastet, von den Schultern bis zu den Hüften. Er greift ihm in den Mantel, zieht eine flache, breite Flasche hervor. Sie ist aus Blech. Er macht sie auf, riecht daran und macht sie wieder zu, steckt sie in seine eigene Tasche. »Davaj!« sagt er. Das heißt, jetzt ist alles in Ordnung, und der Soldat kann den Patrouillenritt mitmachen. Der Leutnant kennt seine Leute genau. (Einzelheiten begriff ich erst später. Heute kommt mir diese Geschichte mit dem beschlagnahmten Schnaps sehr schön vor.)
Dann reiten sie auf den vier Pferden den Abhang hinauf; sie reiten Trab und liegen fast in den Sätteln; es sieht aus, als ob Reiter und Pferde über die niedrigen Stachelbeersträucher segelten.
Der Leutnant setzt sich gleichfalls auf die Stange der Koppel. Er raucht eine Zigarette. »Olin«, sagt er. »Kdě Brno?«
Ich stelle mich wieder an die Umzäunung, schaue mich um, um mich zu orientieren. Der Leutnant fragt genauso wie die Deutschen gefragt haben. Die Soldaten sämtlicher Armeen – ob siegreich oder geschlagen – fragen hauptsächlich nach der Richtung. Ich schaue mich um, um zu sehen, wo Norden, Süden, Westen und Osten ist. Ich zeige ihm, wo Brünn vielleicht liegen könnte.
»Prága?« fragt er.
Das weiß ich auch. Ich zeige ihm, wo Prag ist. Alle Richtungen habe ich mir von einem Schulausflug gemerkt. Wir sind damals auf einen Aussichtsturm geklettert, wir sahen über die ganze Landschaft. Dort oben wehte ein scharfer Wind. Der Lehrer zeigte uns, wo BRÜNN, IGLAU, PRAG und PARIS liegen. Dort oben waren Pfeile, wie an einer Straßenkreuzung. Die Zeiger waren aus Holz geschnitzt und beschriftet. Zum Beispiel STRASSBURG. Während unser alter Lehrer es uns erklärte, stopften ihm die Jungen Äpfel- und Birnengriebse und Steine in die Tasche, die an einem Riemen über seine Schulter hing. Er hatte einen großen, schwarzen Hut auf dem Kopf und sah darin aus wie ein Volksprediger. Dann machte er eine Handbewegung, und der Hut flog weg; er segelte im Gleitflug über die Bäume, über den Felsen, und der Wind trug ihn in die Heide. Wir

rannten juchzend hinterher, kämpften, wer den Hut zuerst erreichte. Dann prügelten wir uns noch darum. Plötzlich hatte ich ihn in der Hand. Alle hatten ihn losgelassen, Kadera, Cumat, Res und Vasak. Sie hatten bei der Auseinandersetzung das Band abgerissen, und ich hielt den ramponierten Hut in der Hand. Der Lehrer kam auf uns zu, er wollte seinen demolierten Kopfputz wiederhaben. Ich hatte das Band nicht abgerissen, ich hatte nichts getan, aber ich konnte mich nicht von der Stelle rühren, ich blieb stehen und hielt den Hut in der Hand. Vielleicht sah ich ein bißchen wie ein alter Baumstumpf aus. Ich biß die Zähne zusammen. Aber Anna schrie auf: »Er war das nicht. Olin hat das nicht getan! Das hat Res getan!« Der Lehrer, der uns gelehrt hatte, daß die Gerechtigkeit die Grundlage der Welt sein muß, nahm den Hut, schaute sich die Bescherung an und gab mir prompt eine Ohrfeige. Damals hab' ich das große, ewige Elend der Welt begriffen, das darin besteht, daß die Mehrzahl der Menschheit sich nur theoretisch zur Gerechtigkeit bekennt.

»Ich hab' ein Motorrad«, sage ich zu dem Leutnant. Dabei sehe ich die Stute an. Sie hat sich bis an die Stangen bewegt, steht ein bißchen von uns entfernt und macht große Augen. Mir scheint, daß sie auch ohne die Armee leben könnte. Sie sieht irgendwie unmilitärisch aus, soweit ein Pferd überhaupt eine menschliche Einrichtung vertreten kann. Der Leutnant schaut abwechselnd die Stute und mich an. Er ist nicht dumm. Bestimmt nicht.

»Što?«

»Ein Motorrad«, wiederhole ich. Ich tue, als hielte ich einen Lenker in der Hand und ahme Motorgeräusch nach. Ich zeige mit dem Daumen auf mich. »Ich habe«, sage ich. »Ich ... habe ... maju«. Ich versuche mich in Russisch. »Maju .. Motorrad!«

»Ty?«

»Da.«

»Tam«, und ich zeige zu dem Dickicht. »Es hat einen Seitenwagen«, sage ich. Ich zeige den Lenker und irgend etwas wie eine Kiste neben mir. »Maju ... ein Motororrad mit einem Seitenwagen!«

Er muß eine großartige Phantasie haben. Er hat begriffen. Sofort springt er von der Stange herunter. »Idom! – Komm her!« sagt er. Er geht rasch. »Bystro! – Schneller!« sagt er.
»Bystro!«
Die Aussicht auf Technik fasziniert den Leutnant. Er sagt ungefähr sechsmal das Wort »Mašinka, da?« Er vergewissert sich, daß ich ihn nicht zum Narren halte. Ich hätte mir das niemals erlaubt, schließlich ist er doch Leutnant.
Ich führe ihn zu der Ziegelsteinhütte. Unterwegs gibt er kaum acht. Ich begreife, daß Soldaten, die eine Schlacht durchgemacht haben, sich nicht von einzelnen Schüssen beunruhigen lassen. Niemand ist da. Zuerst bemerkt er das krepierende Pferd, das schon liegt. Es wittert uns, will aufstehen, aber es steht schon so schlecht mit ihm, daß es nicht mehr hochkommt. Es versucht es einige Male, zuckt mit dem ganzen Körper, versucht Schwung zu bekommen, es kommt auf die Vorderbeine, erhebt sich halb auf die Hinterhand und fällt wieder auf die Seite.
Der Leutnant schaut in die Hütte, geht um sie herum, springt auf das Dach, sieht sich um, springt wieder herunter und kehrt zu dem krepierenden Pferd zurück. Ich glaube, daß er das Pferd kennt. Er streicht mit den Händen über seinen Rükken, sieht sich die Wunde an, und alles wird ihm klar. Er sieht den Verband am Hinterbein und schaut mich an. Er denkt wohl, daß ich das Pferd verbunden habe. Ich sage ihm nichts über Zyrill, dazu hätte ich ein Wörterbuch gebraucht.
»Kaputt«, sagt er. Er meint das Pferd. Er sagt nichts, was ich nicht schon wüßte. Er nimmt seine Pistole heraus.
»Nein!« schreie ich auf. »Nein!«
»Idi, Olin. Idi«, sagt er. Er schiebt mich weg, zart, aber bestimmt. Er schiebt mich bis hinter die Hütte, auf die andere Seite, damit ich nichts sehe. Er ist sehr taktvoll. Ich stehe dort und lehne mich mit dem Rücken an die Mauer, rutsche langsam herunter, bis ich auf den Hacken sitze, die ich unter mir zusammengezogen habe. Ich schließe die Augen und halte die Ohren zu. Ein Schuß fällt. Nur ein einziger Schuß. Ich habe immer noch die Finger in den Ohren, obwohl ich weiß, daß nur ein einziger Schuß notwendig ist. Ich bleibe

hinter der Mauer so lange, bis der Russe zu mir kommt. Erst jetzt stehe ich auf.
Der Leutnant scharrte mit den Füßen das Reisig vom Motorrad weg. Er zog den eisernen Elefanten mit dem Seitenwagen hervor, faßte alle Hebel und Knöpfe an und musterte sie. Dann begann er, den Starter zu betätigen.
Er sagte, das sei eine »Charóši mašinka, Očiň! Er reparierte etwas am Motor. Der Motor sprang mit Getöse an. Der Russe strahlte vor Stolz.
Wer auch immer ihn gesehen hätte, so wie ich ihn damals aus der Nähe beobachten konnte, dem wäre klargeworden, daß dieses Volk eines Tages in der Technik große Leistungen vollbringen würde.
»Davaj«, sagte er zu mir. Ich sollte mich in den Seitenwagen setzen. Er selbst schwang sich auf den Sattel hinter den breiten Lenker; um ihn anzufassen, mußte er seine Arme ganz ausstrecken. Wir fuhren sofort los. Wir jagten wie eine Rakete durch die Sträucher. Bis er sich mit der Lenkung vertraut gemacht hatte, hatten wir ungefähr acht junge Pflaumenbäume abgebrochen.
Im nächsten Augenblick flog das Rad des Seitenwagens über einen hohen Strauch, beinah wären wir umgekippt. Er fing es ab, wir kippten nicht; er lachte, und wir fuhren friedlich über einen Weg. Als wäre nichts gewesen!
»Olin!« schrie der Leutnant. »Charašó? – Gut?«
Ich versuchte, die Landschaft zu beobachten und sah, daß wir schon über Hanoseks Feld sausten. Wir fuhren Slalom zwischen den Misthaufen und den Baumlöchern. Hier gab es auch noch andere Löcher, quer über das Feld verstreut; ich hatte sie vorher übersehen. Der Leutnant riß die Maschine ins Gebüsch.
Wir fuhren zehn Meter durch den dichtesten Urwald, als wenn es nichts wäre. Dann durch den Bach . . . Es machte einen Heidenspaß. Wirklich. Auch dem Leutnant machte es Spaß. Ich sah es an seinem Gesicht. Er jagte das Motorrad direkt den steilen Abhang hoch. Er hatte Freude daran; die Kriegsgeschehnisse waren wahrscheinlich sehr eintönig und langweilig.
»Charašo, da?« fragte er mich.

»Prima«, sagte ich. »Fein.«
»Sto . . ..?«
»Großartig«, sagte ich.
»Charašó«, schrie er und gab Vollgas.
Wir jagten zwischen den Linden hindurch. Von hier aus sausten wir über das Luzernenfeld, das unübersehbar große Feld. Wir schrieben mit den Rädern Kreise, Achten und Schlangenlinien. Er zeigte mir seine Tricks. Die Russen sind sehr anpassungsfähig, sie meistern jede Lage. Er suchte eine Zigarette, beugte sich nach hinten und lenkte das Motorrad mit den Füßen. Er zündete sie an. Dann stellte er sich zu meiner Bewunderung auf das Motorrad.
»Olin, smatri! – Schau her!«
Der Leutnant hielt das Gleichgewicht. Er hielt es wie auf einem Pferd. Das Prinzip ist eigentlich das gleiche, es ist eine Sache der Balance. Er setzte sich wieder auf den Sattel und schaute sich weitere Hebel an. Ich stellte mich in den Seitenwagen. Ich mußte mich aber festhalten, damit ich nicht herausfiel.
»Sidi, Olin!« schrie er. »Nět, nět, sidi!«
Ich wollte ihm beweisen, daß ich es auch konnte, damit er nicht dachte, daß wir als Volk minderwertig wären.
Wieder stellte er sich auf den Sitz, breitete seine Hände wie ein Seiltänzer aus.
»Sidi, Olin, a smatri! – Setz dich, Olin, und schau her!«
Jetzt war eine Knarre zu hören. Ta-ta-ta-ta. Ich drehe mich um und erkannte ein Maschinengewehr. Ich sah es nicht, sondern ich hörte es nur. Gleich darauf ein schwerer Schlag, als wenn ein Faß gefallen wäre, direkt neben mir! Ich drehte mich wieder um: der Leutnant war auf das Motorrad gefallen . . . In diesem Augenblick ahnte ich noch nicht das Schlimmste, ich dachte, er hat das Gleichgewicht verloren und ist auf den Bauch gefallen!
Das Motorrad kommt aus der Bahn. Die Lenkstange dreht sich in Gegenrichtung um. Ich falle herunter, alles geschieht in wenigen Sekunden; überall neben uns wird geschossen, als wenn ein Kegelturnier im Gange wäre. Das Rad hat sich überschlagen. Ich liege auf dem Gesicht. Das Kleefeld ist so hoch wie mein liegender Körper. Glücklicherweise hat uns

das Motorrad nicht verletzt; es ist ein Stück neben uns umgekippt. Ich atme. Ich lebe. Ich atme in die Erde, auf Halme und Käfer, die ich vor den Augen habe. Die Schießerei geht über mich hinweg. Sie füllt die ganze Landschaft aus. Ich höre auch schwere Detonationen. Es spielt sich irgendwo hinter uns ab, hinter meinem Rücken. Hinter meinem Rükken liegt der Gutshof. Dahinter ist dann die Landstraße. Und noch weiter hinten ist der Fluß. Ich habe Angst. Ich begreife das alles nicht. Vor Schreck hab' ich eine Gänsehaut bekommen; ich fühle sie. Sie ist dick und bedeckt den ganzen Körper, so daß man darauf Gemüse reiben könnte. Nun hebe ich doch den Kopf ein wenig hoch. Nur etwas ... Ich sehe, wie die Deutschen aus dem Wald herlaufen. Sie laufen auf uns zu, haben Stahlhelme und graue Uniformen an, und neben ihnen fahren große Panzer. Auf der anderen Seite, an der Kirche, wird auch geschossen. Vom Turm ist das Dach weggeflogen, es fällt auf das Kirchendach, welches durchbricht. Es staubt, und die Balken ragen aus dem zerschmetterten Dach zum Himmel, wie die Rippen aus einem zerbrochenen Körper.

Ich krieche zu dem Leutnant, damit ich bei ihm bin. Ich kratze die Erde unter den Nägeln weg. Es ist möglich, daß meine Nägel abgebrochen sind. Ich finde, daß der Leutnant etwas tun müßte, er könnte Befehle erteilen, er sollte sie besiegen, die Deutschen.

Die Luft wird durch die Schießerei zerrissen, es gibt nichts anderes als nur diese Schießerei. Hier liegt er. Ich bin bei dem Russen. Er starrt irgendwohin. Er liegt auf der Seite. Ich presse mich an seinen Körper, fühle mich dadurch sicherer. »Die Deutschen«, sage ich zu ihm. »Die Deutschen.« Ich wiederhole es einige Male und drücke mich eng an ihn. Er rollt auf den Rücken. Jetzt sehe ich ihn mir genauer an. Er liegt mit dem Gesicht nach unten, aber er hat keinen Rücken mehr, nur einen großen Fleck auf der zerrissenen Militärjacke: Blut.

»Oh, oh«, jammere ich vor mich hin. Einige Sekunden schweige ich vor Entsetzen über die riesige Wunde. Dann ziehe ich mich zurück. »Die Deutschen«, sage ich wieder. Mir fällt nichts anderes ein, was ich ihm sagen könnte. Ich will nicht daran denken, daß er tot ist, sondern ich denke dauernd, er muß doch leben! Ich krieche um ihn herum, auf seine andere Seite. Seine Hände sind ausgebreitet, und in einer Hand hält er krampfhaft ein Stück Klee. Ich ängstige mich. Ich hab' Angst vor ihm. Vielleicht ist es blöd, aber ich ängstigte mich damals vor toten Menschen. Ich weiß nicht warum, aber in ihrer Nähe verspürte ich Beklemmung.

Ich liege hier, zittere und weiß nicht, was ich tun soll. »Leutnant«, sage ich. Mein Mund ist trocken. »Leutnant! Ich bitte Sie ...« Dann wage ich mich doch näher heran, packe ihn an der Schulter und drehe ihn mit aller Kraft um. Ich lasse ihn wieder los. Jetzt weiß ich, daß er tot ist. Ich will aufstehen, erhebe mich auf die Knie. Ein Panzer schießt, er fährt hinunter zu den Gebäuden, wo die Kosaken sind. Ich drücke mein Gesicht in die Hände. Wenn ich ausatme, kommt mein heißer Atem zurück in mein Gesicht. Ich liege regungslos. Ich weiß nicht, wie lange ich damals dort gelegen und geweint habe. Und ich will es nicht glauben. Noch einmal drehe ich mich zu ihm um. Ich achte weder auf sein Gesicht noch auf seine Wunde, ich suche sein Herz. Das ist mir in dem Augenblick eingefallen: Ob sein Herz schlägt? Ich horche, aber in seinem Brustkorb ist es ruhig. Wieder krieche ich ein wenig weg. Der Leutnant ist wirklich tot. Ich höre meine Zähne klappern. Rings um mich nur Schüsse, Motoren, Schritte und deutsche Stimmen. Es ist mir egal, was jetzt in Europa geschieht.

»Los! Los!«

»Achtung. Los!«

Ich sehe, daß der Leutnant noch in der letzten Sekunde seine Pistole gezogen hat, aber sie liegt nutzlos neben seiner Hand. Auch die Tasche liegt hier, die ihm aus der Hosentasche herausgefallen war. Alles verschwimmt vor meinen Augen. Ich sehe wie durch ein Fensterglas bei Regen. Neben der Tasche liegen fremdes Geld, ein Brief und Fotografien irgendeiner Frau und irgendeines Mannes in Uniform. Der Mann auf dem Bild hat einen Bart. (Ich habe erst später festgestellt, daß das Stalin war.) Die Schüsse kommen näher. Sie werden lauter, und mir scheint, sie werden mich verschütten und ersticken. Hier werde ich sterben, rast es mir durch den Kopf. Jawohl, hier ist mein letztes Plätzchen. Erstarrt und erschöpft schließe ich die Augen.

10

Die Treibjagd.
Beschämung im Wald.
Die beiden Armeen wollen mich töten.
Gewissenserforschung.
Ich laufe ins Dickicht zurück.
Was wird an meinem Grab passieren?
Ich habe Angst, ob meine Mutter den Krieg überlebt hat.
Die Russen haben gewonnen!
Der Weg zurück.
Jubel, Fahnen, Lieder und etwas Neues.
Sie jagen Zyrill Vitlich.

Einmal habe ich eine Treibjagd mitgemacht. Während der großen Herbstjagd. Ich träume, daß ich Treiber bei der Jagd bin. Es ist wie heute. Ich sehe alles deutlich vor mir, die Schüsse fallen. Von überall ist das Bellen der Hunde zu hören. Ich schleppe zwei Hasen zum Leiterwagen, wo schon fünfzig Stück auf den Stangen hängen. Es sind alle anwesend, die in unserem Dorf etwas bedeuten. Singer, und auch seine Frau mit Gewehr. Der Tierarzt. Kadera. Der Lehrer. Einige Deutsche in Uniform. Sie sind in der Nähe von Singer und seiner Frau, sie lachen über etwas, sie erzählen sich etwas Lustiges. Es fällt ein Schuß, Frau Singer hat geschossen, sie schießt ausgezeichnet; der Hase macht einen Salto in der Luft. Auch der Pfarrer schießt und tötet die Hasen. Bei der Jagd trägt er eine Brille, die er während des Gehens mit dem Taschentuch sauber macht. Vitlich lädt Singers Gewehr, der hat zwei Gewehre zum Wechseln. Zyrill wirft mir eine Handvoll leerer Patronen zu. Eine volle Patrone ist dazwischen; ich weiß, daß er sie absichtlich geworfen hat, er stiehlt sie Singer, damit er sie mir geben kann. Zyrill ist mein Freund. Ich rieche an den Patronenhülsen, die nach Schießpulver stinken.
Die volle Patrone leere ich in einen Löffel und stecke das Pulver an. Es brennt mit einer meterhohen Flamme. Auch die anderen Bauern stehen im Kreis: Res, Cumat und Vasak.

Ich bringe meinem Vater die Hasen, er lädt sie auf den Wagen. Vater schießt nicht; er möchte wohl gerne, aber er hat weder ein Gewehr noch einen Jagdhund; er sagt, daß wir dafür kein Geld haben. Wenn er sich unbeobachtet weiß, wirft mein Vater einen Hasen ins Gebüsch. Nach der Jagd holt er ihn ab. Es ärgert mich, daß er sich so erniedrigt. Ich würde auf den Hasen pfeifen.

Damals bei der Jagd wurde so viel geschossen, wie jetzt im Kleefeld, wo ich neben dem toten Leutnant liege. Auch dies ist eine Jagd. Sie jagen mich. Es gibt keinen Ausweg. Sie jagen mich und kreisen mich ein, so wie wir manchmal im Wald ein Eichkätzchen einkreisten. Wir sind zu vielen, sehen, wie es erschrocken von Baum zu Baum springt. Wir haben zwar keine Gewehre, aber Steine und Schleuder. Wir schlagen mit den Stöcken an die Bäume, um das Eichkätzchen aufzuschrecken, und wenn es auf uns zuläuft, jagen wir es wieder auf die andere Seite, bis es halbtot vor Erschöpfung auf die Erde fällt. Und auf diesen Augenblick, wenn es nicht mehr weiter kann, warten wir. Kadera läuft mit einem Stock zu dem Eichkätzchen hin; ich mache die Augen zu, so wie ich sie jetzt, im Kleefeld neben dem umgekippten Motorrad, schließe. Aber das Eichkätzchen ist damals auf einen Baum entwischt. Kadera haut wütend auf den Baum ein, weil es in einer Astgabel sitzt und er nicht so hoch kommen kann.

Ich mache die Augen auf und befinde mich wieder neben dem toten Leutnant. Ich springe auf und laufe. Hauptsache, weg von hier, irgendwohin! Weg aus diesem flachen Feld.

Ich springe in das nächste Gebüsch. Auf dem Allerwertesten sause ich den Hang hinunter. Ich laufe geduckt durch das trockene Gras, sehe, wie ein Stück vor mir Erde in die Luft fliegt. Es sind ganze Brocken. Die Einschläge kommen bis zu mir, es müssen Kanonen sein. Damals habe ich gedacht, daß sie tatsächlich auf mich zielen. Mit einem Blick sehe ich, daß es auf dem Gutshof brennt. Dort wird am meisten geschossen. Ein Einschlag ist so nahe, daß ich in der nächsten Sekunde wieder die Erde küsse. Ich halte mir die Ohren zu, verzweifelt versuche ich, mein Gehirn mit irgend etwas zu beschäftigen. Ich möchte gerne an etwas Lustiges denken,

aber es fällt mir nichts ein. Wo es um Kopf und Kragen geht, da hört aller Spaß auf. Ich schließe die Augen, es ist Herbst, und ich sehe wieder die Treibjagd.
Bertina Petrzela war damals auch dort. Sie gießt Tee ein, und alle schnuppern übertrieben stark an den Bechern und machen lange Gesichter. Sie sagen, der Tee sei reichlich dünn, es wäre Tee für Großmütterchen. Singer weiß eine Antwort darauf, er nimmt eine Flasche Rum aus dem Beutel, scheppert beim Eingießen mit dem Flaschenhals gegen die Becher. Alle lachen. Das Dienstmädchen kommt dann mit einer Schüssel gebratener Schnitzel. Jeder nimmt eine Serviette und ein Stück Brot in die Hand. Zuerst greifen die Deutschen zu, zuletzt die Bauern. Die Treiber bekommen nichts, wir warten vor der Kapelle, und es ist kalt. Vitlich macht für die Schützen ein Feuer; sie wärmen sich Rücken und Hände. Die Gewehre haben sie in diesem Augenblick über die Schulter gehängt, mit dem Lauf nach vorn. Zwei Offiziere flüstern Bertina etwas zu. Sie lacht lauthals; ihr Mund steht sperrangelweit auf, die Zähne, die Zunge und das rosige Innere des Mundes werden sichtbar, und ihr Atem weht wie ein heller Dunstschleier über Gesicht und Haar. Tee spritzt aus der Kanne heraus, und sie lacht noch mehr. Einer der jungen Deutschen schiebt in einem unbewachten Augenblick den breiten Ärmel ihres Mantels hoch und küßt sie auf die weiße Innenseite des Arms.
Gerade jetzt, wo es um mein Leben geht, fällt mir solcher Blödsinn ein. Warum eigentlich? Ich müßte an etwas anderes denken, an irgendeine meiner spärlichen guten Taten. Das könnte mich noch aufmuntern.
Damals im Wald lief das Eichkätzchen direkt auf mich zu. Ich ließ es laufen. Ich konnte es fangen, töten, hatte schon meine Jacke ausgezogen und war bereit, sie auf das Eichkätzchen zu werfen. Aber ich ließ es laufen, und es verschwand. Bevor die Jungen bei mir waren, war es weg. Kadera erkannte meinen Verrat, sprang mich an und schlug auf mich los. Alle prügelten mich, sie waren in der Übermacht. Sie haben getreten, öfter, als es die gesamte Fußballmannschaft während eines Spiels tat. Aber das war noch nicht alles.

Wie ich da so mitten in diesem Strauch liege und mich vor Angst ganz winzig mache, will mir einfach nichts Lustiges einfallen. Viel frisches Gras wächst hier; es rauscht, und ich ersticke fast darin. Mit den Händen bedecke ich meinen Kopf. Ich höre mein Herz schlagen, ich höre meinen Atem und warte, wann sie mich erschießen werden. Die Deutschen können nur einen Meter von mir entfernt sein. Ich höre laute Befehle, in denen das R rollt und die S und Z zischen.

Auch der eine Offizier bei der Jagd konnte kurz und abgehackt sprechen. Während der Pause dressiert er seinen Hund auf der Wiese. Er läßt ihn über die Hand springen. Der Hund muß sich hinlegen und wie tot liegenbleiben. Dann läßt er ihn einen Stock apportieren. Der Offizier trägt keine Militärmütze; er hat schwarze, schöne Haare. Und er weist auf Bertina, schickt den Schäferhund los. Das Tier packt sie am Rock, hält vorsichtig fest, um nicht den Stoff zu zerreißen, geht zurück, knurrt. Bertina kreischt, aber sie muß mit, muß dem Hund folgen. Alle am Feuer überschlagen sich vor Lachen. Nur Frau Singer lacht nicht. Ihr Gesicht ist blaß. Auch sie betrachtet den schwarzhaarigen Jüngling, aber sie lächelt nicht einmal und dreht sich rasch um. Auch der Pfarrer hört auf zu lachen. Vater nutzt die Verwirrung aus und wirft noch einen Hasen in das Gebüsch. Ich sehe den Vater, ich sehe alles, was er tut. Der Schäferhund geht vor Bertina ständig rückwärts. Er zieht sie am Rock über die Wiese, bis dahin, wo ein verdorrter Weidenstrauch steht. Man kann bis dorthin schlecht sehen. Alle schreien so sonderbar. Bertina muß mit, ob sie will oder nicht. Der Offizier in der Reithose klatscht sich ständig auf den Oberschenkel, lockt das Tier zurück. Der Schäferhund dreht ihm den Kopf zu. Bertina tut, als bitte sie. Die andern schreien übermütig und noch lauter als vorher. Plötzlich fällt aus dem nahen Wald ein Gewehrschuß. Es ist mir klar, daß es keine Schrot-, sondern eine Kugelbüchse war. Es ist ein unerwarteter Schuß, der Offizier kippt um, fällt zuerst auf die Knie, dann bricht sein Körper nach hinten. Mein Mund bleibt offen. Alle stehen bewegungslos. Zuerst läuft der andere Offizier los und Singer hinter ihm her. Er deutet dabei ge-

bieterisch zum Wald, schreit. Alle schreien hysterisch. Es ist ein ›Bandit‹ heißt es. (Auf Waldwegen konnte man damals oft die Aufschrift lesen: ACHTUNG BANDITEN! So haben die Deutschen die Partisanen genannt.)
Der Schäferhund hat Bertina endlich losgelassen. Bertina ist jetzt genauso blaß wie die Frau Singer... Und der tote Deutsche auf der Wiese damals sah genauso aus wie jetzt der tote Russe auf dem Kleefeld.
Wenn ich tot bin, werde ich wie sie aussehen, mit allen zehn Fingern werde ich die Erde aufkratzen und mit beiden Fäusten Lehm und Grasbüschel umkrallen.
Mir fällt ein, daß das Ende aller meiner Geschichten eigentlich immer traurig war.
Die Jungen zogen mich damals im Wald nackt aus. Sie banden mich an einen Baum und verprügelten mich. Sie ließen mich dort zurück und liefen einfach davon. Ich weinte und rief ihnen nach. Ich schrie fürchterlich laut, ganz verzweifelt, aber es war ihnen egal. Ich weinte mehrere Stunden. Schließlich wurde es dunkel. Selbst die allernächsten Bäume waren kaum noch zu erkennen. Dann kam Anna. Sie suchte mich. Aber ich war nackt an dem Baum festgebunden. Das war zu schlimm, lieber wollte ich sterben. Sie suchte mich und rief in den Wald. Aber ich wollte nicht antworten, weil ich nichts anhatte. Ich kämpfte mit meinem Stolz, aber zugleich hatte ich Angst, daß ich im Wald bleiben und sterben müßte. Die Stricke konnte ich nicht zerreißen; meine Handgelenke schmerzten und bluteten. Ich glaubte schon, Anna würde mich nicht finden und wieder weggehen. Da schrie ich laut. Sie hatte mich aber schon gefunden. Ich rief irgendwas, sie dürfe mich nicht anschauen. Sie kam aber direkt auf mich zu. Erst als sie begriff, was ich wollte, ging sie um mich herum, löste die Stricke von hinten, stand hinter meinem Rücken. Als ich wieder los war, gab ich ihr eine Ohrfeige. Ich weiß nicht warum; sie war die einzige, die mir half und die Angst um mich hatte – und ich haute ihr eine runter. Ich nahm die Hose und lief weg. Ich hörte sie hinter mir weinen, aber ich wartete nicht und blieb auch nicht stehen.
Auch das war keine gute Tat. Mir selbst ist ja in meinem

Leben nicht sonderlich viel Gutes begegnet, aber ich habe wohl auch selbst nicht viel dazu beigetragen, und bei der Endabrechnung werde ich nicht viele Pluspunkte vorweisen können.

Ich erhebe mich und laufe weg, laufe ins Dickicht. In Gedanken und ohne daß ich mir die Richtung überlege, komme ich zur Hütte.

Die Hütte ist zusammengebrochen. Nur Balken sind noch zu sehen. Dafür ist ein Krater da. Wo die Steinhütte stand, ist jetzt ein Loch in der Erde. Und weitere drei in gleicher Reihe. Ich springe zum Reisighaufen, unter dem das Motorrad versteckt war. Ich möchte mich selbst dort verstecken. Ich stecke die Finger in die Ohren. Ich weiß nicht, wer gegen wen kämpft. Ich weiß nicht, wer wo ist, wo die Russen und wo die Deutschen sind. Ich presse die Handflächen gegen meine Ohren.

Da spritzt die Erde hoch, ein Wasserfall ergießt sich über mich; es regnet Erdklumpen auf den Reisighaufen. Etwas kracht furchtbar. Die Erde zittert. »Mutti!« schreie ich. »Mutti!«

Ich weiß nicht, wohin ich laufen soll, wühle mich unter den Haufen vertrockneter Sträucher. Das wird mich kaum retten!

»Mutti!« Ich klappere mit den Zähnen. »Mutti!«

Wenn ich sterbe, wird mein Grab auf dem Friedhof an der Steinmauer sein. Kinder bekommen ein einfaches, weißes Kreuz und eine Blechtafel mit dem Namen. Ich lese meinen Namen ganz deutlich: OLDRICH VAREKA. Unter dem ovalen Glas wird mein Bild zu sehen sein. Ich habe die Matrosenjacke mit den Ankern an. Die Mutter kommt zu meinem Grab. Sie hat eine Gießkanne in der Hand und pumpt vorher Wasser an der Friedhofspumpe, die abscheulich quietscht. Dann begießt sie die Veilchen, die sie über mir in die Erde gepflanzt hat. Sie stellt eine große Kerze aufs Grab. Ich glaube, es ist die Lichtmeßkerze, die von der Firmungszeremonie. Sie zündet sie an. Sie weint. Sie geht weg. Dann springt die Vogelscheuche Vasak auf, er lag in der Nähe versteckt, und stiehlt mir selbstverständlich die Kerze ...

Ich schichte mir noch mehr Reisig über den Kopf, decke mich mit den Händen ab; die Schießerei hört nicht auf. Es geht wilder zu als in der Schlacht bei Austerlitz.
»Vater unser, der du bist in den Himmeln ...« sage ich. Ich höre mich, wie ich sehr schnell plappere.
»Ihr werdet den Herrgott noch zur Hilfe rufen«, drohte uns der Pfarrer in der Klasse. »Aber wenn ihr ihn rufen werdet, dann wird es schon zu spät sein!«
Ungefähr zehn Kinder sitzen in den Bänken; in jeder Ecke stehen zwei, mindestens fünfzehn knien, wie immer während des Religionsunterrichts, zur Strafe vor dem Podium. Ich knie demütig, weil mich der Pfarrer gerade ansieht. Aber mit der Hand, die er vom Podium aus nicht sehen kann, stopfe ich die aus der Kartonschachtel gestohlene Kreide in die Tasche. Er muß es doch irgendwie gesehen haben, nimmt den Schlüsselbund und wirft ihn nach mir.
Er trifft mich in den Rücken.
Jetzt spritzt Erde in den Reisighaufen. Die Maschinengewehre rattern wie eine Kreissäge. Ich halte die Augen fest verschlossen. Die Kreissäge ist oben zu hören, die Späne fallen nach unten in den Keller. Ein ganzer Haufen davon liegt hier – wie lange ist das her! Ich bohre für Anna einen Tunnel, damit sie sich darin ein Zimmerchen einrichten kann. Ich sage ihr, sie soll hineingehen. Und wenn sie drinnen ist, trete ich auf den Haufen und lasse den ganzen Tunnel auf ihren Kopf stürzen. Ich laufe weg, die Treppen hoch. Es ist wirklich möglich, daß alle Sünden zusammengezählt werden und daß der liebe Gott uns zuschaut.
Jetzt rasen auch die russischen Stalinorgeln los. Sie schießen irgendwo weit vorne. (Sie standen aber gleich hinter dem Fluß. Erst später habe ich erfahren, daß es tatsächlich Stalinorgeln waren.) Sie donnern, daß beinahe der ganze Himmel herunterfällt. Es klingt wie bei einem Nachtgewitter.
Unser Haus zittert, und ich ziehe mir die Decke über den Kopf. Der Sturm peitscht den Regen gegen das Küchenfenster. Mutter kommt aus der Stube, sie hat nur ein Nachthemd an und kommt zu mir, legt sich zu mir ins Bett. Ich

rücke näher an sie heran, fasse sie um den Hals, meine Wange lege ich an ihre Wange, und in meinem Gesicht spüre ich ihre ausgekämmten Haare.
»Du brauchst keine Angst zu haben«, sagt sie. »Wer brav ist, der braucht keine Angst zu haben.«
»Auch nicht vor dem Blitz, Mutti?«
»Auch nicht vor dem Blitz ...«
Einmal bin ich mit der Mutter, als uns ein Regenguß auf dem Feld überraschte, zu den Heuhaufen gelaufen. Darunter kann man sich wie unter einem Strohdach verstecken, und wir verstecken uns auch. Der enge Innenraum reicht gerade für zwei. Der Mutter hängen Strohhalme im Haar. Wir atmen schwer und sind völlig durchnäßt. Die Mutter zieht mir schnell das klatschnasse Hemd aus. In der Tasche hat sie noch ihre Jacke mit den Knöpfen. Die zieht sie mir an. Sie knöpft sie zu. Sie selbst ist so naß, daß das Kleid auf dem Körper klebt. Nicht einmal das Tuch hat sie auf dem Kopf; sie hat es trocken in der Tasche und wickelt es nun um meinen Kopf. Aber ich will es nicht und gebe es ihr zurück. Erneut legt sie es mir um den Hals. Sie selbst hüllt sich in die Grasplane ein. »Hast du keine Schmerzen?« fragt sie. »Hast du kein Stechen in der Lunge?«
»Nein, Mutti, du brauchst keine Angst zu haben. Es fehlt mir nichts!«
Einmal kam ich in die Küche. Sie saß vor einem kleinen, halbzersprungenen Spiegel mit Holzrahmen; gerade hatte sie sich mit der Schere einen Haarzopf abgeschnitten.
»Mutti!« schrie ich laut. Nie vorher hatte ich so aufgeschrien. »Mutti!«
Sie drehte sich mir zu. Sie lachte und stand auf. Sie wollte zu mir gehen. Ich bin aus der Tür, über den Hof und in den Garten gelaufen, in die Felder und in das hohe Getreide. Ich habe mich auf die Erde gelegt, über mir bewegten sich die Halme und Ähren. Ich war noch nie so unglücklich wie damals, als sie sich den langen, glänzenden Haarzopf abschnitt.

Jetzt hebe ich den Kopf. Auf einmal hört die Schießerei auf. Ich höre hauptsächlich Motoren, viele Motoren. Vom Guts-

hof steigt Rauch hoch. Er vermischt sich mit dem Himmel. Das Feuer prasselt, der Schober brennt. Etwas brennt auch oben in der Kirche.
Ich knie mich aufrecht, recke den Hals. Dann stehe ich auf, bleibe aber geduckt, falls ich mich sofort wieder hinlegen muß. Ringsum ist niemand, weder die Deutschen noch die Russen. Vielleicht träume ich jetzt und bin schon tot. Aber hinter der zerstörten Hütte liegt das erschossene Pferd, das Pferd Nummer fünf ... Mir ist alles egal. Es interessieren mich weder das Pferd noch das Motorrad, noch meine Schuld, keine meiner unzähligen Dummheiten. Nur eines interessiert mich: meine Mutter!
Ich laufe den Abhang hinauf, den Kopf habe ich geduckt, fast zwischen den Knien. Vom Fluß her kommen russische Jagdflugzeuge. Es ist keineswegs eine tote Landschaft, wie ich glaubte. Ich höre nicht auf zu laufen. Ich sehe, daß dort oben an den Linden ein Panzer brennt. Es kann aber auch ein Lastwagen sein. Den Gutshof hat es am Dach erwischt. Es laufen dort viele Pferde herum. Ich kenne nur ein Ziel, den Weg nach Hause. Ich laufe, ohne Rücksicht darauf, was mir passieren könnte. Ich stolpere über einen Misthaufen auf Husareks Feld. Ich schlage Haken zwischen den Baumlöchern und springe über sie weg, damit ich mich nicht aufhalte. Es laufen dort vielleicht zwanzig Pferde; ich könnte mir irgendein Pferd aussuchen. Aber ich denke nur an meine Mutter, ob ihr nichts geschehen ist; niemals vorher hatte ich solche Furcht wie jetzt. Ich sehe sie in allen Situationen, die ich kenne. Ich kenne ihre Güte, die nur für mich da ist. Einmal hatten wir ein Kinderfest in der Schule. Wir sangen im Chor:

»Schön ist es auf Gottes Welt,
blaue Berge, in der Ferne die Lieder der Sänger,
wunderbare Ebenen, Städte und Dörfer ...«

Ich stehe in der ersten Reihe und habe den neuen Matrosenanzug an. Eine dicke Lehrerin, die von uns ›Zentner‹ genannt wird, dirigiert. Die Mutter schaut mich an, und ich schaue sie an. Vater schreit sie dann zu Hause in der Stube an: »Wer hat dir gesagt, du sollst dem Bengel einen neuen Anzug kaufen?«

»Er braucht etwas für die Schule zum Anziehen«, höre ich die Mutter antworten.
»Ich kann mich zu Tode arbeiten, und du schmeißt das Geld für Dummheiten und für den Bengel aus dem Fenster. Für den Herrn Grafen!«
Ohrfeigen, Ohrfeigen – das sind vertraute Töne unseres Heimes.
»Schlag mich nicht!« höre ich die Mutter sagen.
Schon bin ich an der Tür. »Vati!« schreie ich. Er hat abgeschlossen. Ich rüttele an der Tür. Er schlägt sie, ich höre es, wie er die Mutter schlägt.
»Du wirst mich nicht schlagen!« sagt die Mutter. Sie weint. Dann kommt sie heraus. Sie trägt einen Korb mit ihren Sachen in der Hand.
»Geh!« schreit er ihr nach. »Geh nur!«
Er packt mich, stößt mich in die Stube und schließt die Tür von der Küche aus. Ich klettere durch das Fenster. Ich klettere über die Töpfe mit dem Muskatnuß. Ich hole die Mutter auf dem Feldweg ein. Es ist schon Abend; sie hört, daß ich hinter ihr herlaufe, sie dreht sich um und wartet auf mich.
»Mutti, ich geh' mit dir«, sage ich. »Ich bleib' nicht mehr bei ihm.«
Sie zieht mich an sich. Sie sagt nichts Schlechtes über ihn, das setzt mich ein wenig in Erstaunen.
Wir setzen uns auf eine Steinbank an der Kirche. Es ist Nacht, und der Mond, die Sterne geben weißes Licht. Ich sehe den Vater, wie er die Stationen des Kreuzweges entlangeilt. Er sucht uns. »Er ist schon hier!« flüstere ich der Mutter zu. »Wir müssen fliehen!«
Die Mutter bleibt sitzen. Sie hält mich an der Hand. Ich möchte, daß sie weitergeht, daß sie nicht sitzen bleibt. Ich bleibe an der letzten Passionssäule stehen. Er sieht uns. Er bleibt einen Augenblick stehen und schaut uns an. Und dann sagte er: »Kommt nach Hause.«
Er sagt es ganz anders als sonst; seine Stimme ist weich. Eine solche Stimme hörte ich bei meinem Vater ungefähr dreimal in meinem Leben, wobei ich mir zweimal nicht sicher war, ob es nicht ein Irrtum von mir war.

Ich laufe durch die Baumallee vom Großgrundbesitz zum Dorf. Ich laufe über den Feldweg. Ich muß im Straßengraben laufen, weil auf dem Weg die Panzer fahren und die Lastwagen hinter sich die Kanonen ziehen, überall sind wieder große Staubwolken zu sehen. Ich muß bis auf das Feld ausweichen, weil einige Russen im Graben einen Reifen reparieren. Niemand von ihnen beachtet mich.
Ich bin froh, daß sie es waren, die die Schlacht gewonnen haben. Sie haben es sehr eilig. Sie sind hinter den Deutschen her; sie wollen sie sicher einholen. Ein Russe auf einem Motorrad überholt; wie ein Akrobat fährt er durch den Straßengraben, hoch und herunter und wieder zurück auf den Weg.
Auf der Wiese neben dem Transformator stehen viele Lastwagen, und Soldaten ringsherum. Ich werfe einen Blick auf den Turm des Feuerwehrhauses, dort weht eine Fahne. Es ist eine rot-blau-weiße Fahne, die tschechoslowakische Fahne.
Ich sehe schon die ersten Häuser unseres Dorfes und auch hier lauter Fahnen. Ich sehe auch rote Fahnen. Im Dorf spielt eine Kapelle. Ich höre sie undeutlich, weil ständig Lastwagen vorbeifahren. Die Menschen werfen den Russen Blumen zu wie an Fronleichnam. Aber die sind sehr müde; vielleicht sehen sie das gar nicht. Ihre Gesichter sind bedeckt mit schwarzem Staub. Ich springe hinter den Zaun, weil an dem Weg neben dem Steinhaufen unser Lehrer steht. Er hat die Legionärsuniform angezogen und den Hut aufgesetzt. Er hat Wickelgamaschen an den Beinen, und er hat auch seine Orden umgehängt. Er salutiert ununterbrochen und schreit: »Nazdar!« Er schreit auch »Hoch!« Er sieht in der Uniform bedeutender aus als alle anderen. Als wenn er den Krieg gewonnen hätte. Ich laufe hinten um den Ziegelsteinhaufen herum. Er sieht nur die Russen und macht für sie ein patriotisches Gesicht. Die Menschen stehen rings um die Wege und vor den Häusern und jubeln. Ich taumele an den Leuten vorbei. Selbstverständlich warten hier auch die piepsige Andula Slejhova und die anderen Mädchen; alle haben die Nationaltrachten angezogen. Zwischen ihnen ragt die Lehrerin hoch, sie trägt die Tracht der Bräute von

Kyjov*. Die Tracht hat tausend Bänder und ist ungefähr hundertsechzig Jahre alt. Sie dirigiert aber kein Chorlied, sondern alle rufen im Takt: »Es lebe die Sowjetunion!«
Andula sieht mich. »Kleiner!« schreit sie auf. »Deine Eltern suchen dich. Die Deutschen haben dich nicht getötet?«
»Doch«, sage ich. »Sie haben mich getötet. Ist euch ein Schwein im Versteck erstickt?«
Sie ist beleidigt, die langbeinige Ziege.
»Reihe dich ein, Vareka«, sagt die Lehrerin. Ausgerechnet die, denke ich mir.
»Es lebe Marschall Stalin!« schreit die Lehrerin. »Vareka, reihe dich ein, gebt ihm auch ein Fähnchen!«
»Es lebe ...«
Wirklich eine Million Fahnen ...
Zuerst trinke ich an der Pumpe Wasser. Hier spielt Kelbls Kapelle. Es ist die Kapelle unseres Dorfes für Begräbnisse und Feste. Sie spielen in Feuerwehruniformen, und ihre Helme sind auf Hochglanz poliert.
»Olin!« ruft Anna. Sie läuft mir nach. Ich mache auch ihr eine lange Nase und laufe weg. Die Gemeindewaage hat auch einen Treffer abgekriegt, und ringsum sind die Fensterscheiben zersplittert. Die Bauern vernageln die Fenster mit Brettern.
Der Tierarzt hat die tschechoslowakische Offiziersuniform an, und ich erfahre somit tatsächlich 1945 erst, daß auch unser kleiner Staat vor dem Krieg eine Armee gehabt hat. Es wundert mich. Hier stehen viele Menschen mit Gewehren. Ich weiß nicht, wo sie sie hergenommen haben; auch der Eisenbahner Slejha, der die Deutschen während des Krieges nur dadurch schädigte, daß er aus den Eisenbahnwaggons klaute, hat plötzlich eine Waffe. Alle Knechte, die auf dem Gutshof beschäftigt waren, sind bewaffnet. Ich schaue einen Augenblick dem Kirchendiener zu; er versucht, eine Fahne am Pfarrhaus auszuhängen. Aber die Leine rutscht ihm weg. Mit den Zähnen macht er einen Knoten auf. Er winkt, schreit: »Vivat!«
Ich gehe bis dorthin, wo die Russen zur Landstraße abgebogen sind. Sie sollen in Richtung Prag fahren. An dem Ge-

* Gemeint sind die Bräute aus der Stadt Kyjov, Südmähren.

meindehaus ist nicht mehr die deutsche Aufschrift, auf der Tafel steht jetzt mit großen Buchstaben: ES LEBE DIE REPUBLIK! Und darüber weht eine rote und unsere Fahne. Ich bleibe stehen. Auf dem Weg, hinter einem Auto, läßt sich Bertina Petrzelova mit einigen Soldaten fotografieren. Sie lacht und ist genauso fröhlich wie damals bei der Jagd. Soldaten sind eben Soldaten. Ob Deutsche oder Russen, das ist egal. Ich drehe mich um, weil oben in der Nebengasse ein großer Lärm ist und viele Menschen dort sind.
Ich laufe durch die Gasse. Es ist am nächsten. Über die Rükken der Menschen kann ich nichts sehen. Ich klettere auf einen Drahtzaun und recke den Hals, aber jemand gibt mir eine Ohrfeige, damit ich herunterkomme, damit ich den Zaun nicht zerbreche, damit ich auf unseren eigenen Zaun hochklettere. Es ist die Frau, Eichkätzchen genannt. Für einen Augenblick sehe ich sie barfuß an unserem Schober, wie der Vater von ihr zurücksprang. Aber sie weiß nicht, was ich denke. »Olin, warst du schon zu Hause? Deine Eltern suchen dich!« Aus ihrer Stimme klingt wirklich Sorge.
»Ja!« sage ich über die Schulter und laufe wieder weiter. Ich will mich nicht gerade mit Eichkätzchen unterhalten, wenn die Republik befreit ist. Aber ich bleibe stehen. Plötzlich bleibe ich stehen. Erst jetzt sehe ich, wen sie dort haben – wen sie dort führen. Ich klettere auf einen Haufen Balken; von hier aus sehe ich über die Menschen hinweg. Der Menschenhaufen rückt wie eine Wand vor. Allen voran geht Vitlich. Zyrill geht, als führe er die Menschen an; aber es scheint mir, daß sie ihn jagen. Er hat nur Hose und Pullover an und ist müde. Er geht barfuß. Ich sehe, daß er mehr verprügelt wurde als ich. Aber in diesem Augenblick schlägt ihn niemand mehr. Sie gehen an den Balken vorbei, auf denen jetzt viele Menschen stehen, und sie werfen Steine nach ihm.
Er will laufen, aber sie laufen nicht hinter ihm her, denn sie sind sicher, daß er ihnen nicht weglaufen kann. Sie schreien nur: »Lauf nicht! Geh langsam!«
Er gehorcht ihnen, sagt nichts und hört auf zu laufen. Das überrascht mich. Wieder geht er vor ihnen her, sie rücken

wirklich wie eine lebendige, drohende Mauer hinter ihm her. Ich begreife nichts und reiße den Mund auf.
Ich muß damals genauso ausgesehen haben wie die, welche die Jungfrau Maria von Lourdes im Wald angesprochen hat: Ich muß verstört ausgesehen haben. Ich denke weder an Julina, daß sie weg ist, noch an die Deutschen, daß sie auch weg sind, noch an die Russen, daß sie endlich da sind. Mein Kopf beschäftigt sich mit dem Rätsel um Zyrill.
Ich laufe auf dem Balken hinter den Menschen her, um sie alle einzuholen. Ich laufe sehr schnell und krieche zwischen den Erwachsenen nach vorn. Ich verstehe gar nichts!

11

Zyrill Vitlichs Tod.

Wieder wirft jemand einen Stein nach Vitlich. Er trifft ihn nicht, der Stein fällt neben ihn, prallt ab und trifft die Hausmauer. Vitlich weicht den Steinen nicht aus. Er dreht sich auch nach keinem hinter sich um. Unter den Leuten sehe ich auch schon Kadera, Cumat, Vasak und Res. Auch der Tierarzt in Uniform ist mitgekommen. Es wimmelt von Menschen; vielleicht einhundert Menschen sind hier, und dazu der Förster.
Zwischen ihnen allen und Vitlich ist ein fünf Meter breiter freier Raum. Weitere Steine fliegen. Einer davon trifft ihn am Bein. »Du Denunziant!« schreit der Förster Vitlich an. Einer von den Knechten vom Gutshof (ich kenne ihn, er trug damals den toten Ludwig, Gamasche genannt, vom Schober weg; und bei der Jagd fuhr er die Pferde, als Vater die Hasen ins Gebüsch warf) schreit Zyrill zu: »Wieviel hat Singer dir gezahlt, du Lump?«
Alle in der Menschenmenge sind wie in einem Fieber. Bis hierher klingt vom Dorfplatz Kelbls Musikkapelle und von der Kreuzung dröhnt der Motorenlärm der vorrückenden siegreichen Armee.
»Wieviel hat er dir gezahlt, daß du den Verräter gemacht hast?! Wen hast du denunziert?!«
Ich gehe am Rande der Menschenmenge entlang. Ich kann und will auch nicht in die erste Reihe.
»Daß die Deutschen dich nicht mitgenommen haben?« lacht

Slejha Vitlich aus. Auch Slejha ist hierhergelaufen, und das Gewehr trägt er in der Hand. »An wen hast du die Denunziantenbriefe geschrieben?« Slejhas Aufschrei überrascht mich so, daß ich stehenbleibe. Slejha hat eine rote Binde um den Arm, eine rote Binde auf der Eisenbahnermütze und auf dem Jackettaufschlag ein großes rot-blau-weißes Fähnchen, das so auffällig ist wie die Fähnchen in den Fenstern.
Ein Stock fliegt durch die Luft, knallt Vitlich gegen den Rücken. Es ist ein starker Schlag, Zyrill fällt auf Knie und Hände, aber er schreit nicht; er schweigt und erhebt sich wieder. Seine Stirn steht voll Schweiß, der ihm an den Augen vorbeifließt, über die Wangen bis zum Kinn rinnt. Sein großes, zerschlagenes Gesicht ist wie betaut. Sein Hemd hängt aus der Hose, und die Hose muß er dauernd hochziehen, weil sie rutscht. Jetzt fallen ständig Steine neben ihn. »Wer hat uns die Deutschen ins Haus gebracht?« schreit auch Kadera. Ich glaube, Vitlich hört ihn gar nicht.
»Du Sau! Wer hat mich bei der Gestapo denunziert?« Vor Kaderas Haus hat wirklich einmal ein schwarzes Auto gehalten. Vitlich war mit den Deutschen ausgestiegen. Sie haben Ledermäntel angehabt. Sie gingen ins Haus und kamen mit Kadera heraus; sie nahmen ihn mit. Vitlich trat damals von einem Fuß auf den anderen und schaute sich um, ob ihn auch keiner sah. Der Dorfplatz war leer, alle hatten sich hinter den Blumentöpfen und hinter den Fenstervorhängen versteckt. Mein Vater hatte sich auch versteckt. Er sagte damals: »Er rächt sich für die Versteigerung!«
Kadera war ungefähr vier Stunden inhaftiert (den Rest seines Lebens hat er das immer in den Fragebogen angegeben). Singers Wagen brachte ihn damals im Regen zurück. Er stieg selbstsicher aus. Der Großgrundbesitzer brachte ihn persönlich zurück und verabschiedete ihn aus dem Auto heraus; sie lachten und reichten sich die Hände. Kadera ging großspurig zum Tor, damit alle sahen, daß auch die Deutschen ihm nichts anhaben konnten.
»Wer Geld hat, der kommt aus allem heraus«, sagte damals mein Vater.
»Fünfundzwanzig auf den Arsch!« schreit Cumat. Sie hetzen Vitlich jetzt. »Strick!« schlägt ein anderer vor. »Strick

um den Hals! Alle Kollaborateure aufhängen! Es lebe die Republik!«
Wir sind schon draußen vor dem Dorf, hinter den Häusern. Wir gehen zu Vitlichs Haus. Die Leute sind nicht nur hinter Vitlich, sondern auch um ihn herum wie eine Klammer. Er ist von ihnen umringt. Sie halten aber immer noch Abstand, damit er allein geht, damit sie ihn sehen können. Jetzt werden wieder Steine geworfen. Einer hat ihn am Kopf getroffen; das Blut fließt ihm hinten den Hals herunter. Es sickert an der Schulter in den Sweater hinein. Er wischt es nicht ab; er fühlt es nicht, weiß gar nicht, daß er blutet.
Ich bleibe stehen, damit alle Menschen vor mir gehen. Ich gehe hinter ihnen her. Ich will nichts mehr sehen. Das alles erscheint mir unwirklich. Motoren sind nicht mehr zu hören, dafür nur noch Musik.
»Laßt ihn nicht ins Haus hinein!« höre ich. »Er hat ein Gewehr zu Hause!«
Sie fangen an, ihm nachzulaufen. Er steht ganz allein da. Ich beiße mir auf die Lippen. Ich sollte besser zurückbleiben!
Vitlich ist jetzt eingekreist. Ich blicke zwischen einigen Körpern durch, aber ich weiß nicht, neben wem ich stehe. Sie haben den Garten umstellt. Einige stehen an der Tür des Hauses, damit er nicht hineingehen kann.
Die kleinen Hunde, die am Schuppen herumlaufen, begreifen nichts. Isa läuft zu Vitlich, aber jemand wirft einen Stock nach ihr. Sie knurrt und geht zum Schuppen zurück. Die Steine fliegen in die Fenster des Hauses, und das Glas spritzt heraus.
Zyrill Vitlich stand zwischen den Beeten. Er konnte nirgendwohin ausweichen.
Bis heute kann ich mich an diesen Augenblick ganz genau erinnern. In seinem Garten blühten einige Fliedersträuche, hinten der Nußbaum leuchtete hellgrün und trug eine volle Krone. Er stand mitten im Licht, die Sonne ging langsam unter und funkelte durch die Zweige; der Sonnenuntergang stand bevor.
Ein Stein traf Vitlich ins Gesicht, und er faßte sich mit der Hand an die Wange. Nur für einen Augenblick schien es,

als wolle er etwas sagen, anfangen zu betteln. Er sagte nichts. Die dumme, jubelnde Nationalmusik dudelte ständig weiter. Als wäre eine Tanzerei im Wirtshaus und die Musik aus dem Dorf bis auf die Felder zu hören.

»Knie nieder, du Sau!« schrie Kadera. »Knie nieder und bitte ab!«

Vitlich stand, er kniete nicht nieder und sah Kadera nicht an.

»Du Sau, auf die Knie!« Wieder flogen Steine und Stöcke. Ein Stock traf einen der kleinen Hunde; er knurrte und lief über den Hof weg.

Einige Männer kletterten über den Zaun, brachen Zaunlatten ab, starrten Vitlich an und schrien: »Kannst du nicht bitten, du Schwein?!«

Ich hörte Res sagen: »Kannst du nicht für das, was du angerichtet hast, abbitten?«

Vitlich tat einen Schritt. Jetzt stand er an der Pumpe und hielt sie fest; er zitterte am ganzen Körper und war sehr schwach. Ich merkte nicht, daß meine Wangen naß wurden, daß ich weinte. Jemand stieß mich weg, aber ich fand wieder einen Spalt, um zu sehen. Ich hatte Angst um Vitlich. Ich war damals noch in dem glücklichen Alter, wo man sich die Welt nur in eine gerechte und eine ungerechte teilt.

In diesem Augenblick stand Zyrill Vitlich auf dem Zementrand der Pumpe. Er hielt sich an der Pumpe fest. Die Männer rückten näher und näher. Zyrill schob mit dem nackten Fuß den Blechdeckel der Pumpe weg. Der Deckel glitt klirrend über den Rand. Die Musik im Dorf war immer noch zu hören.

Er schaute nicht unter sich. Er wußte ganz genau, daß der Brunnen unter ihm aufgedeckt war. Bis heute sehe ich seine nackten, geprügelten, blutigen Füße auf dem Zementrand des Brunnens.

Sie hörten auf, Steine zu werfen.

Die Männer blieben stehen. Manche waren schon zwischen den Beeten und andere auf dem Zaun; einer hatte sogar ein Bein oben zwischen den Zaunbrettern auf der obersten Querstange und das andere Bein noch unten: er verharrte in dieser Stellung. Auch Kadera erstarrte. Cumats Hand,

bereit, einen Stock zu werfen, verharrte. Slejha stand, als wäre ihm der Zug weggefahren. Der Tierarzt hatte Vitlich und allen Männern zugerufen: »Stehenbleiben!« Seine Stimme verriet die Beklemmung. Als einziger wollte er etwas verhüten. Alle schwiegen, und es war die tiefste Stille, die ich je erlebt habe. Zyrill Vitlich sah keinen von uns an, auch mich sah er nicht. Ich erkannte, was er tun wollte. Er würde nicht abbitten. Ich wollte aufschreien, ich kniete vorn am Zaun, das Gesicht hatte ich an die Zaunlatten gedrückt und mit den Händen hielt ich mich an den Brettern fest.
»Sei nicht närrisch!« Der Tierarzt hielt es nicht mehr aus. »Zyrill!«
Zyrill Vitlich sah wahrscheinlich nur einen Baum, die dahinsegelnde Sonne und die grüne Wiese. Er schaute abwesend über die Menschenmenge hinweg. Dann bewegte er sich. Ich schloß schnell die Augen. Es war ein Aufprall auf Eisen zu hören, das Stahlrohr der Pumpe und der Blechdeckel klirrten, den er berührt hatte. Ein dumpfer, tiefer Fall ins Wasser; aus dem Innern der Erde war der Aufprall bis an die Oberfläche zu hören.
Alle liefen jetzt in den Garten. Sie rissen den Zaun nieder, sie schrien. Viele Stimmen waren zu hören, aber keine Stimme deutlich genug; plötzlich wollten sie alle Vitlich retten.
Als ich die Augen wieder aufmachte, sah ich den kleinen Hund. Er schlüpfte durch den zerfetzten Zaun, blieb stehen und schaute mich an.
Ich drehte dem Haus, den Menschen, meinen Mitbürgern, den Rücken zu. Ich lief schnell weg.
Ich konnte nicht mehr an Zyrill Vitlich denken. Ich dachte an den jungen Hund, an seinen kleinen, gefleckten Kopf. In diesem Augenblick beneidete ich alle kleinen Hunde um ihr armseliges, wertloses Leben, weil es mir unvergleichlich schöner als das der Menschen erschien.

12

Unser Haus ist abgeschlossen.
Wir haben drei Pferde.
Rache der Jungen.
In welch mieser Lage ich die Nationalhymne höre.
Ich töte eine Taube.

Ich rannte. Aber ich wußte nicht, wohin. Die Dinge zu beiden Seiten des Weges verwandelten sich in eine schmutzige Wand aus mattem Glas. Bäume, Ziegelei, Wasserwaage, Häuser, Fahnen, Gesichter, Kirche, Russen, Gemeindetafel. Mein Atem und das Klatschen meiner Fußsohlen waren die einzigen Laute. Mein Herz klopfte bis zum Hals.
Ich nehme eine Abkürzung zu unserem Haus. Hier ist schon mein Haus, unser Haus ...
Die Mauer, das Dach, die Tür, die Fenster, das Tor, alles, was ich kenne, was ich habe. Ich ergreife die Türklinke. Ich drücke sie herunter, aber es ist abgeschlossen. Ich klettere an der Tür hoch und greife mit der Hand nach oben, wo immer der Schlüssel liegt, wenn meine Eltern weg sind. Der Schlüssel ist aber nicht da. Ich hebe den Blechdeckel vor dem Schlüsselloch hoch. Der Schlüssel steckt von innen. Es ist von innen abgeschlossen worden. Ich poche mit der Faust an die Tür. Dann klopfe ich an ein Fenster. Auch an die Scheiben der anderen beiden Fenster klopfe ich, jedoch ohne Erfolg. Ich laufe zum Tor, wo immer noch mit Kalk geschrieben steht:
TYPHUS!
Ein neues Wort ist nun dort zu lesen:
TSCHECHE!
Auch die rot-blau-weiße Fahne ist dort angeschlagen. Sie ist schnell zusammengeflickt worden, liederlich und unre-

gelmäßig. Die Nägel halten sie auf den braunen Torbrettern. Ich poche heftig an das Tor, lege mein Auge an den Spalt, durch den ich auf unseren Hof schauen kann. Es ist ein Astloch.
Ich habe noch einen trüben Blick, alles verschwimmt. Aber dann blinzele ich und sehe unseren Hof ganz deutlich. Ich sehe den Vater, wie er zum Tor schaut. Er ist sicherlich erschrocken, daß es so heftig ans Tor pocht. Auch die Mutter ist auf dem Hof. Sie laden Möbel vom Wagen ab ... Sie laden gelbe Schränke, Bettstellen, Tisch und Stühle ab. Ich erkenne die Möbel von dem Gutshof wieder. Das sind doch die Schränke, die ich bei den Singers gesehen habe. Sie laden sie vom Wagen mit den Gummireifen ab, den Vitlich demontiert hat. Mein Vater hat selbstverständlich die im Stroh versteckten Räder gefunden. Ich freue mich, daß meine Mutter lebt. Ich will sie anrufen, aber ich schweige. Ich gehe zu einem größeren Spalt im Tor. Ich muß mich auf die Zehenspitzen stellen, um mein Auge darauf zu legen. Vor dem Wagen, den sie mitgenommen haben, sind Pferde gespannt ... Ich weiß nicht, was das für Pferde sind, wo mein Vater sie hergenommen hat. Zwei Pferde sind vor den Wagen gespannt; das dritte Pferd ist mit einer Pferdeleine an den Wagenkasten angebunden. Erneut poche ich an das Tor. Mein Vater schaut die Mutter an und erneut dreht er sich dem Tor zu. »Ich komme schon!« ruft er. »Ich komme schon!«
Er beginnt, die Pferde schnell auszuspannen. Denn er weiß nicht, wer hinter dem Tor steht. Ich sehe, daß er sie verstekken will. Meine Mutter führt die Pferde in den Stall. Dabei schauen sie ständig besorgt zum Tor.
Aber ich poche nicht mehr ans Tor, ich schaue auch nicht mehr in den Hof hinein.
Gegen das Tor werden Steine geworfen.
Ich drehe mich um und ich weiß nicht, wieso ich die Wagen der Jungen überhört habe. Sie kommen auf dem Feldweg an unserem Haus vorbei. Sie kehren aus dem Wald zurück. Es sind dieselben, die in den Wald gefahren sind. Es war eigentlich erst gestern früh, aber es scheint mir schon ein Jahr her zu sein.

Es sind Kadera, Cumat, Res und Vasak, die größten Hornochsen der Welt. Cumat hat immer noch die Kühe an seinem Wagen angebunden.
Sie werfen Steine nach mir. Sie schreien mir Drohungen zu, springen von den Wagen ab, um mit mir die alte Rechnung zu begleichen. Es dauert einen Augenblick, bevor ich die Idioten wahrnehme. Ich muß mich erst an die Zusammenhänge erinnern. Und dann wird es höchste Zeit, ich muß schnell weglaufen, damit sie mich nicht gleich am ersten Tag der befreiten Republik verprügeln; denn darum geht es wahrscheinlich. Ein Stein trifft mich. Sie laufen hinter mir her, jagen mich rund um unser Haus in die Felder, zu den Scheunen. Auch Josef läuft hinter mir her. Ich laufe so schnell ich kann. Ich weiß, daß sie mich einholen werden. Sie haben mich bisher immer eingeholt. Dem Josef konnte ich bisher noch nie weglaufen.
Einer von ihnen hält mich schon an den Schultern fest. Sie schlagen mich, doch ich wehre mich nicht. Sie werfen sich auf mich, und ich kann mich nicht wehren, denn ich habe keine Kraft mehr im Körper. Ich verstehe nicht, was sie schreien, aber ich weiß, daß sie mich beschimpfen. Sie treten auf meine Hände.
Es ist mir nun auch egal, was sie mit mir tun.
Vielleicht wollen sie mich erschlagen. Aber auf einmal hören sie auf, mich zu prügeln. Sie stehen über mir, rund um mich herum. Ich höre Musik aus dem Dorf. Jetzt wird die feierliche Melodie, die Nationalhymne, gespielt. Sie erschlagen mich nicht, sie tun etwas noch Schlimmeres, sie bepissen mich.
Ich liege auf dem Gesicht. Mit den Händen schütze ich meinen Kopf. Sie wiehern vor Lachen. Schweine! Dann lassen sie mich liegen und laufen weg.
Ich weine nicht, aber ich bleibe lange liegen. Es dauert eine Ewigkeit, bis ich aufstehe. Ich greife unters Hemd und nehme die Schleuder heraus. Neben meinem Fuß liegt ein Stein, gerade einer, der in die Schleuder paßt. Ich hebe ihn auf, lege ihn in das Leder und spanne das Gummi.
Aber sie sind schon hinter der Scheune verschwunden, ich kann sie nicht mehr treffen. Dafür ist der Dachfirst voller

Tauben. Sie sitzen immer da. Ich schieße in die Tauben, schieße, fast ohne zu zielen, und ich weiß nicht einmal, warum ich das tue.
Sie fliegen hoch.
Eine Taube gleitet auf ausgespannten Flügeln herunter ... Sie kommt bis zum Dachrand, dann fällt sie in das grüne Gras. Die übrigen Tauben steigen hoch wie eine weiße Wolke. Ich schaue dem Schwarm nach. Dann lasse ich mich auf die Erde fallen. Ich schreie nicht, schaue nach oben.
An dieser Stelle wollte ich damals sterben.

Ich lag dort so lange, bis die Tauben ganz oben waren. Ich sah sie fast nicht mehr. Die winzigen Punkte segelten an dem weiten, freien Himmel. Die Erde unter ihnen mußte ihnen unwirklich entfernt vorkommen.
Auch ich war wohl ein winziges Pünktchen, ein Nichts.
Ein einzelner Mensch, er kann sein wie er will, bedeutet nichts auf einer so großen Erde.

13

Was ich nie erfahren habe.

Ich habe nie erfahren, daß in einer deutschen Stadt, in der lauter weiße Fahnen von den Dächern herunterhingen, einige Tage nach den Ereignissen, die ich hier erzählt habe, am Bahnhof ein Wagen mit einem Pferd abgestellt worden ist.

Er stand dort viele Stunden, den ganzen Tag.

Die Deutschen hatten andere Sorgen. Nur ab und zu nahm jemand von dem Pferd Notiz. Vor allem die Kinder bemerkten es.

Aus dem Bahnhof heulten die Züge. Es gab dort viele Soldaten der besiegten und siegreichen Armeen.

Die Kinder standen schweigend rund um das Pferd; sie musterten es schüchtern. Dann faßte ein kleines Mädchen Mut, streckte seine Hand aus und streichelte das Pferd an der weichen Nase.

Es ließ sich streicheln.

Es war meine Julina.

Nachwort von Hans-Christian Kirsch

Ein Nachwort zu einem Buch: das läßt an Erklärung, an eine Begründung für seine Publikation oder an einen ›Stützbalken‹ denken. All dies hat Jan Procházkas Erzählung ›Es lebe die Republik‹ nicht nötig. Sie spricht für sich selbst. Sie wirkt aus sich selbst. Sie ist nicht darauf angewiesen, mit aktuellen politischen Ereignissen in Bezug gesetzt zu werden.

Als die tschechische Literaturzeitschrift ›Listy‹ im November 1968 eine Umfrage zum Thema ›Wie stellen Sie sich Ihre zukünftige Arbeit vor?‹ veranstaltete, antwortete Procházka: »In meinen Werken habe ich mich bisher damit beschäftigt, Wahrheit, Gerechtigkeit und menschlichen Fortschritt durchzusetzen. Und bei diesen Hauptthemen will ich auch weiterhin bleiben, denn es leuchtet mir nicht ein, warum ich jetzt anfangen sollte, Lüge, Unrecht, Dummheit und Rückschritt zu propagieren. Selbstverständlich wird der Anschluß an den unterbrochenen Arbeitsrhythmus schwierig sein. Ich habe das Gefühl, daß ein schweres blechernes Fahrzeug mir durch Kopf und Herz gefahren ist. Ich suche unermüdlich in Böhmens Landschaft einen einzigen ruhigen Platz, wo ich aus dem Fenster schauend nur den Fluß, ein Rübenfeld, einen Baum oder auch eine Marterfäule erblicke und wo ich, abseits der politischen Probleme, meine Novellen zu Ende schreiben könnte, die glücklicherweise mit alldem, was wir soeben erleben, überhaupt nichts zu tun hat.«

Auch Procházkas Erzählung ›Es lebe die Republik‹, 1966 veröffentlicht und in der CSSR inzwischen in der 3. Auflage vorliegend, spielt in einer anderen Zeit und hat, um den Autor noch einmal zu zitieren, ›mit alledem, was wir soeben erleben, überhaupt nichts zu tun‹. Jan Procházka erzählt aus der Sicht eines Jugendlichen auf der Schwelle zwischen Kindheit und Erwachsensein Ereignisse in einem mährischen Dorf, das 1945 ›von einem Zipfel des großen Mantels Krieg‹ gestreift wird. Der Autor setzt damit als Ausgangspunkt für seine Erzählung eine jener existentiellen Grenzsituationen, die für die heute 30- bis 40jährigen überall in Europa zu den entscheidenden, ihr Bewußtsein prägenden und ihr späteres Leben bestimmenden Erfahrungen wurden: der Einbruch des Chaos, das frühe Erlebnis des Todes und der Schrecken des Krieges, die Flucht und das Leben zwischen den Fronten.

Dieser erzählerische Vorwurf taucht in der zeitkritischen europäischen Literatur immer wieder auf, und auch der Einfall, einen kindlichen Helden als Ankläger einer Welt, die aus den Fugen ist, zu wählen, hat Vorbilder.

Es ist die besondere psychologische Perspektive, mit der Procházka seinem Stoff gegenübertritt, der hohe Grad von Echtheit bei der Identifizierung mit der Seele des Kindes, die diese Erzählung zu einem neuen Meisterwerk magisch-realistischer Erzählkunst macht, das sich getrost einem anderen, bei uns mit Recht gepriesenen – Salingers ›Fänger im Roggen‹ – als gleichwertige, wenn auch andersartige, osteuropäische Variante zur Seite stellen läßt. Es erweist sich, daß die Umwelt des Dorfes, betrachtet man sie durch die Augen eines gerade zu eigener Bewußtheit erwachenden Jungen, nicht weniger Abgründe enthält als die irrlichternden Ganglien der Straßenschluchten von Manhattan.

Das Thema dieses Buches ist der Krieg, der Krieg im umfassendsten Sinn der Wortbedeutung: der Krieg zwischen Völkern, der Krieg zwischen Vater und Sohn, zwischen dem Außenseiter und der Gruppe, der Krieg in den Seelen der Menschen, der mit dem Frieden kein Ende hat.

Procházka enthält sich jeder direkten Anklage gegen den

Krieg. Er läßt den Leser teilnehmen an dem, was Krieg für ein Kind bedeutet.

Er scheut sich nicht, uns vorzuführen, wie das Aufblitzen des Chaotischen in der Seele des Jungen zunächst nur als Möglichkeit für ein aufregendes Abenteuer in der Art eines Indianerspiels wahrgenommen wird, dann aber bruchlos in erdrückende Todesangst übergehen kann.

Er zeigt, wie ein Erwachsener – jener russische Soldat, der Leutnant, als er einen Augenblick die Rolle des Kriegers abstreift (›die Kriegsereignisse waren wahrscheinlich sehr eintönig und langweilig‹, bemerkt Olda) – in fast kindliche Naivität und Spielfreude zurückfällt und für diesen Augenblick der Freiheit und des Glücks sofort mit dem Leben bezahlen muß.

Bezeichnend für die so streng und wahrheitsgetreu durchgehaltene Erzählperspektive ist es auch, daß der zwölfjährige Antiheld Olda so manche Szene beobachtet, die er zwar überscharf wahrnimmt, jedoch nicht voll und ganz begreift. Meisterhaft auch der sparsam-vorsichtige Einsatz gewisser symbolträchtiger Gegenstände: über dem Dorf kreist nicht ein Vogel, sondern ein Flugzeug, durch das das Herannahen und die Allgegenwärtigkeit des Unheils ständig wieder ins Gedächtnis gerufen wird. Oder das Zigarettenetui mit dem Bild der nackten Frau, das ein deutscher Soldat in der Eile des Aufbruchs zurückläßt und das Olda findet und an sich nimmt. Es wird zur Metapher für die Obszönität des Krieges schlechthin. So gelingt es Procházka, durch ein Netz nur aufblinkender Bezüge jenen Zustand der Halbbewußtheit herzustellen, in dem sich Olda befindet, und zugleich gewissermaßen eine zweite Dimension der Wirklichkeit zu schaffen.

Diese Mehrschichtigkeit, die nirgends gewollt wirkt, findet sich auch in der Anlage der Handlung wieder. Der Krieg kommt von außen über das Dorf, aber er ist als wild ausgelebte Aggressionslust in den Seelen der jugendlichen wie der erwachsenen Dorfbewohner latent schon zuvor vorhanden.

Der Krieg, den die große Welt führt und nicht lassen kann, tobt auf der kleinen Bühne zwischen Vater und Sohn, zwischen dem Jungen Olda, der unter seiner geringen Körper-

größe leidet, und dem kraftprotzenden Klan der älteren Dorfjungen.
Für Olda – dies gilt es, sich bewußt zu machen – ist seine Auseinandersetzung mit den älteren Jungen ein Krieg, der mit genau so barbarischen Mitteln geführt wird, wie der Krieg, den die Völker miteinander führen. Man erschrickt manchmal über die rücksichtslose Ehrlichkeit, mit der Procházka verkündet: immer ist Krieg. Und der Krieg macht jeden zum betrogenen Betrüger, auch den naiven Olda, wie aus der Geschichte von der verlorenen Stute und den gestohlenen Pferden, die er immer wieder verliert, hervorgeht. Nach alldem ist es auch nur folgerichtig und bezeichnend, daß Olda, als er von seinen Abenteuern wieder ins Dorf zurückkehrt, wo inzwischen der Siegestaumel ausgebrochen ist, dort alles andere vorfindet, nur keine Friedfertigkeit.
Er sieht mit an, wie sich nach einer Menschenjagd, zu der ›dummjubelnde Nationalmusik dudelte‹, sich Vitlich, der Denunziant, das Leben nimmt.
Er selbst wird von seinen Erzfeinden, der Bande der großen Jungen, gestellt. Und während aus der Nähe die Nationalhymne herüberweht, durchlebt auch Olda noch einmal Todesängste. Er bleibt am Leben, aber er wird auf eine Weise gedemütigt, die nur eine andere Spielart der Barbarei ist: ›Sie erschlagen mich nicht, sie tun noch etwas Schlimmeres, sie bepissen mich ...‹
Der Krieg ist zu Ende, der Aggressionstrieb des Menschen wütet weiter.
Procházkas Sinn für Differenzierung ist – man verzeihe das abgegriffene Wort, aber hier ist es recht am Platz – von tiefer und ergreifender moderner Humanität; einer Humanität, die jenseits der starren Fronten und Dogmen gedeiht und es aus Verständnis, Liebe und Anteilnahme an den Gefahren, Bedrohungen und Möglichkeiten menschlichen Seins wagt, den Menschen ehrlich zu sehen und darzustellen. Es ist bezeichnend für Procházkas Bild des Menschen, daß er beispielsweise Oldas Vater, dessen Schläge nicht nur dem Wort nach tödliche Stärke haben können, nicht nur als pathologischen Unhold gezeichnet hat, sondern als einen Mann, dessen harte Lebensumstände dazu geführt haben, daß er seine

eigene Grausamkeit, wenn sie sich gegen andere richtet, nicht mehr wahrnimmt.
Wie Procházkas Humanität aussieht, läßt sich aber vielleicht am besten an der Gestalt des Zyrill Vitlich ablesen: ein Außenseiter, den die Hartherzigkeit seiner Nachbarn schließlich in die Rolle des Denunzianten, des Judas drängt, und doch zugleich einer der wenigen Menschen, bei denen Olda Freundlichkeit und Hilfe, Verständnis und Anteilnahme findet, bis er dann am Ende des Buches einsehen muß, daß es außer dem Vitlich, den er kannte, einen ganz anderen Vitlich gegeben haben muß.
Jeder, der als Kind das Ende des 2. Weltkriegs miterlebt hat, wird sich an solche Brüche erinnern. Menschen, die man jahrelang bewunderte und liebte, entpuppten sich als Helfershelfer des Bösen.
Ohne in die Gestalt des zwölfjährigen Olda mehr hineinlegen zu wollen als das, was sie vor allem ist, nämlich das verständnisvolle Porträt eines einfachen Bauernjungen mit Freuden, Nöten, Ängsten und Hoffnungen, scheint es mir doch erlaubt, darauf hinzuweisen, daß Olda von seinem Autor mit einigen Eigenschaften bedacht worden ist, die über die individuelle Existenz hinausweisen und die ihn zu einer Figur machen, die das Schicksal des tschechoslowakischen Volkes spiegeln.
Der ewig Getretene und Mißhandelte, der ohne Macht ist, entwickelt eine Schläue und eine geistige Kraft, die ihm überleben hilft und ihn durch alle Nöte zum Bewußtwerden der Bedingungen des Menschlichen in einer chaotischen Zeit führt.
Das ist die Tradition des braven Soldaten Schwejk, an die Procházka anknüpft, und die er durch eine Gestalt, die uns näher steht, variiert. Und in dieser Tradition, die mit bitteren Erfahrungen bezahlt wurde, ist ihm ein Buch gelungen, das nicht nur einen Teil harter Wahrheit über die Menschen und ihre Beziehungen überhaupt, über den ewigen Krieg und die Mißverständnisse unter den Menschen enthält, sondern es umschließt auch den bitterschönen Zauber einer Poesie der Kindheit, den jeder von uns in seiner eigenen Erinnerung auffinden kann.

Auch aus dieser Sicht hat die Erzählung einen doppelten Boden: sie sieht von nationalen Eigenarten durchaus nicht ab, intensiviert sie aber zu einer Geschichte, die jenseits aller Grenzen verstanden werden kann und verstanden werden wird. Sie hat uns, im besten Sinne dieses Wortes, eine Botschaft der Menschlichkeit zu überbringen.

Wiesbaden, Juni 1969